à Monsieur Berville, président
honoraire à la cour impériale de Paris

Hommage respectueux de l'auteur

A. de Vittoye

LA SŒUR DE CHARITÉ

ERRATA.

A la page 64, ligne quatrième des notes, au lieu de *à la mémoire*, lisez *au souvenir;*

A la page 77, à la onzième ligne, on lit : *D'abord c'est un résumé à la troisième personne, telle que la reproduction du Moniteur pour les débats du Corps législatif, puis c'est une reproduction textuelle.*

C'est ainsi que réellement j'ai fait l'analyse des premières conférences, qui ne sont pas imprimées ici; mais en vérifiant le texte, j'ai reconnu que, pour tout ce qui touche aux paroles de saint Vincent de Paul, dans toutes les conférences, on trouve une reproduction textuelle. Seulement, dans beaucoup de cas, saint Vincent interroge ses Filles et leur supérieure, mademoiselle Le Gras, et, le plus souvent, les réponses des sœurs et celles de la vénérable supérieure sont reproduites par analyse et à la troisième personne.

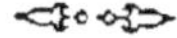

Paris. — Typographie de Henri Plon, imprimeur de l'Empereur,

8, rue Garancière.

LA
SOEUR DE CHARITÉ

PAR M. A. DE PISTOYE

CHEF DE DIVISION AU MINISTÈRE DES TRAVAUX PUBLICS
MEMBRE DE LA SOCIÉTÉ DE L'HISTOIRE DE FRANCE
CHEVALIER DE LA LÉGION D'HONNEUR

Épître suivie

D'UNE ANALYSE DES CONFÉRENCES SPIRITUELLES

TENUES POUR LES FILLES DE LA CHARITÉ

PAR SAINT VINCENT DE PAUL

SUR LEURS RÈGLES COMMUNES

Conférences publiées pour la première fois pour les Fidèles

PARIS

HENRI PLON, IMPRIMEUR-ÉDITEUR

8, RUE GARANCIÈRE

1863

Tous droits réservés

A SON ÉMINENCE LE CARDINAL
ARCHEVÊQUE DE BORDEAUX.

Paris, le 15 septembre 1863.

Monseigneur,

C'est en 1834, alors que Votre Éminence allait, en qualité d'Évêque coadjuteur, pacifier le diocèse de Nancy, que, pour la première fois, j'eus l'honneur de baiser votre main bénie. Plus tard, durant plusieurs années de suite, j'ai eu le bonheur de retrouver Votre Éminence, pendant les sessions du Sénat, dans une famille aimée et vénérée, dont le chef a été pour moi un second père[1]. Amené à écrire un petit volume qui touche aux matières religieuses, je n'ai pas cru pouvoir m'en permettre la publication sans demander à Votre Éminence la permission d'en soumettre les épreuves à sa haute censure, et d'appeler, à tous les points de vue, son contrôle à la fois sévère et bienveillant.

Vous avez daigné, Monseigneur, accéder à ma prière,

---

[1] M. le comte de Montblanc, baron d'Ingelmunster, décédé le 30 juillet 1861, et toujours pleuré de sa famille et de ses amis.

et j'ai tenu le compte le plus scrupuleux de toutes les cor-
rections faites par Votre Éminence. Maintenant, Monseigneur, permettez-moi de faire hommage à Votre Éminence d'un livre qui est un peu devenu *sien*, en lui
demandant son approbation archiépiscopale pour l'ouvrage,
et sa sainte bénédiction pour l'auteur et ses enfants, ainsi
que pour sa bonne petite pupille, Adeline L. ., qui a été
l'occasion de cette publication.

En attendant, j'ai l'honneur d'être, avec le plus profond respect,

Monseigneur,

De Votre Éminence,

Le très-humble et très-obéissant
serviteur,

A. DE PISTOYE. ,

ARCHEVÊCHÉ DE BORDEAUX.

Bordeaux, le 21 septembre 1863.

MON TRÈS-CHER MONSIEUR DE PISTOYE,

Je n'ai voulu confier à personne l'examen de l'ouvrage que vous avez cru devoir soumettre à mon appréciation. On a beaucoup écrit sur saint Vincent de Paul, mais aucun livre ne donne une aussi juste idée des épanchements de son cœur que les conférences intimes qu'il a fait entendre à ses filles de prédilection. Je verrai donc avec une vive satisfaction cet excellent petit livre pénétrer au milieu de nos familles religieuses et dans nos maisons d'éducation.

Aujourd'hui que les ouvrages volumineux ne sont lus que par exception, *la Sœur de Charité* que vous publiez deviendra *un sujet de lecture édifiante* non-seulement pour le clergé, qui y trouvera des enseignements utiles, *mais aussi* pour l'homme du monde, *qui y puisera des encouragements* dans la pratique du bien. *Tout homme qui vous lira*, quoique emporté par le tourbillon des affaires et des plaisirs, s'inclinera vers la misère, et la tiendra pour chose sacrée.

On ne se fait pas une assez juste idée de tout le bien qui s'opère dans l'ombre au milieu de la société actuelle : plaies physiques, intellectuelles, morales, tout rencontre son baume et ses consolations. Et si, grâce à Dieu, le cachet de ce temps est l'amour du pauvre, et si toutes nos villes ont leur large part dans des institutions charitables de tout genre, remontons au premier auteur de ces merveilles et redisons le nom de Vincent de Paul. J'ajouterai, lisons quelques-unes de ses suaves et si pratiques conférences sur les règles communes des filles de la Charité, publiées pour la première fois à l'usage des fidèles, et nous aurons rencontré le principe de ces nobles inspirations.

Je saisis cette occasion, monsieur, pour faire observer à quelques hommes irréfléchis, qui voient avec peine se multiplier, sous le souffle de l'esprit chrétien, les asiles de la misère, de la préservation et du repentir, que si les sources qui les alimentent venaient à se tarir, on n'ose dire dans quel désordre, dans quel abîme tomberait la société tout entière.

Agréez, mon cher monsieur de Pistoye, la nouvelle assurance de mon tendre et inaltérable dévouement.

✝ Ferdinand, cardinal DONNET,

Archevêque de Bordeaux.

ÉPITRE

A MA PUPILLE,

QUI VEUT SE FAIRE SOEUR DE CHARITÉ.

Deus charitas est.
Saint Jean, Épître 1re, verset 16.

1

AVIS AU LECTEUR.

ORIGINE DE CETTE ÉPITRE.

A la fin du mois d'août 1858, une jeune fille, âgée alors de quinze ans, mademoiselle Adeline L****, ma pupille, me déclara qu'elle voulait devenir sœur de charité. Pressentant la multiplicité et la difficulté des devoirs qu'ont à remplir les filles de Saint-Vincent de Paul, je me récriai ; mais ne sachant pas exactement quelle est leur mission, je dus me borner à promettre que je me renseignerais.

Sur ces entrefaites, le *Moniteur* m'apprit que l'Académie française venait de proposer comme sujet du concours de poésie de 1859, *la Sœur de charité au dix-neuvième siècle ;* c'était précisément ce que je devais étudier pour ma pupille. Quelques vers oubliés de ma jeunesse me revinrent alors en mémoire, et j'en arrivai bientôt à me demander si, nonobstant un divorce de plus de trente ans avec les Muses, moi, légiste, homme de labeurs continus et prosaïques entre tous, je pourrais donner le rhythme et la mesure aux conseils que j'avais promis à ma pupille.

A ce moment de l'année, la suspension des séances des Conseils qui entourent l'administration amène un peu de ralentissement dans les affaires, et les loisirs des vacances me firent céder à la tentation de sacrifier encore aux Muses.

L'impériale de l'omnibus et le wagon du chemin de fer furent pour moi le Parnasse ; plus tard il m'arriva bien souvent de tromper les longues insomnies des nuits d'hiver en cherchant une rime rebelle ou en caressant une pensée douce et chrétienne. Le terme fixé pour le concours était cependant depuis long-temps passé, que je cherchais encore à remettre sur leurs pieds les vers boiteux, ou à corriger les rimes aux sons faux ou criards. Depuis, aux heures perdues, j'ai continué mon *Épître,* que j'ai enfin remise à ma pupille, avec la *Vie de Sœur Rosalie,* par M. le vicomte de Melun.

La pauvre fille, en voyant dérouler sous ses yeux les phases diverses de la carrière des sœurs de charité, fut prise d'un profond découragement ; mais elle a redoublé de prières, repris courage, et elle persiste dans la résolution de se présenter à la maison du noviciat.

Utiles à ma pupille qu'ils ont éclairée sur sa vocation, ces conseils peuvent-ils être lus avec quelque fruit par d'autres jeunes filles placées dans la même condition?

C'est dans cette pensée que je préparais la publication de cette pièce de vers, avec une notice sur la fondation des sœurs de charité, lorsque j'eus le bonheur de découvrir à la Bibliothèque impériale, parmi les documents servant à l'histoire de France, l'indication des *Conférences spirituelles tenues pour les filles de la Charité, par saint Vincent de Paul, leur instituteur* [1]. Cet ouvrage, qui forme un volume grand in-quarto à deux colonnes, n'a été imprimé que pour ces saintes filles, et les simples fidèles n'ont point été admis, jusqu'à ce jour, à participer aux conseils admirables que le plus grand saint des temps modernes avait donnés aux sœurs de charité qu'il avait instituées.

Ces conférences spirituelles, recueillies en grande partie par Louise de Marillac, dite *mademoiselle le*

---

[1] Voir page 624, tome V, le Catalogue de l'histoire de France.

1.

Gras, coopératrice de saint Vincent de Paul et première supérieure des Filles de la Charité, contiennent des conseils précieux pour les âmes chrétiennes.

Les règles des *Filles de la Charité, servantes des pauvres malades,* telles qu'elles sont commentées par saint Vincent de Paul, m'ont paru devoir faire connaître cette admirable institution, bien mieux que la notice historique que j'avais préparée, et je l'ai laissée de côté.

Puisse donc la lecture de mon *Épître,* et surtout celle des extraits des conférences spirituelles tenues pour les Filles de la Charité, par saint Vincent de Paul, leur instituteur, appeler quelques âmes pieuses près du tombeau de ce grand saint de la charité, et près de celui de mademoiselle le Gras, sa coopératrice.

En tout cas, comme la lecture des hauts faits des grands hommes élève l'esprit et le cœur de la jeunesse, de même la lecture des conseils héroïques que donne saint Vincent de Paul à ses filles doit exciter la piété et la charité des jeunes âmes qui liront ce petit livre.

Père de jeunes filles que j'élève, près de moi, dans des sentiments de piété qui feront leur force dans la

vie, comme ils sont ma consolation depuis plus de
douze ans que j'ai perdu leur mère, je n'ai pu leur
offrir de meilleurs conseils que ceux que saint Vincent
de Paul donnait aux filles de son choix. Ces conférences contiennent des préceptes héroïques, que notre
faiblesse n'écoute qu'en tremblant; mais c'est une
nourriture forte et substantielle qui élève l'âme et
développe les sentiments d'un cœur chrétien.

A. DE PISTOYE.

Ce 1er juin 1863.

PREMIÈRE PARTIE.

FONDATION DES SŒURS DE CHARITÉ.

I.

A mes soins, chère enfant, si la loi te confie,
C'est pour te diriger aux sentiers de la vie ;
Du choix de ton état je viens t'entretenir :
Au Dieu de charité tu veux appartenir,
Du vieillard, de l'enfant, seconde providence,
Tu dois pour les servir embrasser l'indigence ;
C'est le vœu qu'à douze ans tu formas dans ton cœur...

Va, de la Charité sois une noble sœur !
Mais as-tu, chère enfant, dans tes humbles prières
Imploré l'Esprit-Saint, réclamé ses lumières ?
Sur ta vocation as-tu bien médité,
Et sais-tu ce que sont les sœurs de charité ?
Du sublime mandat que Jésus-Christ leur donne,
Connais-tu les devoirs ? Sais-tu que leur couronne,
Des plus douces vertus exhalant les parfums,

Aux palmes des martyrs fait aussi des emprunts?
Du grand Vincent de Paul ces dignes héritières
Ont pour chaque souffrance et baumes et prières ;
Des blessures du corps et des peines du cœur
Leur charitable main adoucit la rigueur.
La Sœur de charité, pour elle-même austère,
Aux autres vient s'offrir en indulgente mère ;
Se donne toute à tous, dans le pauvre aime Dieu,
Le secourt à toute heure, et l'assiste en tout lieu.

Sous votre coiffe blanche aux ailes étendues,
Sœurs au costume gris[1], en tous lieux répandues,
Des vertus de Jésus portant la bonne odeur,
Vous allez consoler et calmer la douleur.

Filles de saint Vincent, votre ordre réalise
Du sénevé divin la croissance promise ;
Voyez votre berceau... Le ciel va vous fonder.
Mais où semer le grain que Dieu doit féconder?

[1] Lors de leur fondation, les Sœurs de charité étaient appelées,
dans le monde, *Sœurs grises*, puis *Sœurs grises de Saint-Vincent de
Paul*, pour les distinguer d'autres sœurs grises. Leur titre légal est :
Filles de la Charité, servantes des pauvres malades.

II.

Humble pasteur encore à Châtillon-lez-Dombes,
Un saint prêtre a la foi du temps des catacombes ;
C'est Fabiole. En homme au génie inventeur,
De ses trésors secrets la source est dans son cœur.

Sans secours va périr une famille entière :
A l'âme de Vincent c'est ouvrir la carrière...
Il prêche, et tout abonde à la maison en deuil ;
Mais sous cette abondance il soupçonne un écueil.
« Non, cette charité n'est pas bien ordonnée ;
» La fleur qui croît si vite, en un jour est fanée. »
Il dit, et, prosterné, médite devant Dieu.
Des femmes de son choix qu'il appelle au saint lieu,
Il forme un seul faisceau, les range en confrérie,
Et de la charité la sainte théorie
Sourit avec bonheur à ces cœurs villageois,
Qui sont heureux et fiers de marcher sous ses lois.

Dès qu'un pauvre est cloué sur sa couche de paille,
Au mal qui le dévore il faut livrer bataille ;
Au lit de la douleur, chaque femme, à son tour,
Vient prodiguer les soins du plus céleste amour.

On lave le malade, on panse sa blessure ;
Son lit devient plus doux ; puis, pour sa nourriture,
A sa convalescence, on porte des bouillons,
Et le linge blanchi succède à ses haillons.

III.

A cette œuvre de Dieu, Paris, ouvre tes portes !
Nobles dames, entrez dans ces saintes cohortes,
Car des femmes des champs n'avez-vous pas le cœur ?

Mais à peine entrepris, vous quittez ce labeur...
Vos pères, vos époux, dans leur âme troublée,
N'ont pas vu sans effroi votre noble assemblée.
Leurs valets, disent-ils, porteront votre argent.
Non, la main des valets est dure à l'indigent...

Dames de charité, votre saint ministère
Au ciel seul peut trouver son sublime salaire ;
Et c'est à prix d'argent qu'on voit dans vos palais
Entrer d'un air hautain la tourbe des laquais.
A nos frères souffrants, pour payer notre dette,
Il faut ne les toucher que d'une main discrète.
C'est là l'œuvre de l'âme ; or, le valet grossier

A ce travail du cœur ne saurait se plier :
La charité répugne à sa main marchandée...

Jadis, quand Jésus-Christ parcourait la Judée,
Répandant la lumière et semant les bienfaits,
Pour reposer sa tête il n'avait pas un ais ;
Sur ses pas cependant marchaient de saintes femmes,
Que l'amour éthéré brûlait de chastes flammes ;
Couvrant de leur mépris les gages de Plutus,
Pour sa sainte parole elles servaient Jésus.

Nobles dames, déjà, pour doubler votre zèle,
Vincent vous a montré maintes fois ce modèle :
« Le pauvre, c'est Jésus ; marchez donc sur ses pas ;
» De la contagion ne vous effrayez pas... »

Si la main d'un époux vous retient, nobles dames,
De l'Évangile encor cherchez les saintes femmes...
Le moule en est brisé ; mais ce type perdu
Par l'Esprit tout-puissant peut vous être rendu.
Priez, priez longtemps.

IV.

Lors vivait à Surène,
Pauvre, mais par le cœur riche comme une reine,
Une modeste fille. En gardant son troupeau,
L'humble bergère était la gloire du hameau :
Des lettrés, au passage, invoquant l'assistance,
Elle apprit seule à lire, et (douce récompense!)
A son tour instruisit les enfants malheureux.

Sur les pas de Vincent, au bourg de Villepreux,
Elle vint se fixer. A ses conseils docile,
Pour les enfants du pauvre elle ouvrit un asile ;
Tous recueillis par elle, et par elle enseignés,
Étaient au nom du Christ pieusement soignés.

Aux petits d'ici-bas Dieu se montre propice !...
Dames de charité, cette humble institutrice
S'est déjà consacrée à ces autels secrets
Où du pauvre souffrant l'Homme-Dieu prend les traits ;
Sa bouche sait porter une sainte parole ;
Prenez de Villepreux la maîtresse d'école,
De vos pieux secours donnez-lui le dépôt,
Et, sublime servante, on la verra bientôt

Comme vous consoler et calmer la souffrance.
Dieu lui donna la foi, l'amour et l'espérance.

Telle nous apparaît dans sa simplicité
La première que Dieu fit Sœur de charité.
Dans son pieux labeur, la modeste bergère
Des pauvres du bon Dieu devint si bien la mère,
Que plus elle voulut s'humilier pour eux
Et plus elle régna sur les cœurs généreux.
Dans son humilité sa gloire fut si sainte,
Que, fuyant des grandeurs le faste et la contrainte,
Pour suivre la bergère on a vu maintes fois
Une vierge quitter le palais de nos rois.

V.

Des filles de Vincent voilà la sœur aînée !
Mais de filles comme elle où trouver la lignée ?
Seul avec son cœur d'or, le Saint pourrait fournir
A l'institut naissant son brevet d'avenir...
Accablé de travaux, chargé de soins multiples,
Comment formerait-il ses modestes disciples,
Si, d'un second lui-même empruntant le secours,
Il ne pouvait doubler la longueur de ses jours ?

Il le fit, et c'est toi, Le Gras, veuve pieuse,
Qui pour le seconder marchas si courageuse;
C'est toi qu'il embrasa des feux d'un amour pur.
Comme lui te cachant au rang le plus obscur,
Tu devins sous ses yeux servante des servantes [1],
Et tu veillas en mère au lit des postulantes.
Cependant tu portais le nom des Marillac;
Au vaisseau de l'État, debout sur le tillac,
On voyait, de ton temps, les héros de ta race,
Sous la noble simarre ou la rude cuirasse,
Commander aux Français. Au sang des Médicis
Leur sang était mêlé; mais en servant les lis,
Du haineux Richelieu menaçant la puissance,
Les frères de ton père excitent sa vengeance.
O néant des grandeurs! L'un meurt dans un cachot,
L'autre a le cou tranché sur le fatal billot [2].

[1] Chez les Sœurs de charité les supérieures s'appellent *sœurs servantes;* la supérieure générale est donc *servante des servantes,* comme le Saint-Père s'intitule *serviteur des serviteurs de Dieu.*

[2] Louise de Marillac était nièce du garde des sceaux Michel de Marillac, l'un des hommes les plus pieux de son siècle, et du maréchal de France Louis de Marillac, qui avait épousé une princesse de Médicis, cousine de la reine mère, Marie de Médicis. Louise de Marillac fut elle-même mariée à Antoine Le Gras, écuyer, secrétaire des commandements de la reine mère. On le voit, toute la famille était attachée au parti de la reine mère, qui voulut lutter de puissance avec Richelieu; or, après la journée des Dupes (11 novem-

Pour toi, noble Le Gras, Jésus règle ta vie ;
De bienfaits répandus ta mémoire est suivie ;
Et ton nom désormais, en tous pays porté,
Va se mêler au nom des Sœurs de charité.

bre 1630), les deux frères de Marillac furent poursuivis de la haine du grand ministre, qui avait failli succomber. Michel mourut en prison à Châteaudun, où il avait été exilé, sans qu'on pût trouver prétexte à aucun procès contre lui. Louis, ancien gouverneur de Verdun, fut condamné à mort par une commission réunie à Rueil, dans le château et sous l'œil du premier ministre. Atteint et convaincu de concussion et de péculat, il fut exécuté en place de Grève le 9 mai 1632, et les contemporains, qui connaissaient Richelieu, ne sont pas restés convaincus du bien fondé de cette condamnation à mort.

DEUXIÈME PARTIE.

OEUVRES DES SOEURS DE CHARITÉ.

ÉDUCATION DES ENFANTS.

I.

De l'arbre aux cent rameaux si j'ai dit l'origine,
A compter tous ses fruits je t'invite, Adeline...
Mais l'entreprise est folle, et mes désirs sont vains :
Du sable de la mer qui peut nombrer les grains ?

Jadis, de saint Vincent la charité féconde
Aux enfants délaissés, jetés nus dans le monde,
Offrait un saint asile, en leur ouvrant ses tours ;
Mais des desseins du siècle ô funestes retours !
Par nos docteurs proscrits comme fauteurs du vice,
Les tours vont se fermer [1].

---

[1] La suppression des tours est sans nulle influence sur les bonnes
mœurs. La religion et la vigilance sur soi-même peuvent seules

                     Pour entrer à l'hospice
L'enfant n'est plus placé dans ce coffre tournant,
Qui poussé par son poids se retourne en sonnant.
Une Sœur était là, veillant dans la tourelle ;
Priant, elle attendait, discrète sentinelle,
Qu'un enfant vînt s'offrir ; heureuse quand la nuit
Dans un calme profond se terminait sans bruit.
« Des enfants nouveau-nés les vertueuses mères
» Vont, disait-elle à Dieu, sous les yeux de bons pères,
» Observer ta parole et garder tes présents ;
» Entoure-les, mon Dieu, de regards complaisants ! »

Quand le tour se mouvait, de sa voix argentine,
La clochette au battant qui s'élève et s'incline
Annonçait d'un enfant la venue au parloir.
D'une seconde mère on allait le pourvoir ;
Puis remerciant Dieu d'avoir, dans sa clémence,

préserver des égarements coupables qui engendrent le déréglement des mœurs, et qui peuplent les hôpitaux d'enfants trouvés.

On croit faire une économie pour les budgets départementaux par la suppression des tours ; mais les infanticides qui se multiplient, mais les crimes qui augmentent par l'éducation dépravée donnée aux enfants de femmes éhontées, on oublie d'en tenir compte.

Aussi, pour nous, l'œuvre de saint Vincent de Paul, qui voulait recueillir et élever pieusement les enfants trouvés, a gardé, de nos jours, au point de vue de l'éducation de ces pauvres enfants, la même utilité pratique qu'au dix-septième siècle.

A de méchants parents soustrait son innocence,

La Sœur disait : « Jésus, qu'il vive sous ta loi ;

» Nous lui servons de mère, et son père, c'est toi ! »

Ainsi le tour s'ouvrait au pied de la Madone.

Mais l'enfant qu'aujourd'hui sa marâtre abandonne,

Jeté furtivement dans un réduit obscur,

Doit grelotter la mort au pied de quelque mur,

Pour trouver chez les Sœurs des lèvres maternelles.

Réchauffé dans leur sein, bercé, soigné par elles,

Qu'il grandisse élevé par ces anges gardiens.

Sous leur toit protecteur qu'il trouve des soutiens,

Et que baisant la main qui guida son enfance,

Il bénisse des Sœurs la pieuse assistance [1].

---

[1] Mademoiselle Ernestine Drouet, dans la pièce de poésie qui a été couronnée par l'Académie française, en 1859, met en scène une mère abandonnant son fils nouveau-né :

> Il fait nuit ; il fait froid, tout est calme et silence ;
> D'un long manteau couverte, une femme s'avance ;
> . . . .
> Elle tient un fardeau pressé sur sa poitrine,
> Puis, au seuil d'une porte, elle tremble... s'incline ;
> Puis... plus rien dans les bras !... ô spectacle navrant !
> Cette femme est la mère, et ce fardeau l'enfant !

Mademoiselle Drouet dit comment l'enfant est recueilli chez les Filles de la Charité, qui remplacent cette mère dénaturée :

> Puis, la porte bientôt se referme sans bruit :
> Tout est calme et silence ; il fait froid, il fait nuit.

Le tableau de cette mère qui abandonne son enfant est complet et saisissant ; il faut lire ce passage entier.

Si pour soigner des maux nés de la pauvreté
Dieu créa, par pitié, la Sœur de charité,
L'enfant abandonné devait, par sa misère,
Le premier, sur son cœur, retrouver une mère ;
Mais tout enfant qui souffre et de l'âme et du corps
Peut, sans craindre jamais d'en tarir les trésors,
Solliciter l'amour dont son cœur surabonde.
Plus on puise à la source, et plus elle est féconde.

II.

Chaque jour l'industrie apprend à la vapeur
A remplacer nos bras pour quelque dur labeur ;
Près des moteurs puissants l'adresse est nécessaire,
Et des métiers nouveaux devenant tributaire,
La femme aux ateliers travaille tout le jour...
« Ses enfants sont, dis-tu, privés de son amour. »

Tu peux te rassurer. L'enfant qu'à la mamelle
La mère élève encor n'est pas séparé d'elle.
D'enfants roses et frais vois le cercle joyeux ;
Près d'eux est une Sœur, c'est un ange des cieux !
Chaque enfant, à son tour, obtient une caresse ;
Elle sait à chacun prodiguer sa tendresse,

Berce par de doux chants l'enfant qui veut dormir,
Ou de ses premiers pas, qu'il s'agit d'affermir,
Guide l'essai tremblant, calme celui qui crie,
Enseigne à tous les noms de Jésus, de Marie,
Sèche les pleurs de tous, et par la charité,
Vierge, elle apprend les soins de la maternité !

Sitôt que des métiers la marche est suspendue,
A son enfant heureux chaque mère est rendue ;
Et son fils emporté dans un lange blanchi,
D'un vêtement parfois lui revient enrichi.

Des Sœurs telle est la *crèche*... A ce mot, dans leur âme,
Aux rayons de la foi, brille une ardente flamme...
La Sœur qui les secourt ne voit dans ces enfants
De Jésus nouveau-né que les membres vivants.
Vierge et mère à la fois, elle-même est Marie,
Et de l'Enfant divin, né dans la bergerie,
Le souvenir pieux l'enflamme et la soutient.
C'est lui qui la conduit, c'est lui qui la retient.

III.

De la crèche à l'école, une longue distance
Aux jeux des carrefours abandonnait l'enfance ;
Aussi vit-on longtemps dans les bourbeux ruisseaux
Les enfants se rouler jusqu'aux pieds des chevaux.
Là, des grossiers propos la longue kyrielle
Devenait pour l'enfant la langue maternelle ;
La fange aux vêtements, au cœur l'obscénité,
Tel fut de l'ouvrier l'enfant déshérité,
Tant qu'il erra sans soin sur la publique voie.

Mais au vice aujourd'hui pour arracher sa proie,
La Charité, chez nous, livre de saints combats.
Des enfants indomptés on règle les ébats.
A l'*asile* on reçoit leur bruyante cohorte ;
Là, sans compter, l'on ouvre à qui frappe à la porte.
Là, les chants cadencés du bruit trompent l'amour ;
Le repos et les jeux s'y suivent tour à tour.
Puis, aux cœurs des enfants, par de courtes sentences,
Et du juste et du vrai l'on jette les semences.

Si la crèche et l'asile, œuvres de l'avenir,
En de profanes mains ont pu naître et grandir,

Une fille de Dieu, que nourrit l'Évangile,
Peut embellir encore et la crèche et l'asile;
Car aimer ces enfants, ces bénis du Sauveur,
C'est pour elle un devoir, c'est pour elle un bonheur!

IV.

De nos dogmes chrétiens on chante le symbole...
Ces chants calmes et doux sont les chants d'une *école*.
Oui, de jeunes brebis surveillant le bercail,
La Sœur aime à mêler le chant et le travail.

Ici, l'art de bien faire avant l'art de bien dire :
C'est dans les livres saints que l'on apprend à lire.
La fille humble et modeste à l'*école* des Sœurs
S'assouplit avant tout aux lois des bonnes mœurs.
Contre l'esprit du mal, pour prendre une revanche,
Sur l'âme de l'enfant, cette page encor blanche,
Des vertus de Marie on grave les leçons.

Aux champs de l'avenir préparant leurs moissons,
Du pur froment de Dieu dans le cœur de l'enfance
La Sœur de charité fait germer la semence;
Et de vains préjugés écartant les lambeaux,

De la foi plus ardents fait briller les flambeaux.
C'est ainsi que l'on forme une race nouvelle,
Que d'un peuple vieilli le sang se renouvelle [1].

V.

Lorsque des tendres Sœurs couronnant les efforts,
Pour la première fois, Jésus, le pain des forts,
Vient se donner lui-même aux cœurs formés par elles,
Quel chagrin obscurcit ces fêtes solennelles,
Et de ces fronts joyeux vient troubler la candeur?
C'est que d'un long départ pressentant la douleur,
Ils savent que bientôt, loin de la bergerie,
Il leur faudra quitter la houlette chérie
De la Sœur dont les mains avaient guidé leurs pas.
Mais non, rassurez-vous, enfants, ne pleurez pas.

[1] L'*École*, dans la *Sœur de charité* de mademoiselle Ernestine Drouet, est un passage charmant, où l'auteur, alors savante institutrice, se met en scène d'une manière touchante et modeste.

Mademoiselle Ernestine Drouet aborde un enfant qui va à l'école chez les Sœurs; elle suit cet enfant et dit à sa sainte maîtresse :

> Ma sœur, ainsi que vous je suis institutrice;
> Moi, c'est profession; mais vous, c'est sacrifice!...

Le morceau entier doit être lu et relu avec attention.

La maîtresse d'hier, par un saint patronage,
Saura de vos travaux guider l'apprentissage ;
Et l'ange de Tobie, à la prudente main,
Viendra vous préserver des piéges du chemin.

VI.

Pour toi, chère Adeline, en ce jour ineffable
Où du banquet divin tu vis s'ouvrir la table,
Rien ne vint attrister ni troubler ton bonheur ;
Tu sentais que Jésus vivait seul dans ton cœur ;
Son âme était ton âme ; et, te donnant entière,
Par un rêve du ciel se ferma ta paupière...

Les anges t'enviaient : planant au haut des cieux,
C'est Dieu qui de sa main venait rouvrir tes yeux.
Du pain eucharistique éternisant la fête,
Dans un amour sans fin ton âme était abstraite.

Oui, c'est bien là le ciel ; car au divin séjour
L'âme brûle pour Dieu d'un éternel amour.

Puisse aux enfants bénis cette sainte journée
Rester un doux parfum sans être profanée !

En ce jour solennel Dieu, du haut de sa croix,
Pour t'attirer à lui, fit entendre sa voix ;
Tu répondis : « Mon Dieu, je te prends pour modèle ;
» A marcher sur tes pas je veux rester fidèle ! »
A gravir le Calvaire, enfant, n'hésite plus,
Et reste au saint bercail que te choisit Jésus !

Combien d'âmes, hélas ! dont, sur la grande voie,
Par l'attrait du plaisir Satan fera sa proie...
Tremblants, à tes genoux nous venons t'en prier :
Mon Dieu, dans ces combats, sois notre bouclier !...

VII.

Qu'une pauvre brebis, du bercail égarée,
Aux piéges du démon tombe toute parée,
La Sœur qui la guidait, comme le bon Pasteur,
Va disputer sa proie à ce loup ravisseur,
Sur le gouffre béant arrête la victime,
Ou l'arrache aux serpents qui rampent dans l'abîme.

Ainsi l'enfant séduit aux attraits du plaisir
Trouve encor dans la Sœur l'ange du repentir.

Voici venir à nous deux jeunes ouvrières :
L'une est humble d'habits, modeste de manières,
Sur elle tout est blanc, tout est simple et correct ;
L'autre, aux habits plus beaux, mais d'un genre suspect,
Montre un jupon brodé d'une blancheur douteuse :
La première a l'œil franc et la bouche rieuse ;
L'autre a déjà senti les ongles du chagrin,
Et déjà de sa lèvre a pâli le carmin.
Écoutons leurs propos :

          « Rose, dit la première,
Que fais-tu maintenant ? Tu n'es plus couturière ?
— Erreur, je couds toujours... Mais de moi parlons peu.
Et toi, que deviens-tu ? — Moi, je t'en fais l'aveu,
De ce pas, sans soucis, je vais au *patronage.*
— Au patronage ? Encor !... Mais tu ris ! à ton âge
A l'asile, ma chère ! autant vaut retourner...
Puis quel ennui !... — Non, Rose, on va se promener ;
Sur les lointains coteaux nous foulons la bruyère ;
Aux chants, aux ris, aux jeux, succède la prière...
C'est ainsi qu'est gardé le saint jour du Seigneur.
Là, de nos jeunes ans nous retrouvons la Sœur,
Et chacune de nous accourt de sa semaine
Lui conter le plaisir, lui confier la peine.
Elle, par un baiser, par un mot à propos,
A nos esprits troublés rend toujours le repos...

3.

Enfin, de retrouver des compagnes qu'on aime,
Est-ce donc ennuyeux?... Viens-en juger toi-même.

— Que veux-tu que j'y fasse? On ne m'y connaît plus;
De ces prudes bientôt j'essuierais les rebuts,
Et leurs cœurs, tout en Dieu, ne sauraient me connaître.

— Mais non, tu le sais bien. D'après la loi du Maître,
Les plus brillants concerts du céleste séjour
Du pécheur qui revient célèbrent le retour;
Ne sois plus, loin de nous, la brebis égarée;
Viens, par des chants joyeux célébrons ta rentrée...

— Non, Blanche, laisse-moi... je n'oserais jamais...

— Voici sœur Alexandre; autrefois tu l'aimais,
Tu ne peux l'éviter... Déjà d'un doux sourire
Sa bouche nous prévient, et son cœur nous attire...

— Rose et Blanche, bonjour. Que Dieu soit avec vous!
Je vous ai fait sauter jadis sur mes genoux;
Je vieillis maintenant. Et de mon corps qui tremble,
Pour soutenir le poids, je vous retrouve ensemble...
J'en bénis le Seigneur... Je vois avec plaisir
Que de vos jeunes ans vous gardez souvenir.
Vous me manquez souvent; donnez-moi le bras, Rose.
Sur vous de mes vieux ans que le faix se repose!

— Moi, pauvre pécheresse, oser vous approcher !...
Que de fautes, hélas ! Dieu peut me reprocher !

— A notre bon pasteur il faut aller les dire ;
Au fond des cœurs, enfant, lui seul a droit de lire.
Pour moi, de vous aimer je n'ai que le devoir ;
Mais lui, de vous absoudre il reçut le pouvoir...
Vers lui je vous conduis ! »

                    Et de l'enfant prodigue,
Pour hâter le retour, oubliant sa fatigue,
La Sœur s'élance et court... On ne la soutient plus ;
C'est elle qui ramène un enfant à Jésus.

Rose, au saint tribunal après s'être inclinée,
Près de sœur Alexandre acheva sa journée ;
Longtemps ce fut sa place. Aussi, près de la Sœur,
Elle reprit bientôt sa joie et sa candeur ;
La vertu refleurit sur son jeune visage.

Puis, par les soins des Sœurs, un humble mariage
A Rose repentante offrira comme époux
Un soldat que la guerre épargna de ses coups.

Rose aura des enfants, et, mère de famille,
Au *patronage* un jour amènera sa fille.

VIII.

Paissez, mes Sœurs, paissez les brebis du Seigneur,
Le ciel vous bénira de ce pieux labeur.

Sur la femme, après Dieu, la famille repose :
A Monique Augustin doit sa métamorphose ;
Les vertus de la mère ont converti le fils.
Clotilde a mérité le baptême à Clovis ;
Et de ce fier Sicambre, à force de tendresse,
La douce et sainte reine amollit la rudesse.

C'est ainsi qu'en tous lieux, la femme, chaque jour,
D'un fils ou d'un époux sait diriger l'amour ;
Et suivant que la femme est ou meilleure ou pire,
Pour le bien, pour le mal, s'exerce son empire.

De ma mère au tombeau j'entends encor la voix,
D'une épouse à son fils c'est elle qui fit choix ;
Émules toutes deux de Marthe et de Marie,
Elles m'ont sur leurs pas rouvert la bergerie...

De vos blanches brebis gardez bien les troupeaux,
Les mères au bercail conduiront les agneaux.

TROISIÈME PARTIE.

I.

Ces traits de charité qu'avec moi tu contemples,
Enfant, crois-tu pouvoir les prendre pour exemples,
Et d'avance essayant les vertus de nos Sœurs,
Dans les yeux des enfants as-tu séché des pleurs?

Déjà de ton couvent servant l'infirmerie,
As-tu songé parfois, dans ton âme attendrie,
Que si la fièvre ardente assise à son chevet,
De larmes pour l'enfant est un nouveau sujet,
Il est, pour le soigner, de bienfaisants asiles [1]?

[1] Depuis que cette pièce de vers a été remise à ma pupille, je l'ai revue plusieurs fois à son couvent d'Ivry, où il n'y a pas pour ainsi dire d'infirmerie, tant l'air est bon et tant les enfants sont bien soignés. Je lui demandais un jour l'heure du lever, et la bonne Adeline me répondit : « On se lève à cinq heures; mais moi, *j'ai obtenu la permission de me lever un quart d'heure plus tôt* pour habiller les petites. » J'ai trouvé la réponse digne d'une future Sœur de charité, et je serais bien heureux d'avoir contribué à l'inspirer.

Des Blache et des Guersant, là, par les soins habiles
L'enfant reprend ses jeux, recouvre la santé,
Tu vois près de ces lits la Sœur de charité [1].
Elle a des soins égaux pour toutes les souffrances,
Mais le plus malheureux obtient ses préférences;
Et, mère par le cœur, on la voit compatir
Aux maux les plus hideux que Dieu seul peut guérir.

II.

Si l'enfant trouve en elle une seconde mère,
Lorsque l'homme a couru les hasards de la guerre,
Mutilé par le fer en cent combats divers,
Accablé sous le poids des maux et des hivers,
Il la retrouve encor dans ce palais splendide,
Qu'un grand roi fit construire au soldat invalide.

[1] A l'hospice des Enfants malades, appelé aussi l'*Enfant-Jésus*, ce sont les Sœurs hospitalières Augustines de Saint-Thomas de Villeneuve, fondées par le R. P. le Proust en 1658, qui assistent les docteurs *Blache* et *Guersant* dans les soins qu'ils donnent aux enfants pauvres de la ville de Paris; mais comme les Sœurs de charité sont le type des religieuses vouées aux malades, j'ai cru pouvoir, sans manquer à la vérité historique, supposer qu'elles servaient l'*Enfant-Jésus*. Quant aux docteurs Blache et Guersant, je devais leur laisser ici un souvenir particulier d'affection et de reconnaissance.

C'est elle qui le soigne aux jours de ses douleurs ;

A ses récits guerriers elle mêle ses pleurs,

Compatit aux tourments de sa verte vieillesse,

N'entend pas les jurons dont la rime la blesse,

Et, sachant à son tour parler aux vieux soldats,

Leur montre qu'un héros, dans de secrets combats,

Doit sur ses passions remporter la victoire ;

Puis des soldats du Christ leur enseignant la gloire,

Tout en soignant des maux qu'elle sait adoucir,

En chrétiens vertueux leur apprend à mourir.

Jésus crucifié lui donne sa lumière,

Et fille de labeur, en sa dure carrière,

Pour l'infirme on la voit s'arracher au saint lieu.

Vincent n'a-t-il pas dit : *C'est quitter Dieu pour Dieu* [1] ?

[1] Saint Vincent de Paul ordonne aux sœurs « de renoncer à leurs pratiques de dévotion pour le service des pauvres, lorsque la nécessité ou l'obéissance les y appelle, se représentant que, ce faisant, elles quittent Dieu pour Dieu. » Ce que la charité avait inspiré au cœur de saint Vincent, la poésie l'a fait retrouver à mademoiselle Ernestine Drouet, qui dit aux Filles de la Charité :

« Priez, mais, s'il le faut, laissez votre prière...
» Pour essuyer des pleurs, désertez le saint lieu ;
» Aller du saint autel au lit de la misère,
» Ne l'oubliez jamais, c'est quitter Dieu pour Dieu. »

Les bonnes sœurs n'ont pas oublié le précepte. Il y a quelques mois, le 6 octobre 1862, la sœur G....., qui est la providence des pauvres de la paroisse, disait à quelqu'un qui porte intérêt à une pauvre malade : « Il faut lui trouver un logement ; je suis si occupée

III.

Si, pauvre voyageur battu par la tempête,
Sous le poids des douleurs l'homme courbant la tête,
Abandonné de tous, s'en vient à *l'hôpital*,
De la Sœur il reçoit un accueil cordial ;
C'est elle qui l'assiste à son instant suprême,
L'entoure de doux soins comme un frère qu'elle aime,
Et lui montrant la croix de Jésus rédempteur,
Lui fait naître l'espoir d'un avenir meilleur.

Puis, quand l'âme a quitté sa dépouille mortelle,
De ces restes humains pieuse sentinelle,
Elle va de la croix abriter son tombeau,
Comme on la vit jadis protéger son berceau.

IV.

La Sœur consacre encor sa force et sa jeunesse
A servir cet *hospice* ouvert à la vieillesse.

» que je n'ai pu encore le lui chercher : mais je n'irai pas à vêpres
» aujourd'hui, et je lui trouverai un logement. » Et de fait le logement fut trouvé.

Des membres ulcérés de ces pâles vieillards
Les hommes élégants détournent les regards ;
Mais aux yeux de nos Sœurs, qu'un saint amour transporte,
Ces vieillards rebutés de Jésus sont l'escorte,
Ce sont ses favoris. Loin de les dédaigner,
Avec un saint respect elles vont les soigner ;
Et leur cœur charitable en eux sait reconnaître
Sous ce masque blafard les traits du divin Maître.

Oui, c'est vraiment Jésus, crois ses enseignements :
« J'avais faim, j'avais froid, j'étais sans vêtements ;
» Après m'avoir vêtu, sauvé de la froidure,
» J'ai de vos mains encor reçu la nourriture ;
» Venez, justes... Entrez au royaume de Dieu ! »

Mais eux de s'écrier : « En quel temps, en quel lieu
» Avons-nous pu, Seigneur, vous rendre ces services ? »
Jésus leur répondit : « Quand vous fûtes propices
» A ces faibles vieillards, à ces petits enfants,
» C'est moi que vous serviez ; aujourd'hui, triomphants,
» Venez du Roi des rois partager la demeure. »

De la gloire éternelle ainsi sonnera l'heure
Pour ces cœurs généreux, dont les tendres secours
De ces vieillards mourants charment les derniers jours.

Mais qui pourra compter les amers sacrifices
Qu'imposent à nos Sœurs l'humeur et les caprices
Des vieillards souffreteux confiés à leurs soins?
De leurs tourments secrets les anges sont témoins...
Sainte abnégation, douceur et patience,
Des Sœurs de charité vertus par excellence,
C'est là que vous brillez... c'est là que des pécheurs,
Par de nouveaux bienfaits, vous captivez les cœurs!

V.

J'en veux citer en preuve une touchante histoire,
Dont la simplicité fixera ta mémoire;
Le fait nous est transmis par le docte Collet [1] :

Un fanatique enfant des lois de Mahomet,
Malade à l'hôpital, était des moins traitables;
Cependant une Sœur, par ses soins charitables,
Cherchait à le calmer. Mais le Turc endurci
Par l'injure souvent lui répondait merci;

[1] Voir page 135, édition de 1820, *Vie de la vénérable Louise de Marillac, veuve de M. Le Gras,* par Gobillon, curé de Saint-Laurent, revue, corrigée et augmentée par M. Collet, prêtre de la Mission. — Le fait raconté n'est pas dans l'ouvrage de l'abbé Gobillon.

On en rapporte même une triste incartade :
Tandis que notre Sœur veut offrir au malade
Cet aliment léger que dans nos basses-cours
Un volatile ami vient pondre tous les jours,
Le Turc avec mépris le lui jette au visage.
La Sœur, sans sourciller, accepte cet outrage,
Et, pardonnant l'affront qui ne peut l'émouvoir,
D'un œuf plus frais encore elle va se pourvoir ;
Puis au lit du malade elle apporte en silence
Cet aliment de choix ; mais, doublant d'insolence,
Le musulman brutal prend l'œuf d'un air narquois,
Et le jette à la Sœur une seconde fois.

Chacun de s'écrier... Mais la Sœur, à l'office,
Va demander à Dieu que sa main la bénisse ;
Elle reprend un œuf, l'offre au forban confus,
Et lui dit simplement : « Pour l'amour de Jésus,
» Vous prendrez celui-ci, n'est-ce pas, mon cher frère ? »
Il le prend ; en son cœur un miracle s'opère ;
Tant de douceur le touche, et, de ses torts contrit,
A la loi de Jésus le Turc se convertit.

QUATRIÈME PARTIE.

I.

Des vertus de nos Sœurs tu vois un trait fidèle.

Que pour toi, chère enfant, ce soit un saint modèle...

Des maux et des douleurs la Sœur prenant sa part,

Du berceau de l'enfant au cercueil du vieillard

Va porter à chacun et secours et prières;

En quittant l'hôpital, elle court aux chaumières;

Pour visiter le pauvre en son triste réduit,

L'esprit de charité l'inspire et la conduit.

Aux ouvriers souffrants, soldats de l'industrie,

Auxquels nos novateurs font haïr la patrie,

C'est elle qui prodigue et tendresse et secours;

Par ses propres vertus, plus que par ses discours,

Leur apprend à porter la vie en patience,

Et leur enseigne même à bénir la souffrance...

4.

En leur montrant Jésus qui se fit ouvrier,
Elle ennoblit le nom de leur humble métier,
Et sait, en leur faisant rapprendre leur prière,
Amortir les penchants qu'irrite la misère.

II.

La Sœur de charité vient au riche à son tour
Demander un peu d'or, surtout un peu d'amour
Pour ce pauvre égaré qu'une bonne parole
Autant qu'un prompt secours, et ramène et console ;

Heureuse de pouvoir, en rapprochant leurs mains,
Éteindre toute envie, étouffer tous dédains,
Elle va, de Jésus appliquant les préceptes,
De l'insensé Babeuf convertir les adeptes ;
Et du riche et du pauvre, en attirant le cœur,
D'après les lois du Christ, elle est vraiment leur sœur.

C'est ici, chère enfant, la tâche difficile
Que, surtout notre siècle, au nom de l'Évangile,
Impose chaque jour aux Sœurs de charité.
Du pauvre il faut calmer l'esprit d'avidité ;
Au riche, en même temps, pour chasser l'égoïsme,
La Sœur doit inspirer son sublime héroïsme.

Or, sur ce point, enfant, il te faut bien savoir,
Si tu veux être Sœur, quel sera ton devoir.

« Plus que tout, aimer Dieu ; puis, ainsi que nous-mêmes,
» Aimer notre prochain. » Voilà les lois suprêmes,
Pour nous, simples chrétiens...

                              Des filles de son choix,
Vincent veut davantage ; il veut que de la Croix
Imitant, s'il le faut, l'auguste sacrifice,
Chacune à son prochain, pour extirper le vice,
Soit prête à s'immoler ; et que le cœur joyeux,
Se renonçant soi-même, elle s'élève aux cieux.

III.

Aussi, vois au travail cette sainte cohorte :
L'amour pur du prochain l'excite et la transporte.
Nulle ne craint la mort, ni le poison latent
Qu'on suce à l'hôpital, ni le mal pestilent
Que sème le typhus dans sa marche terrible.

Tel a paru souvent leur courage impassible.
Oui, dans cent lieux divers déjà les nobles Sœurs
Ont des publics fléaux affronté les fureurs.

Qu'au désordre moral une peste succède...
D'un peuple décimé qui l'appelle à son aide
Cette fille du ciel deviendra le soutien ;
Pour alléger son mal elle oubliera le sien,
Veillera nuit, et jour au chevet du malade ;
Et, contre le trépas dans sa sainte croisade,
Au plus fort du péril se montrant sans pâlir,
Elle mourra du mal qu'elle n'a pu guérir.

De ce saint dévouement si ton âme s'étonne,
Enfant, rappelle-toi ces jours où Barcelone,
Sous les coups redoublés d'un terrible fléau,
A son peuple éperdu n'offrait plus qu'un tombeau.
Loin du pestiféré, délaissé sur sa couche,
Tout secours avait fui ; seul, le regard farouche,
Le moribond tremblant luttait contre la mort.

Mais de la charité vois le sublime effort !
De médecins, de Sœurs, envoyés par la France
Pour soulager ces maux, une troupe s'élance ;
Rivalisant de zèle en leurs nobles désirs,
Tous ont vaincu le monstre ou sont morts en martyrs...

IV.

Aux jours du choléra telle fut Rosalie,
Qui de la Charité fut la fille accomplie.

Lis et relis cent fois le livre au doux parfum
Que sut lui consacrer le noble de Melun ;
Là, bien mieux qu'en mes vers, tu peux, chère Adeline,
Apprendre les devoirs auxquels Dieu te destine ;
Mais il faut, chère enfant, embrasser ses autels,
Pour qu'il guide tes pas en des temps moins cruels...

Le roi Charles dixième avait quitté la France,
De complots, après lui, nous léguant la semence ;
L'émeute rugissait ; et, de sa propre main,
Paris ensanglantait et déchirait son sein.

Au milieu de ces temps de rage et de folie,
Redoublant de courage, on voyait Rosalie,
Au vainqueur, au vaincu se donnant par moitié,
De toute main qui frappe implorer la pitié,
Aux blessés des deux camps donner des soins de mère.
Et leur prouver qu'en Dieu chacun est bien son frère.

Mais après le combat, quand l'émeute, à genoux,
Du magistrat vengeur redoutait le courroux,
L'habitant du faubourg accourait tout en larmes
Demander à la sœur de lui cacher ses armes.
Elle acceptait toujours, en se disant tout bas :
« Prenons, prenons d'abord ces engins de trépas,
» Autant sur l'ennemi de captures sont faites ! »

Du faubourg Saint-Marceau si, fouillant les retraites,
Le magistrat qui veille au repos de Paris
De l'arsenal des Sœurs veut se montrer surpris,
De Gisquet Rosalie arrêtera la plainte :
« Nous ne jugeons personne (a-t-elle dit sans crainte),
» Nous protégeons chacun ; et si vous-même un jour
» On vous poursuit, monsieur, venez à votre tour,
» Nous saurons vous trouver une sûre cachette[1]. »

Le préfet se retire, et malgré lui répète :
« Ah ! cette Sœur, vraiment, par des ressorts secrets
» Et des grands et du peuple attire les respects !... »

[1] La réponse est historique : voir page 215, la *Vie de Sœur Rosalie, fille de la Charité*, par M. le vicomte de Melun, chez la veuve Poussielgue-Rusand, rue Saint-Sulpice, nᵒ 23, à Paris.

V.

C'est aux combats de Juin que, plus tard, cet empire
Adoucit les héros de l'émeute en délire :

Ils croyaient triompher... et, du sac menacé,
D'un horrible frisson Paris fut traversé ;
La mère maudissait la beauté de ses filles,
Et déjà des couvents semblaient trembler les grilles...
Cependant une garde, ainsi qu'autour des rois,
Escortait Rosalie et marchait à sa voix ;
Pour elle, l'émeutier, discrète sentinelle
Au repos des enfants veillait en sœur fidèle [1].

Tu le vois, Rosalie a par la charité
Sur un peuple indomptable assis sa royauté...

[1] Des religieuses avaient entendu proférer des menaces d'incendie ;
elles tremblaient pour elles et pour leurs élèves ; elles eurent recours
à sœur Rosalie, et le soir elle leur envoya un poste d'hommes armés
pour garder leur établissement. Voir l'ouvrage précité, p. 211.

VI.

Il faut qu'au vice même imposant son empire,
La vertu de nos Sœurs le subjugue et l'attire.

Au travail ton couvent fait succéder les jeux ;
Des amitiés d'enfance il resserre les nœuds ;
Mais pour servir le pauvre, il te faudra, novice,
Rompre ces doux liens, et de l'amer calice
Goutte à goutte il faudra que tu boives le fiel ;
C'est ainsi que le Christ nous a rouvert le ciel !

Ta voix se mêle en chœurs aux chants de tes compagnes,
Mais ces chants cesseront quand, jusqu'au fond des bagnes,
Pour calmer leur souffrance, après le confesseur,
Il te faudra chercher le crime et la douleur.

Tombé de chute en chute aux sentines du vice,
Pour ses forfaits enfin frappé par la justice,
Au bagne un scélérat subit son châtiment.

Qu'endurci dans le crime, un sombre emportement
Le pousse à tout braver, les lois et Dieu lui-même ;
Qu'au ministre sacré réponde le blasphème...
Qui viendra du forçat arrêter la fureur ?

C'est de la Charité la douce et sainte Sœur.

Elle subit d'abord le sarcasme et l'outrage,

Sa douceur du bandit semble animer la rage.

Il voudrait l'étouffer... C'est en vain qu'il se tord,

Ses bras sont enchaînés... Dans un dernier effort,

A ce front virginal il jette la souillure

Que la bouche des Juifs, comme suprême injure,

Jetait à Jésus-Christ, d'épines couronné...

A ce seul souvenir l'outrage est pardonné ;

La Sœur, à deux genoux priant pour le coupable,

Demande à Dieu pour lui d'être bon, secourable...

Ainsi le Rédempteur priait pour ses bourreaux !...

A ce pardon touchant, des sentiments nouveaux

Saisissent le bandit et transforment son âme,

Qui par un saint transport et s'épure et s'enflamme.

C'est ainsi que la Sœur a su le convertir,

Et qu'au bagne avec elle entre le repentir [1].

[1] Mademoiselle Ernestine Drouet traite aussi le *bagne*, et elle termine la lutte entre le forçat et la sœur par cette réponse d'une charité sublime, et d'une humilité digne des filles de saint Vincent de Paul :

> Aussitôt que le crime est devenu douleur,
> Il peut à l'innocence oser dire : Ma sœur.

Pour être juste envers mademoiselle Ernestine Drouet, il faudrait la citer en entier ; nous ne pouvons que renvoyer à la pièce couronnée. (Librairie de Dentu, galeries du Palais-Royal.)

CINQUIÈME PARTIE.

OEUVRES DES SOEURS DE CHARITÉ A L'ÉTRANGER.

L'ALGÉRIE, L'ORIENT, LA GUERRE.

I.

Dieu, c'est la charité. Vois sa sainte influence
Embrasser l'univers dans une étreinte immense.

Suivons encor nos Sœurs... Messagères de paix,
Jusqu'aux pays lointains portant le nom français,
Partout on les bénit... Leur charité profonde
Prêche par les bienfaits et convertit le monde.

Fille de saint Vincent, quitte le sol natal ;
Des vérités du Christ portant haut le fanal,
Des ombres du Coran délivre l'Algérie !
Porte-lui tes vertus... c'est encor la patrie.

De la cité de Dieu descends, grand Augustin,
Viens diriger ses pas sur le sol africain !...

Reviens sous tes palmiers, saint évêque d'Hippone :
Ta ville épiscopale a pris le nom de Bone,
Et le troupeau choisi que tu formas jadis
A trop longtemps porté le joug de l'Osmanlis !

Du pirate africain détruisant le repaire,
La France a du vrai Dieu rouvert le sanctuaire ;
Et désormais du Dey les farouches esquifs
N'iront plus sur les mers à la chasse aux captifs.

De Vincent prisonnier la sueur et les larmes
Ont coulé sur le sol subjugué par nos armes.
Ses chants harmonieux, sa douceur, ses vertus,
Ont ramené son maître aux dogmes de Jésus [1].
Cet exemple touchant te montre, douce fille,
Comment tu peux des Saints agrandir la famille.

Dans le champ du Seigneur, malgré ronce et buisson,
Germe l'heureux espoir d'une riche moisson ;
Et déjà le bon grain, dans les terrains propices,
Des filles du semeur paye les sacrifices.
L'Africaine au teint brun, qu'attendait le sérail,

---

[1] Voir la lettre admirable écrite par saint Vincent de Paul sur sa captivité ; *Vie de saint Vincent de Paul*, par Abelly, t. I, p. 16 et 17 ; voir l'abbé Maynard, t. I, p. 35-42.

Des filles de Vincent partage le bercail;

D'Abd-el-Kader soumis la fille convertie

Du Dieu de charité reçoit l'Eucharistie,

Et sous la bure grise on la voit, à son tour,

Aux enfants musulmans prodiguer son amour.

C'est ainsi que nos Sœurs, d'une main maternelle,

Ont d'un peuple vaincu fait un peuple fidèle.

II.

Près du missionnaire, aux rivages chinois

Comme aux plages d'Annam, en défendant la croix

Elle brave la mort; mais son âme inspirée

La pousse avec amour vers la sainte contrée

Où du christianisme a brillé le berceau.

Et quand, pour se courber près du sacré tombeau,

Le pèlerin souffrant lentement s'achemine,

Un hospice des Sœurs l'attend en Palestine.

Là, tandis que la femme est esclave au sérail,

La Sœur va le front haut à son noble travail.

Ainsi de nos drapeaux préparant l'alliance,

Elle sut au croissant faire admirer la France;

Des aigles de l'empire a suivi les combats,
Jusque sous la mitraille a pansé nos soldats;
Et nos héros tombés aux champs de la Crimée
Ont trouvé dans ses soins ceux d'une mère aimée.

III.

Des plaines de l'Alma parcourons les sillons.
Saint-Arnaud est leur chef; vois nos fiers bataillons
Refouler l'ennemi, brandir la baïonnette...

Ciel! par combien de sang la victoire s'achète!
Les morts ont jalonné la ligne du combat,
Le bronze tonne encore, il meurtrit, il abat.
Près des héros tombés tu vois nos héroïnes
Dont la main interroge et sonde les poitrines...

Le cœur bat-il encor? — Il bat, et le blessé
D'une prudente main aussitôt est pansé;
C'est la Sœur, à genoux, qui lui soutient la tête
Ou le panse elle-même; et dans cette tempête,
Où le vent de la mort se déchaîne en fureur,
La Sœur se montre à tous ange consolateur

Par un reflux subit de l'horrible marée
De flots de combattants une Sœur entourée
Va périr sous leurs pieds, tant son devoir pieux
La rend sourde au péril et lui ferme les yeux;
Mais un soldat blessé, qui se dresse et chancelle,
Semble la reconnaître, et, s'effrayant pour elle,
Parvient à lui crier : « Fuyez, ma sœur, fuyez...
— Moi, fuir en vous quittant... vous me calomniez!
— Oui, sauvez-vous, ma sœur, sauvez-vous, sœur Saint-Charles.
— O souvenir!... Antoine, est-ce toi qui me parles?...
Toi, qu'aux enfants trouvés je reçus le premier,
Toi, que j'aimais dès lors d'un amour singulier,
Toi, que je dirigeai dans toute ta carrière,
Cher Antoine, est-ce toi... couché dans la poussière?...

» Mon Dieu! je l'aimais trop cet enfant de mon choix.
Réponds-moi donc, Antoine, ai-je entendu ta voix?...

La voix s'était éteinte, et la Sœur désolée
Chercha longtemps ce fils tombé dans la mêlée;
Son cœur de mère enfin le lui fit retrouver.
Antoine mutilé ne peut se soulever,
Et le sang coule à flots d'une large blessure...

Que fera notre Sœur? Dieu! c'est toi qu'elle adjure...
Elle étanche le sang, soulève le soldat,
Le hisse sur l'épaule et fuit loin du combat.

« Enfant, je t'ai porté ; je puis bien, disait-elle,
» De nouveau me montrer à mon mandat fidèle ;
» Ce n'est plus dans mes bras ; eh bien, c'est sur mon dos
» Que pour le préserver j'enlève mon héros... »
Et les yeux vers le ciel, d'une ardente prière
Elle disait à Dieu : « Rendez-lui la lumière !... »

Mais le blessé trop lourd l'accable de son poids ;
Le souffle haletant, elle tombe sans voix.

C'est ainsi que le Christ, en marchant au supplice,
S'affaissa sous le faix du bois du sacrifice.

L'ambulance était près, et bientôt relevés,
La Sœur et le soldat, tous deux furent sauvés.
Elle, aussitôt debout, au lit de la souffrance
Alla porter ses soins et rendre l'espérance.

IV.

A ces efforts pieux l'Europe applaudissait ;
D'une secrète envie Albion frémissait,
Quand soudain de nos Sœurs se présente une émule ;
Leur exemple entraînant l'excite, la stimule,
Et l'highlander blessé reçoit de bras anglais

Les soins qu'eussent offerts des Sœurs au cœur français.
Que de miss Nightingale Albion reste fière [1] !
Nous, montrons de nos Sœurs la légion entière !...

Si des héros frappés dans ces combats sanglants,
Si de Sébastopol et de ses murs croulants
.Le bronze en relief doit garder la mémoire,
Sur un pan du tableau de cette grande histoire
Nous devons retrouver trace de ce récit.

Quels noms portaient nos sœurs? Aucun nom n'est inscrit;
Non, Dieu seul les connaît. C'est au livre de vie
Qu'un jour nous les lirons... si Dieu nous y convie.

[1] Miss Nightingale se mit à la tête de quelques dames anglaises
pour aller en Crimée panser les soldats de sa nation ; et quand en
Angleterre on buvait aux victoires de l'armée de la Reine en Crimée,
on ne manquait pas de porter un toast à miss Nightingale.

SIXIÈME PARTIE.

CONCLUSION.

I.

C'est ainsi qu'en tout temps, c'est ainsi qu'en tous lieux
Vont briller les vertus de cet ordre pieux.
Aimer jusqu'au martyre est sa règle sublime...
Enfant, viens adorer le Dieu prêtre et victime
Qui sur nos saints autels s'immole chaque jour ;
Viens à sa table sainte implorer son amour,
C'est là qu'il t'apprendra ce dévouement docile
Qui se pliant à tout peut tout rendre facile.

II.

De ces filles de Dieu l'auguste apostolat
Est le fruit mérité d'un long noviciat.

D'abord, pendant six mois tu devras, postulante,
Suivre dans ses devoirs leur charité vivante.
Puis, durant tout un lustre, au pied du saint autel,
Tu devras consulter et prier l'Éternel,
Car Dieu seul peut donner la touchante influence
Qui fait aimer le bien sans art et sans science.

Là sont proscrits les vœux dont la chaîne sans fin
Doit de la vie entière enfermer le destin.
La charité ne peut rester emprisonnée,
Et tes vœux seront faits pour une seule année.
Mais lorsque reviendra le jour où l'Éternel
Vers Marie envoya son ange Gabriel,
De ce message heureux vienne l'anniversaire,
D'un an de tes travaux on fera l'inventaire.
Si des œuvres du ciel le nombre est suffisant,
On te rendra ton voile, et sans un joug pesant,
Par des vœux successifs qui maintiendront ton zèle,
On te laissera libre en te gardant fidèle [1].

[1] Quand j'ai écrit ces vers, je me rappelais le passage suivant de Collet, dans la *Vie de saint Vincent de Paul* : « Pour finir ce qui regarde ce pieux institut, il suffira d'ajouter que les filles de la Charité ne font que des vœux simples ; qu'elles ne les font pour la première fois qu'après cinq ans d'épreuves ; que pour les tenir dans une juste dépendance, et leur laisser en même temps tout le mérite d'une pleine liberté, elles ne les font chaque fois que pour une

III.

De la sainte milice où tu veux t'enrôler
Tu connais le drapeau ; maintenant, sans trembler,
Du pauvre, du malade, ose être la servante ;
A quatre fois vingt ans tu seras *reposante* [1],
Et tu pourras tranquille attendre le grand jour,
Où du Dieu trois fois saint s'ouvrira le séjour.

année ; qu'elles ne les renouvellent le 25 mars, jour auquel mademoiselle Le Gras les fit pour la première fois, que sur la permission que leur en accorde la supérieure générale ; que le délai de cette permission est la plus rude pénitence qu'on puisse leur imposer ; qu'outre les trois vœux qui sont en usage dans les ordres religieux, elles en font un quatrième de servir les pauvres dans la compagnie à laquelle Dieu les a appelées ; et qu'enfin la liberté qu'elles ont d'en sortir n'a presque servi, jusqu'à présent, qu'à les y attacher par des nœuds et plus consolants et plus inviolables. » Voy. *Vie complète de saint Vincent de Paul,* par M. Collet, nouvelle édition ; Paris, 1818, chez Demonville, tom. Ier, p. 420.

[1] Nom donné aux Sœurs que l'âge et les infirmités obligent à aller prendre les invalides à la maison mère.

Post-Scriptum.

I.

De pieux sentiments si ton âme est nourrie,
Rends-en grâce au couvent du *Saint Cœur de Marie*[1] ;
C'est là, chère Adeline, en consultant ton cœur,
Que de la Charité tu voulus être sœur.
Mais tu confonds souvent, dans ta reconnaissance,
La Sœur au nom si doux qui soigna ton enfance
Avec ces autres Sœurs aux multiples travaux
Dont nous avons suivi la chaîne aux longs anneaux.

[1] Les Sœurs du *Saint Cœur de Marie*, établies à Paris, rue Picpus, nº 60, où a été élevée jusqu'à l'âge de quinze ans notre jeune pupille Adeline L***, sortent des *Écoles chrétiennes de la Miséricorde*, fondées à Saint-Sauveur (Manche).

C'est un prêtre de l'église des Quinze-Vingts, M. l'abbé Terlaing, qui conçut le projet de leur confier des jeunes filles pauvres pour leur apprendre à coudre, à blanchir, à soigner les malades et à s'occuper du ménage, afin d'en faire de bonnes mères de famille dans la classe ouvrière à laquelle elles appartiennent.

Un décret du 30 avril 1851 a érigé cette communauté en congrégation gouvernée par une supérieure générale; mais, dans les premiers mois de 1852, M. Terlaing mourut, laissant la congrégation naissante aux abois, et chargée de l'éducation de cinquante

Va, tu peux les confondre ! Et, sous la bure grise,
Ou sous le noir manteau, chacune rivalise
A mieux garder les lois de ce saint novateur,
Des grilles, des verrous, sublime contempteur [1],

enfants. Heureusement elle a trouvé des protecteurs éclairés dans M. le comte de Madres et dans sa pieuse compagne, fille d'un jurisconsulte éminent, M. Dalloz aîné, qui jadis nous a honoré de sa bienveillance, et à la mémoire duquel nous sommes heureux de payer un tribut de reconnaissance. C'est par l'intermédiaire de M. le comte et de madame la comtesse de Madres que la jeune Adeline L*** a été admise au *Saint Cœur de Marie*, et c'est là que, grâce aux secours charitables de madame veuve Pauvilliers, née de la Coste, la pauvre orpheline a été pieusement élevée. Que les âmes charitables qui ont concouru à l'éducation de la pauvre Adeline reçoivent ici l'expression de notre reconnaissance.

[1] Les Sœurs de charité « ne sont ni ne peuvent être religieuses, parce que l'état de religion n'est pas compatible avec leurs emplois; elles doivent cependant mener une vie aussi parfaite que l'est celle des plus saintes religieuses dans leurs monastères, bien qu'elles soient beaucoup plus exposées, puisqu'elles n'ont ordinairement pour monastères que les maisons des malades; pour cellule, qu'une chambre de louage; pour chapelle, que l'église de leur paroisse; pour cloître, que les rues de la ville ou les salles des hôpitaux; pour clôture, que l'obéissance; pour grille, que la crainte de Dieu, et pour voile, qu'une sainte et exacte modestie. » (Voy. *Vie de saint Vincent de Paul*, par M. Collet, déjà cité, t. 1, p. 406).

Tout en célébrant les services héroïques que les filles de saint Vincent de Paul rendent à la société, nous savons que les ordres religieux, voués dans leurs cloîtres à la prière et aux mortifications, sont le sel de la terre, et nous sommes prêts à répéter après Mgr Dupanloup, évêque d'Orléans : « Si l'on est catholique, peut-on

Qui dans la liberté constituant ses filles,

Aux pauvres, aux mourants, les légua pour familles,

Et les livrant à tous, de tous fit respecter

Celles qui pour leur Dieu savent tout affronter.

II.

En échange des soins que me doit ta jeunesse,

Enfant, demande à Dieu d'alléger ma tristesse,

Demande au Dieu clément de m'envoyer des cieux,

Pour soigner mes enfants, un ange radieux.

Depuis douze ans et plus, sans une main amie,

De mes quatre orphelins je dirige la vie ;

Chaque jour, à mes fils, si ma prudente main

regarder comme inutiles à l'Église des maisons où le crime trouve un lieu d'expiation, l'innocence un asile contre les dangers du monde, la piété un séjour tranquille où elle peut s'occuper de Dieu seul ? Combien de fois les austérités saintes qu'on pratique dans les monastères, les prières ferventes qu'on y fait, et la vie pure qu'on y mène n'ont-elles pas arrêté la foudre que le Seigneur allait lancer sur les hommes coupables, ou attiré sur la terre les grâces du ciel dans des circonstances critiques ? » (Voy. *Histoire de la bienheureuse Marie de l'Incarnation, dite dans le monde madame Acarie*, par M. Bouché, curé de Saint-Merry ; nouvelle édition, revue, considérablement augmentée et publiée par Mgr l'évêque d'Orléans.

D'un savoir âpre et dur fait gravir le chemin [1],

Que puis-je pour leurs sœurs, à mes yeux si gentilles?

Rien ne peut remplacer ce qu'ont perdu mes filles;

Une mère, en effet, est un présent de Dieu,

Dont sur la terre, hélas! rien ne peut tenir lieu!...

Que demandai-je au ciel un ange de lumière

Pour diriger leurs pas?... Enfant, dans ta prière

Demande à Jésus-Christ, pour nous mort sur la croix,

De doubler mon courage, et que sa sainte voix

Apprenne à mes enfants qu'au ciel est la patrie,

Et que des orphelins la mère... c'est Marie!!!

---

[1] La main de M. de Pisloye n'a pas été seulement *prudente*, elle a été *heureuse* aussi. Dès 1862, son fils cadet, à l'âge de seize ans et demi, était reçu à l'École navale, et n'ayant pas profité de son admission cette année, il a été admissible au premier degré aux examens de l'École polytechnique. Son fils aîné, âgé de vingt ans, élève de seconde année de mathématiques spéciales au lycée Saint-Louis, obtient aujourd'hui même le prix d'honneur au grand concours, et l'admission de ce jeune homme à l'École polytechnique ne peut être douteuse. (*Note de l'Éditeur.*)

Ce 10 août 1863.

ANALYSE

DES

CONFÉRENCES SPIRITUELLES

TENUES

POUR LES FILLES DE LA CHARITÉ

PAR SAINT VINCENT DE PAUL

SUR LEURS RÈGLES COMMUNES.

INTRODUCTION

AUX CONFÉRENCES SPIRITUELLES.

I.

Confréries de la Charité.

Dans le courant de l'année 1617, saint Vincent de Paul quitta la famille de Gondi, dont il était le chapelain, et prit possession de la paroisse de Châtillon-lez-Dombes, dans le diocèse de Lyon. Un jour qu'il allait monter en chaire, on le pria de recommander à la charité de ses paroissiens une pauvre famille habitant une maison isolée, située à une demi-lieue de Châtillon, dont tous les membres, père, mère, enfant et domestiques, étaient à la fois tombés malades, et qui, dans leur isolement, étaient menacés de mourir de faim, sinon de maladie.

La parole de saint Vincent fut chaleureuse et persuasive, et la paroisse entière alla au secours de la famille affligée. Le pasteur lui-même se rendit près d'elle, et il fut tout ému en voyant les groupes de personnes qui en revenaient. « Voilà, s'écria-t-il, une grande charité, mais » elle est mal réglée. Ces pauvres malades, pourvus de

» trop de provisions à la fois, en laisseront une partie se
» gâter et se perdre, et ils retomberont ensuite dans leur
» première nécessité. » De là la pensée d'introduire de
l'ordre dans la distribution des secours, et la création de
la Confrérie des Dames de la Charité, appelées à recueillir
et à distribuer les secours aux malades pauvres qu'elles
iraient visiter, soigner et entourer de toutes sortes de
soins. Les règles de cette confrérie furent approuvées le
24 novembre 1617 par l'archevêque de Lyon [1], et le
12 décembre suivant eut lieu la première élection des
officières de la confrérie.

On dirait que le passage de saint Vincent à Châtillon-
lez-Dombes n'a eu d'autre but, dans les décrets éternels,
que de lui fournir l'occasion de créer la confrérie des
Dames de la Charité. En effet, il fut bientôt rappelé près
de la famille de Gondi, et dès le 23 décembre 1617 il
quittait cette pauvre paroisse. Rentré dans cette maison,
il s'appliqua à propager l'institution nouvelle dans tous
les domaines de la famille puissante à laquelle il était
attaché. C'est ainsi qu'on voit s'établir cette confrérie à
Villepreux (où elle est approuvée en 1618 par le premier
cardinal de Retz, dernier évêque de Paris), puis à Joigny,
à Montmirail dans le diocèse de Soissons, à Folleville dans le
diocèse d'Amiens, où l'évêque en approuve le règlement

[1] Voir la *Vie de saint Vincent de Paul*, par l'abbé Maynard, t. Ier,
p. 117-135.

le 6 octobre 1620, à Trévoux, à Mâcon en 1623, et dans divers autres lieux.

Or, dès le 1ᵉʳ mars 1624, saint Vincent, qui s'était voué au salut des pauvres des campagnes, était investi de la principalité du collége des Bons-Enfants, où il s'établissait avec deux ou trois prêtres, entre autres M. Antoine Portail, pour se vouer aux missions, d'abord dans les terres de la famille de Gondi, puis partout où besoin serait. Et enfin par une bulle datée du 12 janvier 1632, le pape Urbain VIII donnait mandat exprès à saint Vincent et à ses coopérateurs d'établir partout où ils iraient en mission la confrérie des Dames de la Charité.

Faite pour les campagnes et pour des femmes habituées à intervenir de leur personne dans les soins des malades de la famille, la confrérie de la Charité s'introduisit à Paris sous deux formes différentes. Dans les paroisses diverses, elle assura aux pauvres malades les secours qui leur manquaient, et dans l'assemblée générale des Dames de la Charité de l'Hôtel-Dieu elle soigna spécialement les pauvres admis dans cet asile commun des misères de Paris ; puis elle fonda les autres asiles ouverts aux Enfants trouvés, aux Filles de la Providence, l'hôpital général, et fournit ces secours généraux qui pendant la vie de saint Vincent embrassèrent successivement et simultanément la Lorraine, la Champagne, la Picardie et l'Ile-de-France ; en même temps ces dames soutenaient les missions dans les pays étrangers, comme aux îles Hébrides, à Madagascar et dans d'autres lieux.

II.

Confrérie des filles de la Charité servantes des pauvres malades. — Mademoiselle Le Gras leur institutrice.

Au nombre des dames qui, des premières, s'enrôlèrent à Paris dans la sainte milice des Dames de la Charité, il faut citer une femme d'une piété éminente et d'une éducation distinguée. Louise de Marillac, fille d'un conseiller au parlement de Paris, seigneur de Ferrières, et nièce 1° de Michel de Marillac, qui fut successivement conseiller au parlement, maître des requêtes au conseil d'État, conseiller d'État, surintendant des finances et garde des sceaux de France ; 2° de Louis de Marillac, marié en 1607 à une princesse de Médicis, cousine de la reine mère Marie de Médicis, en dernier lieu gouverneur de Verdun et maréchal de France, chargé avec deux autres maréchaux de France du commandement de l'armée française, qui en 1630 faisait la guerre en Italie. Tous deux tombèrent en disgrâce après la journée des *Dupes* (11 novembre 1630). Le premier est mort en exil à Châteaudun, et le second a eu la tête tranchée en place de Grève, sous prétexte de concussion et péculat, mais en réalité pour assouvir la haine de Richelieu. Louise de Marillac, devenue orpheline, avait épousé, en 1619, Antoine Le Gras, écuyer, secrétaire des commandements de la reine mère, et qui mourut en 1625.

C'est bientôt après son veuvage qu'elle fut confiée à la direction de saint Vincent de Paul, par son parent, Mgr Camus, évêque de Belley et ami de saint François de Sales. Plus tard elle fut chargée d'aller inspecter les confréries de charité établies en province. Louise de Marillac, qui dès lors ne fut plus connue dans le monde charitable que sous le nom modeste de *mademoiselle Le Gras* [1], était aussi l'âme des confréries de Paris, et spécialement de la confrérie de Saint-Laurent, sa paroisse. Là, depuis longtemps elle donnait l'exemple de la charité la plus complète et la plus humble; elle allait visiter les malades, faisait leur lit, changeait et blanchissait leur linge, leur portait la nourriture et les médicaments, en un mot, elle était leur servante la plus dévouée et la plus soigneuse; mais d'autres dames, moins habituées au service des pauvres ou retenues par leurs maris, qui redoutaient la contagion des malades, demandèrent des servantes pour les aider. Mademoiselle Le Gras recueillit chez elle et dressa à leurs nouveaux offices ces servantes des pauvres. Avec une telle maîtresse, celles-ci firent tant de progrès et opérèrent tant de

---

[1] Comme tant d'autres, elle eût pu porter le titre plus noble de *madame*, mais la modestie lui fit préférer celui plus simple de *mademoiselle*.

bien dans les paroisses où elles étaient, que partout où il y avait une confrérie des *dames de la Charité*, on demanda des *servantes* pareilles, que la voix publique (véritable voix de Dieu) appela *filles de la Charité*[1]; en sorte que leur institution et jusqu'à leur nom, tout fut l'œuvre de la Providence, sans que la volonté ni de M. Vincent, ni de mademoiselle Le Gras, ni d'aucun autre, l'eût prémédité.

C'est vers l'année 1630 que mademoiselle Le Gras commença à recevoir des servantes pour les dresser au service des pauvres, et après quelques années d'exercice de ce saint ministère, elle s'y consacra par un vœu solennel, le 25 mars 1634, jour de la fête de l'Annonciation de la sainte Vierge.

L'œuvre grandit. Aux pauvres des paroisses vinrent

---

[1] Dans la conférence du 24 mars 1658, saint Vincent de Paul, en expliquant aux filles de la Charité combien leur nom de *filles de la Charité* les obligeait à aimer Dieu, à aimer le prochain et plus spécialement à s'aimer entre elles, finit en leur disant : « Je vous en conjure, mes filles, vivez conformément au nom que vous avez et que Dieu vous a donné, car ce n'est ni mademoiselle Le Gras, ni M. Portail, ni moi qui vous avons nommées filles de la Charité, comme je viens de le dire, c'est Dieu par la voix du peuple : oui, le peuple voyant le bien que vous faites, et les services que les premières sœurs ont rendus aux pauvres, vous a donné ce nom qui vous est demeuré comme propre à votre exercice;... la voix du peuple est la voix de Dieu, et partant c'est Dieu qui vous a donné le nom que vous portez; conservez-le donc bien, et tâchez d'avoir toujours la robe de charité,... dont l'amour de Dieu fait le haut, l'amour du prochain et des pauvres le milieu, et l'amour entre vous

s'ajouter les enfants trouvés, les pauvres galériens, le service de l'assemblée des dames de l'Hôtel-Dieu et des hôpitaux d'Angers, de Nantes et d'autres villes, enfin le service des pauvres aliénés, et partout l'éducation des jeunes filles instruites dans la religion et dans les travaux à l'aiguille convenables pour leur sexe et leur condition. C'est ainsi que l'œuvre s'était développée par la grâce de Dieu. Longtemps recueillies chez mademoiselle Le Gras, les filles de la Charité servantes des pauvres malades avaient habité chez leur institutrice, d'abord la paroisse de Saint-Laurent, puis près l'église Saint-Nicolas du Chardonnet, afin d'être plus près de saint Vincent lorsqu'il habitait le collége des Bons-Enfants; ensuite quand saint Vincent alla s'établir à Saint-Lazare, mademoiselle Le

la partie d'en bas. Ah! la belle robe que celle-là, qu'elle est belle! Si nous pouvions la voir comme saint Jean la voyait, que nous serions épris de sa beauté et du désir de l'avoir! Ce grand saint, déjà avancé en âge, se faisait porter à l'église pour prêcher, et sa prédication était toujours : Aimez-vous les uns les autres; et puis il s'en allait. « Mais, mon père, lui dirent un jour ses disciples, pourquoi dites-vous toujours la même chose et en si peu de paroles? — Ah! je ne dis que cela, répliqua-t-il, parce que si on l'accomplit bien on accomplit la loi de Dieu... Aimez-vous les uns les autres, disait le saint prêtre, et vous accomplirez la loi de Dieu,... cette loi par laquelle les saints ont gagné le ciel, et qui les régit encore à présent dans la vie bienheureuse,... et votre compagnie, dès maintenant, ressemblera au paradis si elle observe bien cette règle d'amour. Oui-da! c'est une compagnie du paradis, lorsqu'on s'y comporte comme si l'on était en paradis, c'est-à-dire dans une vraie charité! »

Gras, dont le troupeau augmentait, se retira à la Chapelle ; mais enfin elle vint se fixer, d'abord à titre de locataire, puis à titre de propriétaire, dans une vaste maison sise vis-à-vis Saint-Lazare, où resta la maison mère des filles de la Charité, jusqu'à la révolution de 1793. Cette maison qui, il y a quelques années, constituait la maison de santé du docteur Dubois, puis la maison municipale, a disparu aujourd'hui pour faire place au boulevard de Magenta, de même que la rue du cardinal Lemoine, et des voies publiques nouvelles ont détruit l'ancien couvent des Bons-Enfants.

III.

Conférences spirituelles tenues par saint Vincent de Paul pour les filles de la Charité.

Une fois qu'elles furent établies près de Saint-Lazare, saint Vincent de Paul, instituteur des filles de la Charité servantes des pauvres malades, mit sa consolation à les instruire lui-même de leurs devoirs, lorsque sa santé et ses occupations le lui permettaient.

C'était le dimanche à trois heures, trois heures et demie, que se tenait la réunion. Les filles des paroisses de Paris, qui pouvaient revenir à la maison mère, celles qui y étaient admises comme novices, puis celles des filles de la Charité de province qui étaient rappelées à Paris pour

être envoyées ailleurs, et enfin celles qui venaient en retraite près de leur mère spirituelle mademoiselle Le Gras,
tel était l'auditoire de saint Vincent de Paul.

Là, sans préparation autre que la méditation devant
Dieu des vérités qu'il devait leur enseigner, sans artifice
de langage, mais d'après l'impulsion de son cœur, sura-
bondant de charité, tantôt interrogeant ses filles, tantôt
résumant et complétant leurs réponses, saint Vincent leur
a donné des conférences que leur piété s'est bientôt étudiée
à recueillir.

D'abord c'est un résumé à la troisième personne, telle
que la reproduction du *Moniteur*, au commencement de
l'Empire, pour les débats du Corps législatif; puis c'est
une reproduction textuelle, comme la fournit la sténogra-
phie du cœur de mademoiselle Le Gras et de ses filles.

Plusieurs de ces conférences sont écrites en entier
de la main même de mademoiselle Le Gras; d'autres ont
été remises au net par quelques-unes de ses filles; mais
j'ai lieu de supposer que la plupart de ces conférences
ont été saisies et reproduites par mademoiselle Le Gras
elle-même. Elle seule nous semble avoir pu, avec cette
assimilation complète d'un langage naïf et souvent sublime de saint Vincent de Paul, donner une reproduction fidèle des entretiens du saint fondateur des filles de
la Charité. D'ailleurs, dans plusieurs de celles dont nous
ne publions pas ici l'analyse et qui ne sont pas indiquées

comme écrites par mademoiselle Le Gras, on cherche, pour ainsi dire, à dissimuler son intervention personnelle, lorsque saint Vincent de Paul l'interrogeait en lui disant, suivant la formule habituelle : « Vous plaît-il, mademoiselle, nous faire connaître vos pensées, vos réflexions? » Or, c'est là, à notre sens, un indice de l'origine de la rédaction, qui certainement appartiendrait à mademoiselle Le Gras.

Ces conférences, imprimées pour la dernière fois en 1845 pour les filles de la Charité, n'ont pas été jusqu'à ce jour livrées aux simples fidèles; cependant tout cœur chrétien éprouve une douce consolation à se trouver ainsi en communication avec l'âme de saint Vincent de Paul, telle qu'elle a été saisie au vol et reproduite par les filles de la Charité, dignes interprètes de leur saint fondateur.

Cette lecture a été pour nous d'un prix infini, et dans l'état d'isolement et de veuvage où nous vivons, il nous a semblé bien précieux de faire des extraits de ces conférences, pour les donner à nos deux filles d'abord, et ensuite aux deux jeunes personnes dont la tutelle nous a été successivement confiée, et dont l'une a été la cause première de toutes les recherches que nous avons faites sur les filles de la Charité servantes des pauvres malades.

IV.

État de la nation et du clergé français au moment où saint Vincent de Paul a institué les filles de la Charité et arrêté les règles qu'elles devaient suivre.

La France venait d'être affligée par des guerres de religion et par la guerre civile. La Rochelle, dernier boulevard du protestantisme révolté, venait de tomber sous les armes de Louis XIII, lorsque la Providence se servit de son serviteur saint Vincent de Paul pour organiser en une confrérie régulière les *filles de la Charité servantes des pauvres malades,* devenues le complément nécessaire de la confrérie des dames de la Charité; et à peine l'œuvre nouvelle commençait-elle à prospérer, que les guerres de la Fronde vinrent déchirer de nouveau le sol français.

Au milieu de ces luttes diverses et des ferments de discorde qui agitaient le pays, la rudesse des mœurs, l'ignorance des sains principes, l'oubli de toute obéissance et la débauche, fille de tous les excès, régnaient en maîtres sur le peuple et même sur une partie du clergé. Aux misères du peuple saint Vincent de Paul opposa les dames et les filles de la Charité et toutes les œuvres de bienfaisance de son cœur tendre et bon; à l'ignorance et à ce qui manquait au clergé, il opposa les retraites, les conférences des ordinants, et, pour la régénération de l'avenir, les séminaires où s'élèvent et s'instruisent les lévites du Seigneur; mais, tandis qu'il luttait contre tous ces excès et ces calamités de son temps, il avait à prévenir les filles de la Charité d'être fort circonspectes avec tous les ecclésiastiques en général, et en particulier avec les confesseurs qui leur étaient désignés.

Je n'oserais pas reproduire ici les termes amers dans lesquels s'exhalent les plaintes des plus saints évêques sur l'état du clergé de leurs diocèses; et nous qui vivons dans des habitudes de respect et de confiance envers le clergé français (c'est-à-dire le clergé le plus pur et le plus éclairé du monde chrétien), nous avons peine à comprendre les flétrissures qu'inflige à quelques prêtres de son temps l'évêque de Rodez, Abelly, l'historien de saint Vincent de Paul[1]. Ainsi s'est vérifiée une fois de plus cette vérité, que l'Église fondée par Jésus-Christ a en elle-même sa force et sa vitalité, quelque indignes que soient ses ministres.

Dans de telles circonstances, saint Vincent devait donc, quel que fût son respect pour le sacerdoce, prémunir ses filles de prédilection contre les piéges et les abîmes qui pouvaient s'ouvrir sous leurs pas; aussi une défiance, alors juste et méritée envers une partie du clergé, préside-t-elle aux règles que saint Vincent donne à ses filles,

---

[1] *Saint Vincent de Paul, sa vie, son temps, ses œuvres et son influence*, par l'abbé Maynard, t. II, p. 11 et 12, et Abelly, *Vie du vénérable serviteur de Dieu, Vincent de Paul*, t. I, p. 3.

bien qu'il leur inspire le plus profond respect pour le caractère sacré dont étaient revêtus les pasteurs dans les paroisses desquels elles allaient s'établir.

Il est indispensable d'appuyer sur cette observation historique, sans laquelle nous ne pourrions comprendre certaines prescriptions qu'on rencontre dans les règles des filles de la Charité, telles que saint Vincent les leur a données.

Après avoir copié et médité ces règles, on reste convaincu qu'une juste réserve doit toujours être observée dans les rapports avec le clergé. Cette loi rappelée, nous restons, tant pour nous-mêmes que pour les jeunes âmes qui nous sont confiées, pleins du respect le plus profond et de la confiance la plus filiale envers les ministres de l'Évangile, qui, dépositaires des vérités du Christ, nous donnent, par leurs exemples, le meilleur commentaire des préceptes de notre divin Maître.

V.

Érection de la confrérie des filles de la Charité.

Une première fois en 1646, à la pressante sollicitation de mademoislle Le Gras, saint Vincent, après avoir rédigé, d'accord avec cette sainte femme, les statuts et les règles détaillées de la nouvelle confrérie, présenta requête à

Jean-François de Gondi, archevêque de Paris, à l'effet d'obtenir l'érection des filles de la Charité en confrérie. Le 20 octobre 1646, l'archevêque fit droit à la requête du saint instituteur des filles de la Charité, et le roi accorda ses lettres patentes en conséquence; mais le tout ayant été remis au procureur général du roi, Mesliand, celui-ci confia ces pièces à son secrétaire, qui vint à mourir, et requête de saint Vincent, ordonnance de l'archevêque, requête nouvelle adressée au roi, lettres patentes du roi Louis XIII, tout le dossier fut perdu. Quelques recherches qu'on en fît, il fut impossible de retrouver ces pièces, et l'on dut songer à recommencer toute cette procédure.

Dans la première requête, telle qu'elle est analysée dans l'ouvrage de M. l'abbé Maynard (tome III, pages 205 et 206), saint Vincent demandait à l'archevêque de Paris de députer un prêtre de son choix pour la direction desdites filles et veuves, pour présider l'assemblée dans laquelle se ferait l'élection de la supérieure, ladite supérieure ayant l'entière direction de la confrérie avec le susdit ecclésiastique. A cette humble requête, le cardinal de Retz, coadjuteur et vicaire général de l'archevêque son oncle, avait répondu en nommant saint Vincent prêtre directeur des filles qu'il avait fondées; mais il n'en conservait pas moins la direction suprême des filles de la Charité.

Un tel état de choses, conforme aux habitudes d'humanité de saint Vincent de Paul, était entièrement contraire aux pensées de mademoiselle Le Gras. Aussi, dès que le dossier de la première autorisation fut perdu, la question de la direction des filles de la Charité par le supérieur général des prêtres de la Mission se présenta avec une force nouvelle à la pensée de la coopératrice du père de ces saintes filles.

Après en avoir fait l'objet de ses oraisons, après y avoir mûrement réfléchi devant Dieu, mademoiselle Le Gras en vint à écrire, en novembre 1647, à saint Vincent qu'il serait plus avantageux à la gloire de Dieu que la compagnie vînt à manquer entièrement, que d'être en une autre conduite que celle du supérieur général des prêtres de la Mission, tant pour le spirituel que pour le temporel.

En 1651, quand il s'agit de présenter une nouvelle requête, la sainte femme écrivait au père des filles de la Charité : « Au nom de Dieu, monsieur, ne permettez pas qu'il se passe rien qui donne tant soit peu de jour de tirer la compagnie de la direction que Dieu lui a donnée, car vous êtes assuré qu'aussitôt ce ne serait plus ce que c'est, et les pauvres malades ne seraient plus secourus, et ainsi je crois que la volonté de Dieu ne serait plus parmi nous [1]. »

Saint Vincent, que l'humilité retenait, mais qui pratiquait l'esprit d'obéissance vis-à-vis des dames de l'Assem-

____

[1] Voir l'ouvrage de l'abbé Maynard, t. III, p. 206 et 207.

blée générale de la Charité, et en particulier vis-à-vis de Louise de Marillac, finit par se rendre; aussi, par l'article premier des statuts nouveaux qu'il soumit à la sanction de l'archevêque, il retint pour le supérieur général de la Mission la direction suprême des filles de la Charité, et c'est en vivant ainsi sous la tutelle de leur fondateur et de ses vénérables successeurs que la confrérie des filles de la Charité a persévéré dans l'esprit primitif que saint Vincent lui avait inspiré.

Ici encore le doigt de Dieu se montre d'une manière évidente : en permettant la perte des premiers statuts homologués par l'autorité ecclésiastique et par le pouvoir séculier pour laisser aux règles nouvelles l'occasion de faire droit aux vœux de mademoiselle Le Gras, la Providence a montré une fois de plus que tout est prévu dans ses décrets éternels.

La nouvelle requête tint compte des sages observations ci-dessus rappelées et les statuts homologués par l'ordonnance de l'archevêque, en date du 18 janvier 1655, consacrèrent l'union intime qui n'a pas cessé d'exister entre la confrérie des filles de la Charité et celle des prêtres de la Mission, toutes deux vivant et faisant le bien sous l'autorité des successeurs de saint Vincent de Paul. Et ainsi se réalise cette vérité, que le meilleur moyen de perpétuer une œuvre, c'est de la faire vivre des éléments qui ont présidé à sa fondation.

CONFÉRENCES SPIRITUELLES

TENUES

PAR SAINT VINCENT DE PAUL

AUX FILLES DE LA CHARITÉ

SUR LEURS RÈGLES COMMUNES.

***

Conférence du 30 mai 1655 [1].

Ce dut être un jour bien solennel pour les filles de la
Charité que celui où saint Vincent de Paul, leur apportant
leur statut, leurs règles et l'ordonnance de l'archevêque
de Paris, vint les ériger en confrérie particulière et distincte et les créer à l'état de personne religieuse, comme
plus tard elles ont été reconnues personne civile par les
lettres patentes du roi Louis XIV de novembre 1657,

[1] Dans le livre que messieurs de la Mission ont fait imprimer,
cette conférence ne porte pas la date de l'année où elle fut tenue;
mais dans le cours de cet entretien, saint Vincent dit à ses filles
qu'elles pratiquent déjà depuis près de vingt-cinq ans ce qui leur
est aujourd'hui imposé par leurs règles. Si elles ont été fondées
en 1630, cela donne bien l'année 1655. C'est d'ailleurs le 18 janvier 1655 que le cardinal de Retz approuva définitivement les statuts
des filles de la Charité.

lettres enregistrées au parlement de Paris le 16 décembre 1658. Plus tard, en 1668, des lettres de Louis de Vendôme, légat du pape, donnèrent à l'œuvre la sanction et la confirmation de l'autorité apostolique.

Le jour de cette promulgation de la loi qui allait régir à l'avenir les filles de la Charité, saint Vincent leur tint ce discours :

« Jusqu'à présent, mes filles, vous avez travaillé de vous-mêmes, sans autre obligation de la part de Dieu que celle de satisfaire à l'ordre qui vous était prescrit et à la manière de vie qui vous était donnée. Jusqu'à présent vous n'avez pas été un corps distinct et séparé du corps des dames de la confrérie de la Charité ; mais maintenant Dieu veut que vous soyez un corps particulier, qui, sans être totalement séparé du corps des dames de la confrérie de la Charité, ne laisse pas cependant d'avoir ses exercices et ses fonctions particulières.

» Jusqu'à présent vous avez travaillé sans autre obligation que celle que je viens de dire ; mais Dieu veut maintenant vous lier d'une manière plus étroite par l'approbation qu'il a permis être donnée de votre manière de vie et de vos règles par Mgr l'archevêque de Paris. Voici la requête qui lui a été présentée, voilà vos statuts, et vos règles, et encore son approbation. Je vais vous en faire la lecture. »

Nous n'avons plus la requête présentée par saint Vincent

de Paul à l'archevêque, mais l'ordonnance de ce prélat en contient une analyse.

Voici, au surplus, cette ordonnance telle qu'elle fut lue par le père des filles de la Charité :

« JEAN-FRANÇOIS-PAUL DE GONDY, cardinal de Retz, archevêque de Paris, à tous ceux qui ces présentes lettres verront, salut.

» Notre très-cher et bien-aymé *Vincent de Paul*, supérieur général de la congrégation de la Mission, nous a exposé qu'une des principales fonctions des prestres de ladite congrégation estant d'establir la confrairie de la Charité, instituée pour l'assistance des pauvres malades, aux lieux où ils vont faire la mission, ausquelz cet établissement est jugé utile, ainsi qu'il paroist par l'érection de ladite congrégation faite par le pape Urbain VIII, d'heureuse mémoire, et par les reigles de ladite congrégation, approuvées par feu monseigneur l'archevêque de Paris, Jean-François de Gondy, comme délégué du saint-siége, pour approuver lesdites reigles, ladite congrégation a estably ladite confrairie dans la ville et dioceze de Paris, et en plusieurs autres endroitz de ce royaume, pour l'assistance des pauvres malades des lieux : mais d'autant que ladite confrairie est composée de femmes mariées, veufves et filles de piété, lesquelles prenoient soin de visiter et assister lesdits pauvres malades, de leur administrer la nourriture et les médicamens, et procurer l'assistance spirituelle d'iceulx, pour porter à bien vivre ceux qui guérissent, et à bien mourir ceux qui tendent à la mort ; et que l'expérience a fait voir que les dames de condition de ladite confrairie avoient difficulté de porter les vivres qu'il falloit auxdits pauvres malades, comme aussy à faire leurs lits et à leur donner les remèdes, et généralement à leur rendre les autres menus services : pour pourveoir à cet inconvénient, ladite congrégation de la Mission, de l'advis desdites Dames de charité, a disposé des filles et veufves de basse condition à se mettre dans ladite confrairie, pour s'employer aux choses plus basses qu'il faut exercer vers lesdits malades, et, à cet effet, les a fait vivre par ensemble dans une maison à ce destinée, soubz la direction de damoiselle Louise de Marillac, veufve de feu M. Le Gras, secrétaire de la feue royne mère, laquelle les instruit dans la piété, les dresse à bien servir les pauvres malades, à les seigner, à faire et administrer les médicamens, et ensuite elle les envoye dans les paroisses de la ville de Paris et des champs et aux hospitaux ausquelz on les demande, les rappelle et change de lieu en autre selon l'exigence des cas, les employe, soubz sa conduite, à plusieurs autres bonnes œuvres, comme à l'eslèvement des enfans-trouvez de la ville de Paris, à l'assistance des pauvres criminels condamnez aux galères, et des malades des prisons, à l'instruction des pauvres, leur monstrant à prier Dieu, à lire et escrire, et enfin à toutes les bonnes œuvres ausquelles

elles peuvent estre utiles, le tout de l'advis et par la direction dudit exposant, et conformément aux réglemens et statuts que nous avons cy-devant approuvez, et qui ont esté dressez pour le bon ordre et la direction de ladite confrairie par ledit exposant, auquel nous en donnasmes la direction sa vie durant; et pour ce que ladite approbation qui estoit attachée aux lettres patentes qu'il a pleu au roy donner sur icelles adressantes au parlement de Paris pour y estre enregistrées, a esté esgarée, par malheur, par le secrétaire du sieur procureur général Mesliand, lequel secrétaire est mort ensuite, sans qu'on ait peu recouvrer ladite approbation attachée ausdites lettres patentes, quelque recherche qu'on a peu faire iceluy exposant, soit parmi les papiers dudit sieur Mesliand et de sondit secrétaire, soit chez le sieur procureur général d'à-présent et ses substituts, ledit suppliant a esté obligé de recourir à nous, à ce qu'il nous pleust approuver derechef ladite confrairie tout de nouveau et statuts et règlemens d'icelle-cy-dessoubz contenus, et de donner pouvoir audit exposant et à ses successeurs généraux de ladite congrégation de la Mission, de diriger ladite confrairie soubz nostre authorité et jurisdiction et de nos successeurs archevesques de Paris, comme estant un œuvre agréable à Dieu et un bon moyen par lequel nous pourveoirons aux besoins des pauvres malades de nostre diocèze, donnerons moyen aux bonnes dames de la Charité et de ces pauvres

8.

veufves et filles servantes des pauvres malades, de faire un œuvre qui est à la gloire de Dieu et à l'édification du peuple.

« A ces causes, voulant favoriser un si bon œuvre, lequel nous espérons devoir réussir à la gloire de Dieu et au grand soulagement des pauvres, comme il a fait, jusques à maintenant, par sa miséricorde ; et considérant que le meilleur moyen, pour les faire subsister, est d'unir par ensemble lesdites filles et veufves en quelque forme de société et confrairie distincte de celle desdites dames de la Charité, laquelle est establie en nostre diocèze, il y a long-temps, par ledit feu seigneur archevesque nostre prédécesseur.

« Nous avons de rechef érigé et érigeons, par ces présentes, tout de nouveau, l'assemblée desdites filles et veufves dans nostre diocèze, en confrairie ou société particulière, sous le titre de *Servantes des pauvres de la Charité*.

« Voulons et ordonnons que celles qui y sont à présent admises, et qui, cy-après, seront reçues, puissent librement exercer tout ce qui pourra soulager et consoler les pauvres malades, à la charge que ladite confrairie ou société sera et demeurera à perpétuité soubz nostre authorité et dépendance et de nos successeurs archevesques de Paris, et dans l'exacte observance des statuts et réglemens cy-après spécifiés, lesquels nous avons derechef approuvez et approuvons par ces présentes. Et d'autant que Dieu a bény le travail que nostredit cher et bien-aymé *Vincent de Paul* a pris pour faire réussir ce pieux dessein, nous lui avons, derechef, confié et commis, et par ces présentes, confions et commettons la conduite et direction de la susdite société et confrairie, sa vie durant, et, après lui, à ses successeurs généraux de ladite congrégation de la Mission.

» En tesmoing de quoy nous avons signé cesdites présentes, faict contresigner par nostre secrétaire ordinaire et y apposer le sceau de nos armes. Donné à Rome le dix-huictiesme jour de janvier mil six cent cinquante-cinq.

» Signé LE CARDINAL DE RETZ,
» Archevesque de Paris.

» Par monseigneur,

» GAULTRAY,
» Secrétaire des commandemens. »

S'ensuivent les réglemens de la confrairie de la Charité desdites servantes des pauvres malades.

« La confrairie de la Charité des servantes des pauvres malades des paroisses a esté instituée pour honorer la charité de nostre Seigneur patron d'icelle, en assistant les pauvres malades des paroisses et des hospitaux, les forçats et les pauvres enfans-trouvez, corporellement et spirituellement : corporellement, en leur administrant la nourriture et les médicamens; et spirituellement, en procurant que les pauvres malades qui tendront à la mort, partent de ce monde en bon estat, et que ceux qui guérissent fassent résolution de ne jamais offenser Dieu moyennant sa grâce, et que les enfans-trouvez soient instruits des choses nécessaires à salut. Elle est composée de filles et de veufves, lesquelles esliront une supérieure d'entre elles de trois ans en trois ans, à la pluralité des voix, le lendemain de la Pentecoste, en la présence du supérieur général de la Mission, ou d'un prestre de ladite Mission qui sera député de sa part pour leur direction; laquelle pourra estre continuée pour autres trois années seulement : elles esliront de plus trois autres officières tous les ans à pareil jour, dont l'une sera assistante, l'autre trésorière et l'autre despensière.

» La supérieure aura la direction de ladite confrairie avec le supérieur général ou celui qui sera député de sa part; elle sera comme l'ame qui animera le corps, fera observer le présent réglement, recevra en ladite confrairie celles qu'elle trouvera à propos de l'advis dudit directeur et de celui des autres officières, et les dressera en tout ce qui regarde leurs employs, mais particulièrement en la praticque des vertus chrestiennes et propres à leur estat, les instruisant plustôt par son exemple que par ses paroles; les envoyera, retiendra, rappellera et employera en tout ce qui regarde la fin de ladite confrairie, non-seulement en la paroisse où ladite confrairie sera establie, mais encore en tous les lieux où elle les envoyera, le tout de l'advis dudit directeur.

» La seconde officière sera assistante de ladite supérieure, lui servira de conseil, et la représentera en son absence; et toutes lui obéiront comme à la supérieure en l'absence d'icelle.

» La troisième servira de trésorière, fera la recepte et gardera l'argent dans un coffre à deux serrures différentes, dont la supérieure tiendra une clef, et elle l'autre, excepté qu'elle pourra tenir entre ses mains la somme de cent livres, pour fournir au courant de la despense, et rendra compte tous les mois à la supérieure, et tous les ans au directeur, en présence de toutes les officières. Elle représentera aussy la supérieure et l'assistante en leurs absences, et leur servira de conseil.

» La quatriesme fera la despense et pourveoira aux nécessitez communes de la compagnie, rendra compte toutes les semaines à la supérieure, représentera la mesme supérieure en l'absence d'icelle et des autres officières, et leur servira pareillement de conseil.

» Tant les filles que les veufves de ladite confrairie seront soubmises et obéiront à ladite supérieure, et en son absence aux autres officières, et à toutes celles qui seront députées de sa part, se représentant qu'elles obéissent à Dieu en leurs personnes, et exécuteront volontiers et ponctuellement le présent réglement et les louables coustumes de leur institut, soit dans les paroisses où elles seront establies, soit ailleurs où elles seront envoyées.

» Elles rendront aussy obéissance en ce qui regarde leur conduite audit directeur et supérieur.

» Celles qui desireront estre receues en ladite compagnie, se présenteront à ladite supérieure, laquelle, après avoir éprouvé leur vocation et conféré avec le directeur, et de l'advis des autres officières, les recevra, les dressera en leurs fonctions quelque temps, et puis après, selon qu'elle les jugera capables, elle les employera aux exercices que nous avons dit.

» Estans envoyées en quelques paroisses, elles iront prendre la bénédiction de **MM**. les curez, qu'elles recevront à genoux; et tandis qu'elles seront dans leurs paroisses, elles leur rendront toute sorte d'honneur, de respect et d'obéissance, à l'esgard de l'assistance des malades.

» Elles rendront aussy obéissance entière aux dames officières de la Charité des paroisses, et aux médecins en ce qui concerne le soin des pauvres malades.

» Leur principal soin sera de bien servir les pauvres malades, les traitans avec compassion et cordialité, et taschant de les édifier, les consoler et les disposer à la patience, les portant à faire une bonne confession générale, et sur-tout à moyenner qu'ils reçoivent leurs sacremens.

» Outre cela quand elles seront appelées à leurs autres employs, comme d'assister les pauvres forçats, eslever les petits enfans-trouvez, instruire les pauvres filles, elles s'y porteront avec une affection et diligence particulière, se représentans qu'en ce faisant elles rendent service à nostre Seigneur, comme enfant, comme malade, comme pauvre et comme prisonnier.

» Elles s'entre-chériront et respecteront comme sœurs que Jésus-Christ a liées par son amour, assisteront à l'enterrement de celles qui décéderont, communieront à leur intention, feront dire une messe haute pour chacune d'icelles; elles assisteront aussi à l'enterrement des pauvres qu'elles auront servis, si la commodité le leur permet, et prieront Dieu pour le repos de leurs ames.

» Et afin que servans les pauvres elles ne s'oublient pas elles-mesmes, et que la charité qu'elles exercent en leur endroit soit bien ordonnée, et qu'elles en puissent recevoir les recompenses que nostre Seigneur leur promet en ce monde et en l'autre, elles auront un soin tout particulier de se maintenir tousiours en estat de grâce à l'aide de Dieu, et pour cet effet elles détesteront et fuiront le péché mortel plus que le démon, et se garderont mesme, moyennant la grâce de Dieu, d'en faire aucun véniel à leur escient, particulièrement en tout ce qui regarde la chasteté; usant de toutes les précautions possibles pour la conserver.

» Feront leur possible de s'ajuster à l'employ de la journée qui a esté practiqué jusques à présent, nommément pour les heures du lever et du coucher, de l'oraison, des examens tant particuliers que généraux, des lectures spirituelles, confessions et communions, et du silence, notamment avant l'oraison du matin.

» Elles auront soin aussi de garder l'uniformité, autant qu'elles le pourront, à l'esgard du vivre, du vestir, du parler, du service des pauvres, et particulièrement de leur coiffure.

» Si elles espargnent de l'argent, elles le mettront en la bourse commune qui servira pour leur fournir les habits et autres nécessitez quand il sera temps.

» Et pour mieux honorer nostre Seigneur leur patron, elles auront en toutes leurs actions une droite intention de lui plaire, et tascheront de conformer leur vie à la sienne, particulièrement en sa pauvreté, son humilité, sa douceur, sa simplicité et sobriété.

» Et pour obvier à beaucoup d'inconvéniens, elle ne recevront rien de personne, et ne donneront aucune chose à qui que ce soit, sans en donner advis à la supérieure. Elles ne feront aucune visite hors celles des malades, et ne souffriront point qu'on en fasse chez elles, particulièrement les hommes, lesquels elles ne souffriront entrer dans leurs chambres.

» Allans par la rue, elles marcheront modestement et la

veue basse, ne s'arresteront pour parler à personne, particulièrement de divers sexe, s'il n'y a grande nécessité, et encore faudra-t-il qu'elles coupent court et expédient promptement.

» Elles ne sortiront point de la maison sans la permission de la supérieure ou autre qui sera députée, et au retour elles se représenteront à elle et lui rendront compte de leur voyage.

» Elles n'envoyeront point de lettres, ni ouvriront celles qu'on leur aura escrites sans la permission de leur supérieure.

» Elles ne s'amuseront point à parler à la porte avec les externes, non plus que dans les maisons, sans permission.

» Elles seront soigneuses d'aller du moins tous les mois en la maison de la communauté pour communicquer, avec la supérieure, de tous leurs employs, et s'y rendront toutes les fois qu'elles y seront mandées, pourveoyant auparavant aux besoins des malades.

» Elles se souviendront qu'elles s'appellent *filles de la Charité*, c'est-à-dire, filles qui font profession d'aimer Dieu et le prochain, et partant qu'outre l'amour souverain qu'elles doivent avoir pour Dieu, elles doivent exceller dans la dilection du prochain, notamment de leurs compagnes; selon cela elles fuiront toute froideur et aversion à leur esgard, comme aussi les amitiés particulières, et attaches à quelques-unes d'entre elles, ces deux extrémitez vicieuses estans les sources de la division et la ruine d'une compagnie et des particuliers, lesquels s'y entretiennent et s'y amusent; et s'y arrive qu'elles se soient donné sujet de mortification l'une à l'autre, elles s'entre-demanderont pardon au plus tard le soir avant se coucher. De plus elles se représenteront que l'on les nomme servantes des pauvres, qui, selon le monde, est une des plus basses conditions, afin de se tenir touiours dans la basse estime d'elles-mêmes, rejettant promptement la moindre pensée de vaine gloire qui leur passeroit par l'esprit pour avoir ouy dire du bien de leurs employs, se persuadans que c'est à Dieu à qui tout l'honneur est deu, puisque lui en est l'autheur.

» Et comme leurs employs sont la pluspart fort pénibles et les pauvres qu'elles servent un peu difficiles, jusques-là que quelquefois elles en peuvent recevoir des reproches, lors mesme qu'elles ont le mieux fait à leur esgard, elles tascheront de tout leur possible de faire bonne provision de patience, et prieront tous les jours nostre Seigneur qu'il leur en donne abondamment et leur face part de celle qu'il a exercée envers ceux qui le calomnioient, souffle-toient, flagelloient et crucifioient.

» Elles seront fort fidèles et exactes à observer le présent réglement, et ensemble les louables coustumes en la manière de vivre qu'elles ont gardées jusques à maintenant, particulièrement celles qui regardent leur propre perfection.

» Elles se souviendront néanmoins qu'il faut touiours préférer à leurs praticques de dévotion le service des pauvres quand la nécessité ou l'obéissance les y appelle, se représentans qu'en ce faisant elles quittent Dieu pour Dieu.

» Et afin qu'il plaise à Dieu leur faire grâce d'accomplir toutes ces choses, elles se confesseront et communieront toutes les dimanches et principales festes de l'année, ès paroisses ou hôpitaux où elles se trouveront, et feront les exercices spirituels tous les ans, à la maison de leur communauté, autant qu'elles le pourront.

» Signé LE CARDINAL DE RETZ,
» Archevesque de Paris.

Par Monseigneur,
   » GAULTRAY. »

Quand cette lecture fut finie, saint Vincent ajouta :

« Le premier article de vos statuts dit donc que la compagnie sera composée de veuves et de filles qui éliront l'une d'entre elles pour être leur supérieure pendant trois ans; que cette même pourra encore être continuée trois autres années consécutives mais non plus; cela, bien entendu, n'aura lieu qu'après le décès de mademoiselle. »

Mais l'interrompant, Louise de Marillac se mit à genoux et supplia saint Vincent d'ordonner au contraire que la règle fût immédiatement appliquée ; mais le saint fondateur lui répondit :

« Vos sœurs et moi devons prier Dieu de vous conserver la vie pendant de longues années. Il conserve ordinairement par des moyens extraordinaires ceux qui sont nécessaires à l'accomplissement de ses œuvres, si vous y prenez bien garde, mademoiselle, il y a plus de dix ans que vous ne vivez plus, au moins de la manière ordinaire. »

Après cette réponse faite à mademoiselle, saint Vincent continua :

« Ce sera une confrérie qui portera le nom de *sœurs de la Charité, servantes des pauvres malades*... Oh ! le beau titre, mon Dieu, le beau titre, la belle qualité ! O mes filles, qu'avez-vous donc fait pour Dieu pour mériter le titre glorieux de servantes des pauvres ? Oh ! c'est autant que si on disait *servantes de Jésus-Christ*, puisqu'il répute fait à lui-même tout ce qui est fait à ses membres. Il n'a d'ailleurs (pendant sa vie mortelle) fait autre chose que servir les pauvres.

» Conservez donc, mes filles, conservez avec soin le beau titre qu'il vous donne, il est le plus beau et le plus avantageux que vous puissiez jamais avoir.

» Je ne sais si je vous ai déjà dit quel est le titre ou la qualité que prend le pape. La plus belle et la plus vénérable dont il se sert dans l'expédition des affaires importantes est celle de *serviteur des serviteurs de Dieu*. Il signe

Clément ou *Urbin, serviteur des serviteurs de Dieu.* Et vous, mes filles, vous signerez *servantes des pauvres malades,* c'est-à-dire des bien-aimés de Jésus-Christ.

» Lorsque saint François donna sa règle, il prit la qualité de *mineur,* qui veut dire petit. Or, si ce grand patriarche s'est dit *petit,* ne devez-vous pas tenir à grand honneur de l'imiter et de vous dire les servantes des pauvres? »

Le saint fondateur des filles de la Charité ajouta quelques explications sommaires sur l'obligation dans laquelle elles sont de vivre de leur épargne et d'observer le silence, puis il ajouta :

« Nous avons voulu, mes filles, qu'il fût dit de vous ce qui a été dit de Notre-Seigneur, qu'il commença à faire, et puis à enseigner. Ce que vous venez d'entendre, mes filles, n'est-ce pas ce que vous faites depuis près de vingt-cinq ans? Y a-t-il quelque chose que vous n'ayez pas fait? Non, par la miséricorde de Dieu; et cela vous l'avez fait sans qu'il vous fût ordonné, au moins d'une manière expresse; car le feu pape me l'avait bien commandé : mais maintenant vous le ferez, parce qu'il vous est enjoint.

» Longtemps avant que Notre-Seigneur vînt au monde y apporter sa loi, Dieu avait envoyé Moïse auquel il avait donné une loi qui était la figure de celle que Jésus-Christ devait apporter. Le peuple juif l'observa toujours; mais quand Notre-Seigneur eut donné la sienne, ses disciples ou fidèles la suivirent. Ce n'est pas cependant que Notre-Seigneur ait détruit la première, car les mêmes commandements qui y étaient sont aussi dans la nouvelle, mais il l'a perfectionnée.

» Or, mes filles, voici des règles, par la miséricorde de Dieu, qui étant approuvées font de vous une confrérie de la Charité séparée de celle des dames de la Charité, avec lesquelles vous avez été liées jusqu'à présent; elles ne vous dégagent pas de celles des dames de la Charité, auxquelles vous êtes toujours sujettes en tout ce qui regarde le service des pauvres malades; mais elles vous rendent différentes en votre manière de vie; de sorte que la confrérie que vous avez avec les dames de la Charité n'est plus à votre égard que comme la loi de Moïse est à l'égard de la loi de Jésus-Christ, et vous devez considérer ces règles comme vous étant données de la main de Dieu même, puisque c'est par l'ordre de Mgr l'archevêque, premier pasteur du diocèse, qu'elles vous sont transmises.

» Quelle consolation pour vous, mes filles, en considérant les effets de la conduite de l'esprit de Dieu sur vous! Rendez-lui grâce d'avoir observé ces règles, mais surtout rendez-lui grâce de l'obligation plus étroite que vous avez maintenant de les observer, comme aussi de ce qu'il a plu à sa divine bonté vous en faire donner l'ordre, et par cela même vous témoigner et vous assurer qu'il les agrée.

» La prochaine communion que vous ferez sera pour

l'en remercier; oui, mes chères filles, remerciez-le bien toutes dans la communion de dimanche prochain, et encore dans celle du jour de la Pentecôte, et même dans celle du jour de la très-sainte Trinité; que ces trois communions soient à cette intention, et aussi pour remercier Dieu de la grâce singulière de votre vocation, et lui demander de nouveaux secours pour travailler tout de nouveau pour sa gloire et pour l'accomplissement de son œuvre.

» Écoutez... Lorsque Moïse eut donné sa loi au peuple d'Israël et qu'il se fut assuré du désir qu'il avait de la suivre, il lui dit : « Peuple, cette loi vous est donnée de » Dieu, si vous l'observez, je vous promets de sa part » mille bénédictions en toutes vos œuvres; bénédictions » quand vous serez dans vos maisons, bénédictions quand » vous en sortirez, bénédictions en votre travail, bénédic- » tions en votre repos, bénédictions en ce que vous ferez, » bénédictions en ce que vous ne ferez pas, en un mot, » toutes bénédictions abonderont en vous et sur vous.

» Si au lieu de la garder, vous la méprisez, je vous » promets tout le contraire de ce que je viens de vous dire; » car vous aurez malédictions dans vos maisons, malédic- » tions quand vous y entrerez, malédictions quand vous en » sortirez, malédictions en ce que vous ferez, malédictions » en ce que vous ne ferez pas, en un mot, toutes malé- » dictions viendront en vous et sur vous. »

» Ce que Moïse dit au peuple de Dieu, je vous le dis aussi, mes filles; voilà vos règles qui vous sont envoyées de la part de Dieu; si vous y êtes fidèles, toutes les bénédictions du ciel se répandront sur vous; vous aurez bénédictions dans le travail, bénédictions en sortant, en entrant, bénédictions en ce que vous ferez, en ce que vous ne ferez pas, et tout sera rempli de bénédictions pour vous.

» Que si, ce qu'à Dieu ne plaise, il y en avait quelqu'une qui ne fût point dans cette disposition d'observer les règles, je lui dis ce que Moïse dit à ceux qui n'accompliraient pas la loi qu'il leur enseignait de la part de Dieu : Vous aurez malédictions dans la maison et dehors, malédictions en ce que vous ferez et en ce que vous ne ferez pas, en un mot, tout sera rempli de malédictions pour vous.

» Je vous ai dit autrefois, mes filles, que celui qui entre dans un vaisseau pour faire un long voyage doit s'assujettir à toutes les lois de la navigation qui s'y observent, autrement il est en grand danger de périr. Il en est de même des personnes qui sont appelées de Dieu pour vivre en communauté, elles courent grand risque de se perdre si elles n'en observent pas les règles. Par la miséricorde de Dieu, je crois qu'il n'y en a pas une parmi vous qui ne soit dans le dessein de les pratiquer. Mais cela est-il bien vrai, êtes-vous toutes dans cette disposition?

— Oui, oui, mon père, répondirent-elles tout d'une voix.

— Lorsque Moïse donna la loi de Dieu au peuple d'Israël, ce peuple était à genoux comme je vous y vois maintenant. J'espère que sa miséricorde infinie secondera vos désirs, en vous donnant la grâce d'accomplir ce qu'il demande de vous. Mes filles, ne vous donnez-vous pas à lui de tout votre cœur pour vivre dans l'obéissance des saintes règles qu'il a voulu vous faire donner?

— Oui, mon père.

— Ne voulez-vous, de tout votre cœur, y vivre et y mourir?

— Oui, mon père.

— Je prie la souveraine bonté de Dieu qu'il lui plaise, par son infinie miséricorde, répandre abondamment toutes sortes de grâces et de bénédictions sur vous, afin que vous puissiez parfaitement accomplir en tout sa sainte volonté, par la pratique de vos règles. »

Plusieurs sœurs demandèrent pardon des fautes qu'elles avaient faites contre ces règles; après quoi saint Vincent ajouta :

« Je prie Dieu, mes chères filles, je le prie de tout mon cœur qu'il vous pardonne tous les manquements que vous y avez faits. Et moi, misérable, qui ne garde point les miennes, je lui en demande pardon et à vous, mes filles; que de fautes j'ai faites à votre égard, en ce qui concerne votre œuvre ! Je vous prie de demander à Dieu qu'il m'en fasse miséricorde, et pour cela je prierai Notre-Seigneur Jésus-Christ de vous donner lui-même sa sainte bénédiction, et je n'en prononcerai pas les paroles aujourd'hui, parce que les fautes que j'ai faites envers vous m'en rendent indigne. Je prie donc Notre-Seigneur que ce soit lui. »

Ici, saint Vincent baissa la terre ; mais mademoiselle Le Gras et toutes les sœurs, vivement affligées de ce que leur père se refusait à leur donner sa bénédiction, l'en prièrent avec tant d'instance qu'il leur accorda enfin cette grâce.

« Priez donc Dieu, mes chères filles, qu'il me fasse miséricorde, et qu'il répande ses bénédictions sur vous en même temps que j'en prononcerai les paroles.

« *Benedictio Dei Patris.* »

RÈGLES COMMUNES

DES FILLES DE LA CHARITÉ.

RÈGLES COMMUNES
DES FILLES DE LA CHARITÉ.

On appelle règles communes celles que toutes les filles de la Charité doivent garder en quelque lieu et office qu'elles soient, non-seulement à Paris, mais encore aux champs, aux paroisses, aux hôpitaux, aux forçats, au Nom de Jésus, aux pauvres insensés, aux enfants trouvés, enfin partout.

Ces règles, commentées par saint Vincent de Paul dans diverses conférences pendant les années 1655, 1656, 1657, 1658 et 1659 [1], ont été de la part de son successeur, M. Alméras, l'objet d'un classement nouveau, et elles forment neuf chapitres différents. C'est dans l'ordre établi par M. Alméras que nous reproduirons ces règles; seulement il nous manque quelques articles, qu'il ne nous a pas été donné de retrouver.

[1] Voici, autant qu'elles sont parvenues jusqu'à nous, la date des diverses conférences tenues par saint Vincent de Paul sur les règles communes : il y a trois conférences de 1655, elles sont des 30 mai, 18 octobre et 2 novembre; trois de 1656, des 6 janvier, 23 juillet et 20 août. L'année 1657 fournit dix conférences, des 17 juin, 26 août, 8 septembre, 5, 11 et 18 novembre, 2, 9, 23 et 30 décembre. Il y a eu onze conférences en 1658 sous la date des 6 janvier, 24 mars, 2 et 9 juin, 21 juillet, 6 et 13 octobre, 17 et 25 novembre et 8 décembre. Enfin l'année 1659 fournit trois conférences, des 16 mars, 24 août et 19 octobre.

CHAPITRE PREMIER.

ARTICLE PREMIER.

« La fin principale pour laquelle Dieu a appelé et assemblé
» les filles de la Charité est pour honorer Notre-Seigneur
» Jésus-Christ, comme la source et le modèle de toute
» charité, le servant corporellement et spirituellement en
» la personne des pauvres, soit malades, soit enfants, soit
» prisonniers ou autres, qui, par honte, n'osent faire
» paraître leur nécessité; c'est pourquoi, afin qu'elles puis-
» sent dignement correspondre à une si sainte vocation et
» travailler avec grand soin à leur propre perfection, elles
» joindront les exercices intérieurs de la vie spirituelle aux
» emplois extérieurs de la charité chrétienne envers les
» pauvres, conformément à ces règles qu'elles s'étudieront
» de pratiquer fidèlement comme les moyens les plus pro-
» pres pour arriver à cette fin. »

Le commentaire de cet article fut donné par saint Vincent
dans la conférence du 18 octobre 1655. Il expliqua à ses
filles que chaque compagnie a sa fin particulière, comme
dans un royaume chaque profession a son office particulier.

Les chartreux ont pour fin principale une grande soli-
tude...

Les capucins ont pour leur fin la pauvreté qu'ils pratiquent dans leurs habits, leur chaussure et le reste...

Les carmélites ont pour fin une grande mortification...

Les filles de l'Hôtel-Dieu ont pour fin de travailler à leur propre salut et à celui des pauvres malades qu'elles servent à l'hôpital.

« Vous, mes filles, vous vous êtes données à Dieu principalement pour être bonnes chrétiennes, pour être bonnes filles de la Charité, pour assister les pauvres malades non en une maison seulement, comme celle de l'Hôtel-Dieu, mais partout, comme faisait Notre-Seigneur, sans acception, car il assistait tous ceux qui avaient recours à lui.

» C'est ce que nos sœurs ont commencé de faire à l'égard de tous les malades, en les assistant avec grands soins, les allant trouver en leur maison, comme faisait Notre-Seigneur. Ce que Dieu voyant, il a dit : « Ces filles » me plaisent, elles se sont bien acquittées de cet emploi, » je veux leur en donner un second, et c'est celui des » pauvres enfants abandonnés, qui n'avaient personne pour » prendre soin d'eux. »

» Je remercie Dieu d'avoir voulu se servir de la compagnie pour cet objet.

» Et comme il a vu que vous aviez embrassé cet emploi avec tant de charité, il a dit : « Je veux leur en donner » encore un autre. » Oui, mes filles, et Dieu vous l'a donné sans que vous y eussiez pensé, ni mademoiselle Le Gras, non plus que moi.

» Mais quel est cet autre emploi? C'est l'assistance des pauvres forçats. O mes filles, quel bonheur pour vous de les servir eux qui sont abandonnés entre les mains de personnes qui n'en ont aucune pitié! Je les ai vus, ces pauvres gens, traités comme des bêtes...

» Dieu enfin en a eu compassion, ils lui ont fait pitié, ensuite de quoi sa bonté a fait deux choses en leur faveur : la première de faire qu'on achetât pour eux une maison, et la seconde de disposer les choses de telle sorte qu'ils fussent servis par ses propres filles; car dire filles de la Charité, c'est dire filles de Dieu.

» Un autre emploi qu'il a voulu vous donner encore est celui d'assister ces pauvres vieillards du Nom de Jésus, et ces pauvres gens qui ont perdu l'esprit. Oui, mes filles, c'est Dieu qui a voulu se servir de vous pour avoir soin de ces pauvres insensés. Quel bonheur à toutes, vous autres, et que c'est une grande faveur pour celles qui y sont employées d'avoir un si beau moyen de rendre service à Dieu et à Notre-Seigneur son Fils !... Et lorsque vous allez les voir, vous devez vous réjouir, pouvant vous dire à vous-mêmes : « Je vais à ces pauvres pour honorer en eux la » sagesse incarnée d'un Dieu qui a voulu être traité d'in-» sensé... » car l'Écriture dit qu'il a voulu passer pour scandale aux Juifs et folie aux gentils.

» Or donc, mes filles, vos fins ont été jusqu'à présent de faire ce que nous venons de dire. Nous ne savons pas si nous vivrons assez longtemps pour voir si Dieu donne de nouveaux emplois à la compagnie, mais nous savons bien que si vous vivez conformément à la fin que Notre-Seigneur demande de vous, si vous vous acquittez comme il faut de vos obligations, tant pour le service des pauvres que pour la pratique de vos règles, que si vous faites tout bien, comme je l'espère, oh! Dieu bénira de plus en plus vos exercices et vous conservera; mais il faut lui être bien fidèles, pour vous rendre dignes de cette grâce...

» C'est Dieu qui vous a commis le soin des pauvres, ses membres; et partant, dans cet emploi vous devez vous comporter animées de son esprit, compatissant à leurs misères, et les ressentant en vous-mêmes autant que possible, car c'est lui qui vous dit : « Je suis persécuté avec » les persécutés, je suis maudit avec ceux qui le sont, je » suis esclave avec les esclaves, je suis affligé avec les » affligés, malade avec les malades. »

» C'est ainsi qu'il faut vous comporter pour être bonnes filles de la Charité et pour aller partout où Dieu voudra, et partout où l'on vous demande, soit en Afrique, soit aux Indes, soit aux armées [1]. »

---

[1] Se faire tout à tous, compatir aux peines, aux misères du prochain, c'est là le secret de la vraie charité, de la charité qui soulage, qui fait du bien, et qui gagne les cœurs sans jamais les froisser. C'est là notre devoir à tous, car sans charité pas de ciel à espérer pour personne.

Ajoutons-le, la charité ainsi exercée donne sur cette terre une satisfaction si pure, qu'on se demande si déjà on n'est pas largement récompensé du peu de bien qu'on a pu faire.

ARTICLE DEUXIÈME.

« Elles se représenteront que, encore qu'elles ne soient
» pas dans une religion [1], cet état n'étant pas convenable
» aux emplois de leur vocation, néanmoins, comme elles
» sont beaucoup plus exposées au dehors que les reli-
» gieuses, n'ayant ordinairement pour monastères que les
» maisons des malades, pour cellule qu'une chambre de
» louage, pour chapelle que l'église de la paroisse, pour
» cloître que les rues de la ville ou les salles des hôpitaux,
» pour clôture l'obéissance, pour grille la crainte de Dieu
» et pour voile la sainte modestie ; elles sont obligées par
» cette considération de mener une vie aussi vertueuse que
» si elles étaient professes dans un ordre religieux, et de
» se comporter dans tous les lieux où elles se trouvent,
» parmi le monde, avec autant de récollection, de pureté
» de cœur et de corps, de détachement des créatures et
» d'édification, que de vraies religieuses dans la retraite
» propre de leur monastère. »

Cet article a été plusieurs fois l'objet des conférences
tenues par saint Vincent de Paul. Ainsi le 2 novembre 1655
il leur dit à ce sujet :

« Les filles de la Charité sont donc obligées d'avoir
autant de vertu que les religieuses ?

[1] On dit encore aujourd'hui entrer *en religion*, se faire religieux,
religieuse ; mais on ne dirait plus entrer dans *une* religion.

» Oui, mes filles, je dis que vous devez être plus parfaites qu'elles. Eh! comment devez-vous être plus parfaites que les religieuses? Le voici : c'est que les dispositions d'un chacun doivent avoir du rapport aux grâces qu'il reçoit de Dieu. Or, y a-t-il religieuse qui ait été autant favorisée de Dieu que vous? Non, aucune n'a été appelée à de si grandes choses et en la manière que vous l'avez été, et c'est pour cette raison que Dieu veut plus de perfection de vous que d'elles...

» Ne pensez pas qu'il n'y ait que les religieux et les religieuses qui doivent aspirer à la perfection; ô mes filles, tous les chrétiens y sont obligés, et vous encore plus que les religieuses. Ce ne sont pas les religions qui font les saints, mais bien le soin que les personnes que Dieu y appelle prennent de s'y perfectionner; car il peut y avoir dans les religions des personnes très-imparfaites, comme on en a vu quelquefois. Cela vous montre qu'il n'est pas nécessaire d'être renfermées dans un cloître pour acquérir la perfection que Dieu demande de vous. L'état religieux, sans doute, est bien saint, mais, quelque saint qu'il soit, il ne s'ensuit pas qu'il n'y ait que ceux qui l'embrassent qui se sanctifient. »

Saint Vincent passe en revue les carmélites vouées à la prière, les filles de l'Hôtel-Dieu appelées à soigner les malades amenés à l'Hôtel-Dieu...

« Au lieu que vous, mes filles, vous servez ceux qu'on

vous amène et ceux qui restent chez eux, où vous vous transportez à cette fin. Il est donc vrai de dire que vous allez, comme les apôtres, d'un lieu à un autre, et que, comme ils ont été envoyés par Notre-Seigneur, vous l'êtes aussi en son nom, par l'ordre de vos supérieurs, afin que vous fassiez ce que Notre-Seigneur faisait lui-même sur la terre. O mes filles, si tel est votre état, comprenez combien il requiert de perfection !

» Les ursulines assistent le prochain, elles reçoivent et instruisent les jeunes écolières qui, pour l'ordinaire, sont de condition ; et vous, vous devez instruire non-seulement les pauvres petites filles qui viennent à vos écoles, mais tous les pauvres partout où vous en trouvez l'occasion. Il faut donc que vous ayez la vertu des dames de Sainte-Ursule, puisque vous faites ce qu'elles font ; que vous ayez celle des filles de l'Hôtel-Dieu, celle des filles de Sainte-Marie, en un mot toutes les vertus qui sont propres et nécessaires à toutes les compagnies qui font profession de servir Dieu et le prochain, puisque Dieu demande cela de vous...

» On voit, comme je vous ai déjà dit, des religieuses qui s'occupent d'avoir soin de certains pauvres, mais votre compagnie a pour fin principale de servir tous les pauvres, les malades, les prisonniers, les enfants trouvés, les forçats, etc., ce que pas une maison religieuse n'a encore entrepris. Dites donc en vous-mêmes : « Dieu demande plus

de nous que des religieuses. » Mes filles, je vous le dis,
Dieu demande de vous de grandes vertus, puisqu'il vous
donne tant d'emplois. Ah! pauvre madame Goussault, que
vous connaissiez bien cette vérité! Elle me dit, avant sa
mort, qu'elle avait vu les filles de la Charité devant Dieu,
qui demandait de grandes choses d'elles; mais il faut croire
que ces grandes choses ne s'accompliront pas, si vous
n'êtes fidèles à Dieu et si vous ne vous rendez plus vertueuses que les religieuses [1]. »

Cette règle, déjà commentée par saint Vincent de Paul
le 2 novembre 1655, fut l'objet de nouvelles observations
dans les conférences des 24 août et 19 octobre 1659 [2].
Leur saint fondateur leur dit :

« Mes sœurs, vous n'êtes pas des religieuses, et cependant vous êtes obligées plus qu'elles à travailler à votre
perfection. Je le répète, non, vous n'êtes pas des religieuses, et s'il se trouvait parmi vous quelque esprit

[1] Madame Goussault, veuve d'un président à mortier du parlement de Paris, l'une des dames qui étaient à la tête de toutes les
bonnes œuvres dirigées par saint Vincent de Paul, fut certainement,
après mademoiselle Le Gras, l'une des principales bienfaitrices des
filles de la Charité en leur achetant la maison où elles s'établirent
vis-à-vis Saint-Lazare; ce qui les plaça à portée de saint Vincent,
et permit à celui-ci de leur donner les admirables instructions dont
nous donnons quelques extraits.

[2] Il résulte de ce que nous disons que saint Vincent revenait
plusieurs fois sur le même sujet; on voit dès lors combien de conférences ont été perdues.

brouillon qui dit : « Il faudrait être religieuse, cela est » bien plus beau, » ah! mes sœurs, la compagnie serait à l'extrême-onction. Craignez, mes filles, et tant que vous vivrez ne permettez jamais ce changement; pleurez, gémissez, et représentez-le aux supérieurs; n'y consentez en aucune sorte, car qui dit religieuse dit un cloître, et les filles de la Charité doivent aller partout.

» Mais cette nécessité d'aller partout exige plus de vertu encore dans les filles de la Charité, qui sont exposées à toutes les occasions de mal faire.

» Par exemple, si vous vous laissez emporter par malheur à l'amour de l'argent, et que vous preniez celui qui est aux pauvres, ô mes filles, ô mes filles, gardez-vous bien de cela!

» A la fréquentation des hommes, à vous plaire à discourir avec eux, particulièrement avec les ecclésiastiques. Oh! fuyez les premiers, mais plus encore les seconds; car, sous prétexte de piété, on ne cherche pas moins à se satisfaire [1]. On commence d'ordinaire par de bons mouvements, ce semble, tant d'un côté que de l'autre, et l'affection vient petit à petit par le spirituel; on se la témoigne, on dira : « Monsieur, au nom de Dieu, pensez » à moi, je vous prie, aidez-moi à me perfectionner; » dites-moi ce que je dois faire sans m'épargner. » Voilà

---

[1] Ce passage des conférences s'adresse spécialement aux personnes d'un âge mûr; les jeunes filles sont peu exposées aux tentations que saint Vincent de Paul veut combattre ici.

qui est beau. Le confesseur répondra : « Je le ferai ;
» j'aurai bien soin de vous. » Et je crois que le pauvre
confesseur ne pense pas à mal. Néanmoins, mes sœurs,
cette petite satisfaction de parole qui a commencé par le
spirituel devient par après sensuelle, en sorte qu'il n'y a
que ce confesseur dans le monde qui puisse convenir. —
Un tel, dit-on, ne dit rien, — celui-ci dégoûte, — celui-là
tient le parti des supérieurs et exige ce qu'on ne peut faire,
— cet autre gronde toujours ; bref, on se trouve engagé
par la chair. Le mal vient-il du confesseur, vient-il de la
pénitente ? — Peut-être des deux ; elle veut le confesseur,
le confesseur veut la fille. — Au moins, dit-elle, je trouve
satisfaction à celui-là, il le faut avoir à quelque prix que
ce soit ; et ainsi, pour le satisfaire, on quitte bien souvent
sa vocation. Ah ! aussitôt que vous vous sentez de l'attache
réelle à un confesseur, quittez-le, mes filles, et si vous
ne le faites, il vous perdra. Si vous saviez le mal que c'est
de s'engager à un confesseur, oh ! vous ne sauriez le
croire... Vous direz : « Mais, monsieur, je profite tant
» sous sa direction ! » Amusement, mes sœurs, amusement ! Ce n'est pas le confesseur qui est la cause de votre
avancement, mais c'est Dieu ; et dès lors que vous croyez
le devoir au confesseur, c'est une ruse du diable qui vous
le fait croire ; mes sœurs, dès que vous vous sentez de
l'attache à un confesseur, employez le remède que vos
règles vous prescrivent, et parlez-en à mademoiselle, ou

à M. Portail, ou à moi. Quand vous n'auriez appris autre chose que cela, ce serait beaucoup si vous le mettez en pratique... Je vous conjure, mes sœurs, par les entrailles de Notre-Seigneur, que, dès aussitôt que vous vous sentirez engagées d'affection à un confesseur, vous en avertissiez vos supérieurs ; car, prenez-y bien garde, cette affection que vous croyez légitime n'est qu'un moyen dont le diable se servira pour perdre même la compagnie. Que si une sœur ainsi attachée n'a pas le courage de découvrir la flèche qu'elle a dans le cœur et qui tend à la sensualité, ah ! elle se perdra cette fille, et, en se perdant, elle fera mépriser la compagnie. Oui, il suffit qu'on apprenne au dehors qu'une fille a fait telle et telle chose quelque part pour qu'on dise : « Nous comptions sur les filles de la » Charité, et les voilà ce pendant sans conduite ; elles ne » sont bonnes à rien ; et qui sait ? encore peut-être qu'elles » retiennent le bien des pauvres [1] ! »

ARTICLE TROISIÈME.

Cet article est l'un des articles qui nous manquent.

---

[1] Cette attache démesurée à un confesseur, quoique parfaitement pure, ne produirait pas de mauvais effet seulement chez les filles de la Charité, mais parmi toutes les âmes chrétiennes. Qui n'a des souvenirs personnels de ménages troublés pour de misérables entêtements de ce genre ? Tout est pur, tout est en Dieu et pour Dieu seul, soit ; mais cela fait scandale ; enlevez donc la pierre d'achoppement...

ARTICLE QUATRIÈME.

« Elles feront leurs exercices tant spirituels que tempo-
» rels en esprit d'humilité, de simplicité, de charité et en
» union de ceux que Notre-Seigneur Jésus-Christ a faits
» sur la terre, dressant à cet effet leur intention dès le
» matin et au commencement de chaque action principale,
» particulièrement en allant servir les malades, et elles
» sauront que ces trois vertus sont comme les trois facultés
» de l'âme qui doit animer tout le corps en général et
» chaque membre en particulier de leur communauté, et,
» qu'en un mot, c'est l'esprit propre de leur compagnie. »

Cet article fut commenté par saint Vincent de Paul dans
la conférence du 18 octobre 1655. Saint Vincent dit en
substance à ses filles :

« Il faut donc que lorsque vous allez à la paroisse pour
voir les pauvres malades, vous y alliez pour honorer
Notre-Seigneur en leur personne; que lorsque vous allez
à l'oraison, vous pensiez de cette sorte ou à peu près :
Hélas! misérable que je suis, suis-je bien digne d'aller
parler à Dieu dans l'oraison? Et encore que vous pensiez

D'ailleurs, au point de vue du confesseur lui-même, qu'advien-
drait-il si la calomnie s'en mêlait?

Si la femme de César ne doit pas être soupçonnée, le prêtre
doit l'être encore moins.

Décidément, nul ne doit se mettre au-dessus des sages préceptes
de saint Vincent de Paul.

ainsi, ne pas laisser d'y aller dans l'amour de votre abjection et pour honorer les oraisons que Notre-Seigneur a faites lui-même; que, lorsque vous allez à table, vous pensiez que vous n'êtes pas dignes de prendre votre repas avec les autres et vous dire à vous-mêmes : Hélas! mon Dieu, je ne mérite pas d'aller manger le bien des pauvres ni d'être dans la compagnie de mes sœurs, puisqu'elles servent les pauvres beaucoup mieux que moi, qui ne suis bonne à rien...

» Voilà comment il faut toujours se reconnaître incapables de rien faire qui vaille, car, voyez-vous, mes filles, jusqu'à ce que vous soyez bien entrées dans cet esprit qui vous persuade intimement que vous êtes pauvres, faibles, incapables d'aucun bien, et que vous soyez aises qu'on vous tienne pour telles, jamais vous n'arriverez à la perfection. Il faut cependant, après qu'on a fait cette réflexion sur son indignité, se relever aussitôt par un acte d'amour de Dieu, et se dire : « Encore que je ne sois pas digne de faire telle chose, je la ferai pourtant, parce que Dieu le veut, afin de lui plaire, et parce qu'il désire que je la fasse...

» Eh! quelle consolation pour les filles qui pensent : « Dieu me voit, il se plaît dans ce que je fais, c'est lui » qui me fait agir, aller, venir. » Courage donc, mes filles! Un bon soldat qui voit son capitaine est animé au combat par sa présence; courage, mes sœurs! Dieu vous bénira si vous lui êtes fidèles, et il fera pour vous ce que sans lui il vous serait impossible de faire [1]. »

ARTICLE CINQUIÈME.

« Elles auront en horreur les maximes du monde et » embrasseront celles de Jésus-Christ, entre autres celles » qui recommandent la mortification tant intérieure qu'ex- » térieure, le mépris de soi-même et des choses de la » terre, préférant les emplois bas et qui répugnent aux » inclinations de la nature à ceux qui sont honorables et » agréables ; prenant toujours la dernière place et le rebut » des autres, et se persuadant qu'avec tout cela elles sont » encore mieux qu'elles ne méritent à cause de leurs » péchés. »

« En vérité, mes sœurs, ce sont ici des règles toutes de Dieu, car nous trouvons dans le saint Évangile que ce que Notre-Seigneur a le plus souvent pratiqué, c'est cela même que vos règles vous ordonnent ; de sorte qu'elles sont bien de Dieu.

» Cela n'est-il pas beau ? *Elles auront en horreur les maximes du monde et embrasseront celles de Jésus-Christ !* Voyez ce que cette règle dit, mes chères filles, que vous et moi devons haïr les maximes et les façons de faire du

---

[1] Soyons donc de bons soldats, Dieu, le grand capitaine, nous regarde ! Animons-nous au combat de nos passions et de nos mauvaises inclinations. Oui, Dieu nous voit ; que ce soit notre force et notre aiguillon !

monde : si donc vous voulez être bonnes filles de la Charité, et moi bon prêtre de la Mission, nous devons avoir de la haine et de l'aversion pour les maximes des personnes qui vivent selon le monde.

» Nous disons des personnes qui vivent selon le monde et non des personnes qui vivent dans le monde, parce qu'il y a dans le monde de saintes âmes qui vivent comme n'y étant pas... Mais, dites-vous, est-ce que tous les chrétiens ne sont pas obligés à avoir horreur des maximes du monde? Oui, mes filles, ils y sont tous obligés, mais vous y êtes obligées doublement, et comme chrétiennes et comme bonnes filles de la Charité... C'est ce qu'a fait Notre-Seigneur, qui était lui-même dans le monde sans participer en aucune manière à ses maximes. Au contraire, il les avait en horreur, il prêchait continuellement contre elles, et toujours il fut opposé au monde dans ses œuvres, dans ses paroles et dans toutes ses actions... A l'exemple de Notre-Seigneur, la compagnie des filles de la Charité doit avoir horreur des maximes du monde, et pour cela je vais vous en faire connaître quelques-unes pour vous les faire éviter par l'horreur que vous en devez avoir. »

Ici saint Vincent expose à ses filles qu'elles doivent mépriser la beauté et la gentillesse dont le monde fait tant de cas, parce que le Fils de Dieu, qui a été le plus beau d'entre les fils des hommes, a méprisé la beauté en permettant que son visage fût couvert de crachats durant sa Passion.

Il veut qu'on méprise les richesses et les grandeurs, parce que le Fils de Dieu a voulu vivre pauvre et humble, et parce qu'il a dit qu'il serait plus difficile de faire entrer un homme riche dans le ciel que de faire passer une corde par le trou d'une aiguille.

Quant aux réunions et aux festins, si estimés dans le monde, ils sont absolument interdits aux filles de la Charité, puisque leurs règles leur défendent de manger hors de chez elles.

Le saint fondateur des filles de la Charité ne veut pas même qu'elles recherchent leur propre satisfaction, même dans la pratique de la vertu; il faut au contraire n'agir que pour Dieu et non pour se plaire à soi-même.

« Cette sœur, par exemple, ira à telle paroisse, pourquoi? Parce que les dames l'aiment et disent du bien d'elle. Si elle parle aux pauvres, elle le fait avec douceur et affabilité, pourquoi? Parce qu'on dit qu'elle est bonne fille et qu'elle fait bien son devoir. Ah! mes filles, voilà une maxime du monde; oui, faire tout pour sa propre satisfaction, c'est être dans les maximes du monde; ne vous y flattez pas.

» Mais, direz-vous, c'est une bonne œuvre que je fais, ne puis-je pas y prendre ma satisfaction? Oui, elle est bonne, j'en conviens; mais vous la rendez mauvaise, parce que vous n'y cherchez pas le bon plaisir de Dieu, mais le vôtre. C'est pourquoi nous devons avoir en horreur toutes les louanges, flatteries et autres choses qui pourraient nous donner quelque vaine satisfaction, tant au corps qu'à l'esprit, et disons : Fi de tout cela, je n'en veux point, puisque ce sont des maximes du monde. Notre-Seigneur n'estime point telle chose, oh ! fi, je n'en veux point ; fi des biens, fi des plaisirs, ce sont là maximes du monde que le Fils de Dieu a en horreur ; il les a rejetées pendant qu'il était sur la terre, et je ne veux non plus les regarder que pour les mépriser...

» Une maxime du monde est encore la moquerie. On se moque les uns des autres... Mes filles, il faut tenir ce vice hors de la compagnie et que jamais il n'y trouve lieu. Oui, il ne faut jamais se moquer (surtout) de ceux qui font le bien.

» Une autre maxime du monde est de ne pas ouvrir facilement son cœur. Les bonnes âmes, au contraire, exposent simplement leurs pensées ; elles ne parlent point contre leurs sentiments. La maxime du monde est de faire des équivoques, des tricheries, de dissimuler ce qu'on pense pour surprendre les autres ; les gens de bien, au contraire, vont rondement, n'usent pas de détours. Or, voilà, mes filles, ce que vous devez faire, ne refusant jamais de faire connaître vos dispositions intérieures lorsque vos supérieurs vous les demandent. Que dis-je ? ne refusant pas ! n'attendez pas même qu'ils vous les demandent, mais faites-le de vous-mêmes, surtout quand vous avez quelque chose qui vous fait de la peine.

» On estime encore dans le monde la gentillesse et le bel esprit, qui sait bien parler et bien faire les reparties à propos. Lors donc que vous en verrez parmi vous qui louent ces choses et les estiment, comme fait le monde, affligez-vous, mes filles, pleurez leur misère, et dites-vous intérieurement à vous-mêmes : « Quoi, mon Dieu ! faut-il » qu'il y ait dans la compagnie des personnes qui conser- » vent encore cet esprit du monde, vrai dissipateur des » grâces que Dieu se plaît à répandre sur cette compagnie » qu'il s'est faite lui-même? Quoi ! nous sommes venues » ici pour faire divorce avec le monde, et cependant nous » voulons suivre ses maximes et ses manières d'agir? » Oh ! ce n'est pas là ce que Notre-Seigneur demande de » nous... »

» Or sus, voilà ce que vous enseigne la règle que nous vous expliquons, et votre principale affaire est de vous appliquer à la bien comprendre pour n'être pas dans le cas d'y manquer. Mais que vous êtes heureuses d'avoir l'obligation (spéciale) de haïr le monde comme Notre-Seigneur l'a haï, car il ne prie point pour le monde, comme il nous le dit lui-même... quand il prie d'ailleurs pour ceux qui l'ont fait mourir. Ainsi il a plus d'horreur du monde que de ceux qui l'ont fait mourir... qui l'ont crucifié... »

Passant à la seconde partie du précepte qui oblige les filles de la Charité à embrasser les maximes de Jésus-

Christ et à pratiquer la mortification, saint Vincent explique à ses filles qu'il y a deux sortes de mortifications : l'une intérieure, l'autre extérieure; puis il ajoute :

« Il faut, mes filles, pratiquer et aimer la mortification, car sans elle, surtout l'intérieure, vous ne pouvez suivre les maximes du Fils de Dieu. C'est ce Dieu sauveur lui-même qui est venu nous enseigner ces deux sortes de mortifications : l'intérieure, souffrant en son âme de ce que les hommes commettaient tant de péchés; et l'extérieure, endurant des tourments inouïs en toutes les parties de son corps.

» La mortification extérieure consiste à ne point regarder les belles choses quand la curiosité nous y porte, d'aller la vue basse sans s'arrêter à voir ce qui se passe dans les lieux où vous allez. — C'est de quoi je n'ai pas à me plaindre jusqu'à présent; au contraire, j'ai été édifié de la modestie que vous gardez dans les rues. Il faut continuer, mes filles, et pour cela mortifier les yeux, aussi les oreilles, qui se plaisent à entendre des chants de musique, les chants des oiseaux, les louanges qu'on nous donne, les nouvelles du dehors et du dedans; il faut fuir toutes ces choses où l'on trouve du plaisir, loin de les rechercher.

» Le goût cherche toujours à se satisfaire au boire et au manger, désire les viandes bien apprêtées et délicates; il faut le mortifier en recherchant plutôt les viandes gros-sières que les autres. Après cela, nous avons le toucher;

on prend plaisir quelquefois à toucher les mains les unes des autres, même par des hommes. O mes filles! il faut avoir horreur de cela, et quand vous voyez que quelqu'un se met en devoir de le faire, ne le souffrez pas, surtout de la part des hommes, car alors si vous aviez des charbons ardents, il faudrait les leur jeter à la figure, pour leur montrer, qu'ils ne doivent point être si effrontés.

» Voilà ce que vous devez faire quant à la mortification extérieure; mais ce n'est pas tout, il faut l'intérieure, qui consiste à mortifier les facultés de l'âme. — L'entendement, qui se porte à savoir toutes les choses curieuses, à s'enquérir de ce qui n'est pas nécessaire. Oh! que c'est un grand mal que la curiosité, mes filles! Il faut la mortifier, car il n'est pas nécessaire de tout comprendre ni de tout savoir, puisque, selon saint Paul, la science enfle, et la seule charité édifie.

» La mémoire, qui aime à se rappeler les plaisirs, les satisfactions et complaisances qu'on a eus autrefois dans la famille dont on est sorti; le souvenir des parents, leurs caresses, les bons traitements qu'on en recevait et les recherches en mariage dont on a été l'objet. Mes filles, il faut se mortifier sur toutes ces choses, en ne vous occupant jamais de ce que vous avez quitté généreusement pour Dieu, ne souffrant en aucune manière que votre mémoire y prenne plaisir. — La volonté, qui aime à rechercher ce qui lui est agréable et rejette tout ce qui lui est un sujet de peine, il faut la mortifier, et, en un mot, il faut nous mortifier de tout ce qui nous délecte.

» Puisque la maxime de Jésus-Christ était de choisir le pire pour soi et de se mépriser soi-même, vous ne sauriez, mes filles, trop demander à Dieu qu'il vous donne ces grands sentiments de mépris de vous-mêmes, afin qu'à son exemple vous vous glorifiiez d'être tenues pour pauvres, pour misérables, pour pécheresses, en sorte que vous aimiez toujours ce qu'il y a de pire, et généralement tout ce qui peut vous porter à ce mépris de vous-mêmes, et que s'il vous était permis de choisir, vous prissiez toujours de préférence la plus méchante robe, le plus méchant collet, la chemise la plus grossière, bref, que vous courussiez à tout ce qu'il y a de plus vil... puisque c'est la maxime de Notre-Seigneur, qui a toujours méprisé les choses de la terre. Eh! ne vous le dissimulez pas, mes filles, vous êtes appelées à la même vie qu'il a menée, et partant vous devez faire comme lui... Voyez-vous, mes filles, vous aurez plus de consolation à vous mortifier et à choisir le pire pour vous, afin de garder le meilleur pour vos sœurs, que si vous aviez reçu toutes les satisfactions que la nature prend à suivre ses inclinations. Et pourquoi? Parce qu'alors c'est suivre les maximes de Jésus-Christ, qui a toujours choisi le pire, jusqu'à mourir sur un gibet, genre de mort le plus douloureux et le plus ignominieux qu'il ait pu endurer... Voyez maintenant si vous voulez le suivre. Que dites-vous, mes sœurs? Ne vous semble-t-il pas raisonnable d'obéir à cette règle et de la garder, puisqu'elle vous enseigne à fuir les maximes du monde pour embrasser celles de Jésus-Christ? Qu'en pensez-vous? êtes-vous dans cette intention?

» — Oui, mon père, répondirent-elles tout d'une voix. » Et saint Vincent leur dit de demander la grâce de Dieu pour entrer dans cette sainte pratique, et il termina en disant : « Je le prie, par l'intercession de la sainte Vierge, d'accorder cette grâce à toute la compagnie, afin que par votre fidélité à remplir cette obligation vous méritiez l'éternité bienheureuse [1]. »

ARTICLE SIXIÈME.

« Elles n'auront point d'attache à aucune chose créée,
» particulièrement aux lieux, aux emplois ou aux personnes,
» non pas même à leurs parents ni à leurs confesseurs; et
» elles seront toujours prêtes à quitter tout, quand l'obéis-
» sance le leur ordonnera; se représentant que Notre-Sei-
» gneur dit que nous ne sommes pas dignes de lui, si nous
» ne quittons père, mère, frères et sœurs, et si nous ne
» renonçons à nous-mêmes et à toutes les choses de ce
» monde pour le suivre. »

[1] Toute cette instruction nous confond et nous montre combien nous sommes loin d'entrer, même de loin, dans la voie du ciel. O faiblesse humaine!... Nous ne pouvons dire qu'une chose : Mon Dieu, ayez pitié de nous!

Saint Vincent commença son instruction le 6 juin 1656 en disant à ses filles :

« Parce que vous ne comprenez peut-être pas bien ce que veut dire *attache*, il faut avec l'aide de Notre-Seigneur vous l'expliquer et vous faire voir les raisons que nous avons de les fuir.

» *Attache*, mes filles, n'est autre chose qu'une affection déréglée pour quelque chose qui n'est pas Dieu, car, à proprement parler, *attache* veut dire une affection continuelle du cœur pour quelque créature, qui fait que nous refusons à Dieu l'amour que nous lui devons, et que nous rétractons tout ce que nous lui avons volontairement promis. Ne seriez-vous pas bien misérables de donner ainsi votre affection à une créature, après vous être données à Dieu en entrant dans la compagnie? Bien plus, ne seriez-vous pas ingrates si vous ne correspondiez point à la grâce qu'il vous a faite de vous séparer de la masse corrompue du monde, pour faire de vous ses épouses, tout cela de préférence à tant d'autres?

» Il y a deux sortes d'attaches : celle qui regarde ce que nous avons, et celle qui regarde ce que nous désirons.

» La première est quand une fille a de l'attache pour une telle robe, de telle ou telle façon, pour un collet, pour des souliers qu'elle a, à cause qu'ils sont faits à la mode; encore quand elle aime à avoir une belle chevelure et qu'on s'en aperçoive; tout cela est attache, et tout cela est contraire à ce que Notre-Seigneur veut de nous. O mes filles, avoir de l'attache pour des vétilles, des bagatelles, pour un livre, une image, que sais-je? cela n'est-il pas déplorable? N'est-ce pas le comble du ridicule?

» La seconde attache consiste à désirer ce qu'on n'a pas : par exemple, d'aller dans un tel lieu, d'avoir telle ou telle autre chose, un chien, un perroquet; d'être avec une telle compagne, parce que son humeur revient; d'avoir tel confesseur. Voilà de l'attache à toutes ces choses, car encore qu'on ne les ait point, on désire de les avoir; et, ce qui pis est, on fait presque toujours ce qu'on peut pour les avoir en effet... Quand on s'aperçoit d'une attache déréglée, on doit en avertir mademoiselle Le Gras ou M. Portail ou saint Vincent lui-même, et sans aucun retard. Pour la détester dans son cœur, on doit dire à Dieu : « Me voilà » donc prise à ce piége, ô mon Dieu! O mon Sauveur, » aidez-moi à en sortir! »

» Il est dit que l'attache est une affection aux créatures que l'on n'aime pas pour Dieu, mais pour quelque autre chose. Or, nous ne devons jamais avoir de l'amour pour autre chose que pour Dieu, ou si nous en avons, ce doit être pour l'amour de Dieu... Si donc une sœur de la Charité aime sa compagne, ce ne doit être qu'à cause de sa vertu et des grâces de Dieu qui sont en elle. Tout de même si un père aime ses enfants, et s'il leur procure du bien, il faut qu'il le fasse pour l'amour de Dieu, qui les lui a donnés, et qui veut qu'il les aime. Mais dire : J'aime celle-ci, parce qu'elle est de mon pays; j'aime celle-là, parce qu'elle suit mes inclinations, oh! mauvaise attache! attache dangereuse, dont il vous faut garder ou défendre, afin de n'aimer jamais aucune chose que Dieu ou pour l'amour de Dieu [1].

» Oh! qu'il est beau, mes filles, de n'avoir d'affection que pour Dieu, d'être libre et dégagé des créatures! Si Notre-Seigneur vous fait la grâce d'entrer dans cette pratique, le ciel vous regardera avec plaisir. Eh! comment ne regarderait-il pas avec plaisir une compagnie qu'il a faite lui-même, qu'il voit toute pleine du désir de se rendre agréable aux yeux de sa divine majesté, et qui se détache de tout pour son amour? Voilà ce qui fait que Dieu se plaît à répandre abondamment ses grâces sur toutes celles qui sont dans cet état, et qu'il y prend son bon plaisir...

» Mes filles, pour mieux comprendre ce que c'est qu'attache, imaginez-vous un homme solidement enchaîné à un arbre, pieds et mains liés : que fera-t-il? Le voilà dans l'esclavage; et premièrement, ce pauvre homme ne peut se tirer de là de lui-même, il faut que quelqu'un lui vienne

[1] De telles observations confondent notre faiblesse; nos qualités, si nous en avons, ne sont que des défauts! Quelle idée élevée ne devons-nous pas avoir pour le caractère sublime des filles de la Charité, dont les *attaches déréglées* ne sont que nos sentiments habituels, et des meilleurs, des plus légitimes!

en aide ; secondement, il ne peut aller chercher sa propre vie, ni de quoi la soutenir ; troisièmement, de sorte qu'il mourra de faim si on ne lui apporte à manger ; quatriè-mement, et si on le laisse là pendant la nuit, il est exposé au danger d'être dévoré des bêtes féroces, dont il ne pourra se défendre. »

Passant à l'application, saint Vincent conseille à ses filles qui se sentiraient dans les liens d'une attache déré-glée de s'en confesser pour en être déliées.

« Comme une fille qui a des liens qui la retiennent ne peut plus aller chercher la nourriture de l'âme, il faut qu'elle ait recours à la supérieure ou à son directeur, pour lui procurer les grâces qui lui sont indispensables ; si elle ne le fait pas, elle court danger d'être dévorée par Satan. »

Saint Vincent combat les attaches qu'on peut avoir pour se réserver quelque chose pour l'avenir.

« Oh ! s'il y en avait aucune parmi vous qui jamais fût assez malheureuse pour ce faire, qu'elle sache que c'est dérober aux pauvres que de réserver quelque chose... Du reste, si cela arrivait, son attache vicieuse ne demeurerait pas impunie ; elle ne la porterait pas loin, non plus que Judas, qui, par une attache de cette sorte qu'il avait pour l'argent, en vint au point de vendre son Maître !... Ce misérable gardait la bourse de la dépense de Notre-Sei-gneur et des apôtres, et parce qu'il avait attache à l'argent, cette attache le porta à livrer son bon Maître et à commettre le plus horrible déicide. »

Pour combattre l'attache à des choses indifférentes en apparence, saint Vincent parle à ses filles du désordre que causent dans une communauté les personnes qui ont des attaches de la sorte, et il ajoute :

« On en voit qui pour un rien en qui elles ont mis leur affection, si elles le perdent ou si elles sont obligées de le quitter, en perdent presque l'esprit. J'ai vu une femme si attachée à son chien, qu'elle était inconsolable de l'avoir perdu. Je voyageais alors avec elle, et je la voyais triste, abattue, ne cessant de soupirer pendant huit ou dix jours. Cet état m'émut de compassion, et enfin lui demandant quelle pouvait être la cause de son chagrin, il se trouva que c'était la mort de son chien. N'est-ce pas là une étrange folie ? »

Passant à l'attache aux choses bonnes et saintes en elles-mêmes, le pieux fondateur des filles de la Charité combat l'inclination des filles de la Charité qui, sans permission et même contre la volonté de M. Portail ou de mademoiselle Le Gras, voudraient communier plus souvent que les autres, et il dit que ces communions ne sont pas agréables à Dieu :

« Voyez-vous, mes filles, le plus grand sacrifice que vous puissiez offrir à Dieu est celui de votre propre volonté... »

Et il termine ce sujet en disant :

« Concevez bien cela, mes filles, que l'attache aux choses

bonnes et saintes est mauvaise si elle n'est conforme à l'ordre de vos supérieurs. Maintenant, voyez si vos règles ne sont pas bien ordonnées, et s'il n'était pas bien à propos que vous connussiez bien l'obligation de ne point avoir d'attache.

» Après cela, n'est-il pas raisonnable, ô mon Sauveur! que nous tâchions de nous faire quittes de tous ces liens? Quoi, mes filles! un petit oiseau attrapé dans un filet se débat jour et nuit pour s'échapper, et vous, vous seriez prises d'une mauvaise attache, et vous ne vous mettriez pas en peine d'en sortir! L'exemple de cet oiseau vous condamnerait devant Dieu, si vous n'en profitiez.

» Que direz-vous au tribunal de ce souverain Juge si la mort vous surprend dans des attaches déréglées? « Quoi » donc, vous dira Dieu, vous êtes filles de la Charité, ap- » pelées à la perfection, et vous vous êtes rendues esclaves » de cette attache? Allez, vous n'avez pas voulu m'écouter » quand je vous appelais, eh bien, maintenant je ne vous » connais point. » Quelle douleur pour la fille de Charité qui entendrait un pareil jugement! »

. Pour expliquer à ses pieuses filles la manière dont on doit fouiller le fond de son cœur et y combattre les attaches mondaines, saint Vincent leur cite l'exemple d'un bon gen- tilhomme dont la vie était si sainte, que l'archevêque de Lyon lui avait permis d'avoir le saint Sacrement chez lui.

« Un jour qu'il voyageait à cheval, méditant à son ordinaire, il commença son examen, afin de connaître s'il n'était pas attaché à quelque chose ; il se demandait, comme il me l'a raconté : Suis-je attaché à mon Dieu ou à quelque autre chose ?

» Ne le suis-je pas à mon château ? — Non. Si le feu se mettait dedans et qu'il fût réduit en cendres, n'en aurais-je pas de la peine ? — Non, car je crois que si Dieu permettait cet accident, je me conformerais à sa sainte volonté, et cela par la pensée que le Seigneur n'avait ni château ni maison à lui.

» Suis-je attaché à mon chapeau, qui me préserve du soleil et de la pluie ? — Non.

» N'ai-je point d'amitié trop tendre pour madame la comtesse ou pour toute autre créature ? — Non. N'en ai-je pas pour mes biens et mes revenus ? — Non.

» Après toutes ces interrogations, il connut que toutes ces choses le touchaient peu. Sa pensée tomba enfin sur son épée, et se souvenant des bons offices qu'elle lui avait rendus en plusieurs occasions, il sentit de l'amour pour elle, au point qu'il lui en coûterait de s'en défaire, car la nature criait : « Quoi ! mon épée, elle qui tant de fois m'a » sauvé la vie, oh ! il faut que je la garde. Oui, oui, garde-» la bien, criait encore plus l'attache ; et que ferais-tu » sans elle, si tu étais surpris ? Oh ! tu ne pourrais pas te » défendre. »

» Pendant qu'il s'occupait ainsi, le bon ange lui dit au

cœur : « Eh bien! tu te fies donc plus à ton épée qu'à
» Dieu? Tu as donc plus de confiance en un morceau de
» fer qu'en la divine Providence, car n'est-ce pas Dieu
» qui toujours a pris soin de toi? Et cependant tu attribues
» tout à ton épée! »

» Voilà le remords de conscience qui le prend; il rentre
en lui-même et s'écrie : « O misérable que tu es! à quoi
» penses-tu, toi qui as tant de fois éprouvé le soin paternel
» de ton Créateur? Ah! mon Dieu! pardonnez mon infi-
» délité! » Et descendant aussitôt de cheval, il rompit son
épée contre une pierre, afin de n'y avoir plus d'attache.
Si ce sacrifice lui coûta, il éprouva bientôt l'avantage
qu'ont les âmes généreuses à se faire quittes de tout ce
qui déplaît à Dieu, car il sentit en son âme une si grande
consolation au moment où il eut rompu son épée, que
jamais il n'en avait reçu de semblable. »

Saint Vincent parlait encore qu'une sœur, s'étant mise à
genoux, lui demanda pardon, et à Dieu, d'avoir été dans
le misérable état d'attache aux choses extérieures dont
il venait de parler, et elle remit deux livres auxquels elle
était encore bien attachée, et qu'elle gardait en propre.

Le saint fondateur reprit :

« Dieu vous bénisse, ma fille, voilà qui est bien; c'est
ainsi qu'il faut faire, car vous n'entrez pas seulement dans
l'esprit de la pénitence, mais vous pratiquez encore ce qui
a été dit. Oh! Dieu vous bénisse! oh! Dieu vous bénisse!

Je prie Notre-Seigneur qu'il détache vous et moi de toutes choses, de manière que nous n'ayons jamais d'attache qu'à lui seul. En prononçant de sa part la bénédiction, je demanderai à sa bonté qu'il nous attache à lui d'une manière inviolable et si forte, qu'il n'y ait aucune chose capable de la rompre. C'est, mes filles, la grâce que je demande à Notre-Seigneur, que nous n'aimions que lui, ou que si nous aimons quelque autre chose, ce soit pour l'amour de lui [1]. »

ARTICLE SEPTIÈME.

« Elles souffriront de bon cœur et pour l'amour de Dieu
» les incommodités, les contradictions, les moqueries, les
» calomnies et autres mortifications qui leur pourront ar-
» river, même pour avoir bien fait, se ressouvenant que
» Notre-Seigneur, qui était très-innocent, en a bien souf-
» fert de plus grandes pour nous, priant même pour ceux
» qui le crucifiaient, et que tout cela n'est qu'une partie

---

[1] Quoi de plus touchant que de voir l'acte d'humilité pratiqué de cette bonne et pieuse fille qui dépose les deux livres de piété auxquels elle était attachée! C'était peut-être le livre dans lequel elle avait prié au jour de sa première communion, ou celui que lui avait légué sa mère au lit de mort. N'importe, elle ne doit pas avoir d'*attache*, et, comme le noble comte qui brise son épée, elle dépose pour être laissés en commun les deux livres auxquels de pieux souvenirs l'attachent...

Comme nous sommes égoïstes auprès de ces actes de renoncement qui consomment la rupture entre nous et le monde!

» de la croix qu'il veut qu'elles portent après lui sur la
» terre, pour mériter d'être un jour avec lui dans le ciel. »

Le saint fondateur des filles de la Charité commenta cette
règle à ses filles dans une conférence du 23 juillet 1656.
Il commença par leur dire que les peines et les afflictions
étaient des dons de Dieu; c'est parce qu'on sert Dieu que
Dieu nous afflige :

« Oui, les souffrances sont l'apanage des gens de bien,
parce que par leur vertu et leur fidélité ils se sont rendus
dignes d'en faire un bon et saint usage. L'exemple de Tobie
va vous en convaincre. Il était si charitable, qu'il se levait
de table et quittait son repas pour aller enterrer les corps
de ceux qu'on avait fait mourir; et pour cela, dit le texte
sacré, Dieu le trouva digne de perdre la vue. Mais quoi !
voilà un homme qui s'emploie aux œuvres de charité, qui
ensevelit les morts, et Dieu le prive de la lumière, qui est
si agréable? Oui, ce sont ses œuvres de charité qui l'ont
rendu digne de cette privation.

» Il faut donc qu'une fille de Charité soit disposée à souffrir, et qu'elle se donne à Dieu pour recevoir de bon cœur
tout ce qui lui arrivera de contraire à ses désirs...

» La patience est la vertu des parfaits. O mes filles,
quelle consolation n'a-t-on pas quand on a souffert quelque chose pour l'amour de Dieu, et qu'on se plaît aux
humiliations ! Quelle consolation lorsqu'on se trouve dans
cet état de perfection où l'on prend plaisir à souffrir tous

les petits mécontentements qui nous arrivent, parce qu'on sait qu'ils viennent de Dieu !... »

Pour montrer comment les souffrances et les peines sont faites pour nous perfectionner, saint Vincent eut recours à la comparaison suivante :

« Mes filles, il en est de nous comme d'une pierre dont on veut faire une belle image (statue). Que doit faire le sculpteur pour venir à bout de son dessein? Il faut qu'il prenne le marteau, et qu'il ôte de cette pierre le superflu. Pour cela, il frappe dessus à grands coups de marteau, de sorte qu'à le voir vous diriez qu'il va briser entièrement cette pierre. Puis, quand il a ôté le plus gros, il prend un plus petit marteau, et le ciseau ensuite pour commencer la figure avec toutes ses parties. Quand elle est formée, il prend d'autres outils plus délicats pour la mettre dans la perfection qu'il a dessein de donner à cette statue.

» Voyez-vous, mes filles, Dieu en use de la sorte à notre égard. Voilà une pauvre fille de la Charité ou un pauvre missionnaire : quand Dieu les retire de la masse corrompue du monde, ils sont encore dans la grossièreté et la brutalité, ils sont comme des pierres grossières; Dieu veut cependant en faire de belles statues, et pour cela il y met la main, et frappe à grands coups de marteau; et comment le fait-il? En les faisant souffrir tantôt de la chaleur, tantôt du froid, puis en allant voir les malades aux champs où le vent cingle en hiver, et où il ne faut point laisser d'aller par ce mauvais temps. Eh bien, ce sont là de grands coups de marteau que Dieu décharge sur une pauvre fille de la Charité. Et qui ne regarderait qu'à ce qui paraît dirait que cette fille est malheureuse; mais si on jette les yeux du côté du dessein de Dieu, on verra que tous ces coups ne sont que pour former cette belle âme. Et lorsque après avoir envoyé de grandes peines tant de corps que d'esprit, et qu'il voit que ce qu'il y avait de plus grossier est ôté de cette âme, par le moyen de la patience qu'elle a pratiquée, oh! pour lors il prend des ciseaux pour la perfectionner; je veux dire qu'il permet quelquefois qu'elle ait de petites peines, comme une petite antipathie contre sa sœur, ou même contre sa supérieure... »

Puis pour exciter le zèle de ses filles, saint Vincent leur rappela cette malédiction de l'Écriture sainte : *Maledictus homo qui facit opus Dei negligenter.* « Maudit soit l'homme qui fait l'œuvre de Dieu négligemment, et qui se comporte lâchement à son service. » Quel malheur d'être maudit de Dieu!... Prenez-y garde, mes filles; c'est une affaire d'importance, car cela arrive quelquefois non-seulement à une personne, mais même à toute une communauté. Ah! Sauveur! quel sujet de craindre pour cette compagnie!... »

Saint Vincent termina cette conférence en disant :

« Oh! béni soit Dieu! mes filles. Travaillez à lui être fidèles en toutes choses, à ne point vous plaindre quoique vous soyez malades, ou que vous ayez des peines, et prenez tout de la main de Dieu.

» Dites-lui : Seigneur, quand je vous demande la grâce de souffrir les peines que votre bonté m'enverra, je me propose en même temps de les recevoir de votre main. Seigneur, puisque dans ce monde on ne peut être sans peines, je me propose de recevoir pour votre amour toutes celles qui m'arriveront, aussi bien que de me défaire de l'esprit de paresse (de tiédeur); de bien faire les choses qui me seront ordonnées, de tenir ferme au bien qui est commencé, parce que tout cela vous est agréable.

» Oui, mes sœurs, une règle bien observée, une petite souffrance endurée pour l'amour de Dieu par ceux qui l'aiment, leur procurent de grandes consolations. Ah! quel bonheur! mais aussi quel malheur de déchoir de toutes les grâces que Dieu avait faites à cette âme! Je prie Notre-Seigneur qu'il vous fasse la grâce de vous retirer de cet état de paresse, si vous y êtes. »

Une sœur interrompant alors saint Vincent, le pria de demander pardon à Dieu pour elle de plusieurs fautes dont elle se reconnaissait coupable sur la présente règle.

« Eh bien, lui dit-il, ma sœur, vous étiez tombée à cause de votre faiblesse, mais vous vous relevez par ce que vous venez de faire [1]. Ayez donc confiance en Dieu, qui

---

[1] Oui, c'est par l'aveu et le repentir, c'est-à-dire par la *confession* (publique ou privée) qu'on se relève; mais quelle différence

vous donnera la force de supporter vos peines. C'est ce
que je lui demande de tout mon cœur pour vous et pour
moi. »

ARTICLE HUITIÈME.

« Elles auront une grande confiance à la Providence
» divine, s'y abandonnant entièrement, comme un enfant à
» sa nourrice, et elles se persuaderont que pourvu que de
» leur côté elles tâchent d'être fidèles à leur vocation et à
» l'observance de leurs règles, Dieu les tiendra toujours
» en sa protection, et les assistera de ce qui leur sera né-
» cessaire, tant pour le corps que pour l'âme, lors même
» qu'elles penseront que tout va être perdu. »

La conférence du 9 juin 1658 fut consacrée en entier
à l'explication de cet article. Saint Vincent de Paul commença par dire à ses filles que :

« La confiance en la Providence de Dieu est de deux
sortes : confiance et espérance. L'espérance produit la
confiance, et c'est une vertu théologale, par laquelle nous
espérons que Dieu nous donnera les grâces qu'il nous faut
pour arriver à la vie éternelle... Cette vertu d'espérance doit
être pleine de foi... Ainsi, n'être point assez ferme dans
l'espérance, et penser que Dieu ne s'occupe pas de notre

entre l'humiliation de la confession telle que nous la pratiquons et
la confession publique des filles de la Charité. C'est qu'aussi il y a
une singulière différence entre leurs fautes et les nôtres... Combien
cela doit nous confondre et nous humilier !...

13

salut, est une défiance qui lui déplaît... Avoir confiance en la Providence, cela veut dire que nous devons croire que Dieu prend soin de ceux qui le servent. Tout de même qu'un époux prend soin de son épouse, et un père de son enfant, ainsi Dieu prend soin de nous et bien davantage encore. D'après cela, nous n'avons donc qu'à nous abandonner à sa conduite (comme dit la règle), en la même manière qu'un petit enfant à sa nourrice. Qu'elle le mette sur son bras droit, il y est content; qu'elle le tourne sur le gauche, il ne s'en met pas en peine, et pourvu qu'il ait la mamelle, il est satisfait. Nous devons également avoir confiance en la Providence divine... Dieu est bon, il nous aime tendrement; il veut notre perfection et notre salut; il pense à nos âmes et à nos corps; il veut nous donner toutes les sortes de biens dont nous avons besoin pour l'un et pour l'autre.

» Si Dieu a pour agréable de nous mener par des voies rudes, comme sont celles de la croix, des maladies, tristesses, abandons intérieurs, laissez-le faire. Oh! oui, mes filles, abandonnons-nous et laissons faire Dieu, qui saura bien tirer sa gloire de tout cela, et le faire concourir à notre bien, parce qu'il nous aime plus tendrement qu'un père n'aime son enfant... Il arrivera à une pauvre sœur d'avoir des tentations contre la foi, contre l'espérance ou contre la sainte pureté... Qu'elle dise : Eh, Seigneur! vous avez promis qu'il ne nous arrivera rien qui ne tourne toujours à notre bien; voilà une tentation que je souffre; aidez-moi, Seigneur, à la supporter, en sorte que je ne vous offense point; je l'accepte pour l'amour de vous, et j'espère que vous en tirerez votre gloire par la victoire que vous me ferez la grâce d'en rapporter. Oh! je m'en remets à votre Providence... Si vous vous abandonnez à la conduite de la Providence, comme cette règle vous l'enseigne, Dieu aura soin de vous; il vous mènera comme par la main dans les rencontres les plus fâcheuses; si vous êtes malades, il vous consolera; si vous êtes en prison, il sera à côté de vous pour vous défendre; si vous êtes faibles, il sera votre force; et, partant, vous n'aurez qu'à laisser votre conduite à Notre-Seigneur... Apprenez à ne vous appuyer en aucune façon sur vos forces et sur votre industrie, mais à remettre toute votre confiance en la Providence. D'ailleurs, s'il y a personne au monde qui ait besoin de cette confiance, c'est vous, à raison des emplois qui se trouvent dans votre manière de vie. Les filles renfermées dans les monastères sont éloignées du tracas du monde et comme à couvert des tentations; mais vous, il n'y a presque pas de moment et de lieu où vous ne soyez exposées, et partant vous avez besoin d'une grande confiance.

» On vous demande en tant de lieux pour le service des pauvres, si votre confiance est selon la chair, comment serez-vous capables d'entreprendre de longs et pénibles voyages? Une fille qui n'a point confiance en la Providence dira : Mais je suis infirme; hélas! si on m'envoie en ce lieu, je mourrai par le chemin. Celle, au contraire, qui a mis sa confiance en Dieu ne craint rien et dit : Puisqu'il plaît à Dieu qu'on m'envoie telle part, il me donnera les grâces nécessaires pour cela; il est mon Dieu, et j'espère qu'il ne me délaissera pas.

» Vous avez donc grand besoin de vous donner à Dieu pour obtenir la grâce d'avoir une grande confiance en sa bonté, maintenant surtout qu'il plaît à Notre-Seigneur que la compagnie répande quelque bonne odeur qui vous fait désirer de tant de saintes personnes, en tant de lieux. Voilà qu'on vous demande d'une part à cent lieues, et dans d'autres à quarante, cinquante et soixante; pour y aller, il faut la confiance de Dieu. Voilà même la Reine qui vous demande pour aller à Calais panser les pauvres soldats blessés. Eh! quel sujet de vous humilier, mes Sœurs, voyant que Dieu veut se servir de vous pour de si grandes choses!...

» C'est vraiment pour vous, mes filles, un grand sujet de remercier Dieu, voyant que vous êtes désirées et demandées en tant de lieux qu'à peine y pouvez-vous fournir. Eh, Sauveur! qui sommes-nous pour que vous daigniez vous servir de nous, pauvres filles qui ne sommes que comme la balayure du monde? Cela n'est-il pas vrai, mes filles? Car y a-t-il parmi vous des filles de bonne condition, et n'êtes-vous pas presque toutes filles de laboureurs et d'artisans?

Oh! s'il y a quelque noblesse, cela est rare, et s'il y en a quelques-unes de la ville, elles appartiennent aussi à de pauvres gens, de sorte qu'il y a grand sujet d'admiration de voir que Dieu, de toute éternité, ait pensé à faire ce que nous voyons, comme s'il disait : Je veux me faire une compagnie de pauvres filles et de veuves, qui sera demandée de toutes parts... Oh! rendez grâce à Dieu de vous avoir appelées en cette compagnie !

» Un saint personnage me disait un jour en parlant de votre maison : « Monsieur Vincent, qu'on y est heureux ! » On y vit en paix, et il ne faut pas s'en étonner, puisque » c'est de cette étoffe-là (je veux dire de pauvres gens) » que Notre-Seigneur a commencé et fondé son Église tout » de même. » Les apôtres, en effet, étaient de pauvres gens qui vivaient de leur travail et de leur pêche, grossièrement vêtus, et dont la plupart ne savaient rien ; cependant que n'ont-ils pas fait avec la grâce de Dieu? Oh! ils ont converti le monde entier. Quelle grâce donc, mes filles, que Dieu ait voulu prendre votre compagnie de la même étoffe dont il s'est servi pour sauver le monde !

» Tenez-vous donc prêtes à faire tout ce qu'il veut que vous fassiez, et ne prétendez rien, ni d'être dans cette maison, ou dans cette prison, ou aux champs; n'appréhendez pas non plus d'aller partout où l'on vous enverra. Estimez que partout Dieu aura soin de vous, croyez-le fermement, et ne perdez jamais la confiance que vous devez avoir en la Providence. Lors même que vous seriez au milieu des armées, ne craignez pas qu'il vous arrive aucun mal. En est-il arrivé à celles qui s'y sont déjà trouvées? Quelqu'une y en a-t-elle reçu, ou bien y est-elle morte? Et quand elle y eût perdu la vie, oh! ce serait un bien pour elle, puisqu'elle serait morte les armes à la main, et qu'elle serait allée devant Dieu chargée de mérites, martyre de la charité !

» O mes filles! donnez-vous donc à Dieu dès ce moment pour aller partout où il voudra se servir de vous, et dites-lui : Seigneur, ne sera-ce point moi qui serai envoyée à Metz ou à Cahors? me voilà toute prête; mais, Seigneur, qui eût pensé que vous eussiez voulu vous servir de chétives créatures comme nous? Pour moi, je ne l'eusse jamais cru, si je ne le voyais pas. Hélas! qui suis-je pour faire cette œuvre?

» Mes filles, demandez à Dieu la grâce d'entrer dans ces sentiments, et dites-lui encore : Je m'abandonne à vous, Seigneur, et je me jette entre vos bras comme un enfant entre les bras de son père, pour faire toujours votre sainte volonté; si vous le voulez donc, je suis du Havre de Grâce, ou de Metz, ou de Cahors, ou de tout autre lieu où il vous plaira de m'envoyer. Moi, indigne, sur qui vous n'avez pas daigné jeter les yeux, ah! Seigneur, je m'abandonne à vous pour toutes choses. Il est vrai, je suis une pauvre misérable, incapable de faire aucun bien, eu égard à mon infirmité ; mais puisque mon Dieu est toujours avec moi et qu'il veut m'envoyer quelque part, j'espère que sa grâce ne me manquera pas. »

Enfin, descendant à un détail qui pour les bonnes filles avait une grande importance, au choix d'un confesseur ou au regret d'un confesseur que l'on change, saint Vincent s'écrie :

« Vouloir des confesseurs à sa mode, ou que l'une voulût aller à celui-ci et l'autre à celui-là, ô Sauveur ! prenez-y garde, mes filles ; car si cela arrivait, c'est une marque qu'il y a de la discorde entre vous, et qu'encore ce serait un scandale de voir des filles de la Charité aller à deux confesseurs... Quoi donc, mes sœurs ! s'appuyer sur tel confesseur, et mettre sa confiance aux hommes, n'est-ce pas se retirer de la conduite de la Providence, ou vouloir se faire un Dieu à sa mode ? Oh ! chose pitoyable qu'une fille veuille se faire une conduite contre celle que Dieu lui a donnée, qu'elle s'y attache tellement, que si on la lui ôte elle s'afflige, en perde le repos, et qu'il lui semble que tout est perdu pour elle. Ah ! semblable à ce pauvre homme qui ayant perdu une idole qu'il s'était faite à lui-même, s'affligeait et pleurait, parce qu'on lui avait ôté son dieu. Et quand on lui demandait : « Qu'avez-vous donc pour pleurer de la sorte ? — Ah ! disait-il, et le moyen de faire autrement ? Ils m'ont ravi mon dieu, celui que je m'étais fait moi-même. » Voilà ce qui vous arrive, lorsque vous voulez vous donner des confesseurs à votre mode, et en choisir vous-même. Ainsi, qu'il ne vous arrive jamais que vous changiez le confesseur qui vous aura été donné, sans en avoir reçu l'ordre de vos supérieurs. C'est ce que vos règles vous prescrivent.

» Mais, dira quelqu'une, il est de telle sorte, sa façon me fait peine. Mais vous a-t-il fait du mal par sa manière d'agir, et n'a-t-il pas le pouvoir de vous absoudre de vos péchés quand vous les lui confessez? Que voulez-vous de plus? Avez-vous autre chose à faire que de lui dire vos péchés? Voulez-vous qu'il vous ôte vos peines? O mes Sœurs! vous n'avez que faire de lui dire celles que vous éprouvez; il vous suffit de vous confesser de vos péchés... Ne faites pas comme ce pauvre homme dont nous avons parlé et qui n'avait d'autre Dieu que celui qu'il s'était fait à lui-même. Ne vous en faites pas un, mes filles, et sachez que vous ne devez jamais par inclination changer de confesseur.

» Selon cela, je défends de la part de Dieu, à toutes les filles de la Charité, tant celles qui sont ici que celles qui sont absentes, de quitter les confesseurs qu'on leur aura donnés pour en choisir d'autres... Monsieur Portail, et vous, mademoiselle, je vous prie de tenir la main à ce que je viens de dire des confesseurs, et ne permettez pas qu'on contrevienne à cette règle. O mes filles! quand un confesseur vous est donné, recevez-le comme venant de la part de Dieu, qui vous l'a fait dire par votre règle... Abandonnez-vous à Dieu et à ceux qui vous conduisent de sa part... »

CHAPITRE DEUXIÈME.

« Elles honoreront la pauvreté de Notre-Seigneur, se
» contentant d'avoir leurs petites nécessités, dans la sim-
» plicité ordinaire et selon l'usage de la communauté,
» considérant qu'elles sont servantes des pauvres, et qu'ainsi
» elles doivent vivre pauvrement. Selon cela, elles mettront
» tout en commun, ainsi que faisaient les premiers chré-
» tiens; en sorte que nulle d'entre elles n'aura, ni dans la
» maison ni dehors, aucune chose pour la garder ou en
» user comme propre à elle seule; et elles ne pourront
» disposer, ni donner, ni prêter du bien de la commu-
» nauté, ni même de leur propre ou de ce qui peut leur
» rester après leur entretien, et beaucoup moins du bien
» des pauvres qui leur est confié; ni emprunter, ni acqué-
» rir, ou recevoir d'ailleurs, sans le consentement de la
» supérieure, en choses petites et ordinaires; mais quant
» aux extraordinaires et de conséquence, il faut de plus la
» permission du supérieur. »

Saint Vincent, dans la conférence du 20 août 1656, fit
le commentaire de cette règle, et il reprit à cet effet chaque
phrase de l'article, pour en bien faire comprendre la portée.

« Elles honoreront la pauvreté de Notre-Seigneur. » O
Sauveur de mon âme! cela est bien raisonnable. Et qui

voudra être riche après que le Fils de Dieu a voulu être pauvre?... »

Puis saint Vincent appuya sur les dangers des richesses pour le salut.

« Selon cela, elles mettront tout en commun, ainsi que » faisaient les premiers chrétiens, en sorte que nulle d'entre » elles n'aura, ni dans la maison ni au dehors, aucune chose » pour la garder et en user comme propre à elle seule. »

» Telle était, mes filles, la pratique des premiers chrétiens; et saint Augustin établit de son temps une communauté de filles et de femmes, pour faire revivre en quelque façon l'esprit de la primitive Église. Voici comment on faisait dans cette communauté : on mettait tout entre les mains de la supérieure, et lorsqu'on portait quelque chose à l'une d'entre elles, cela servait en commun. Elles ne pouvaient pas disposer non-seulement du bien de la communauté, mais même du leur propre. Or, si du temps de saint Augustin cela s'observait, n'est-il pas raisonnable que nous le fassions nous-mêmes?...

» Elles se contenteront d'avoir leurs petites nécessités, » dans la simplicité ordinaire, etc. »

» Car voyez-vous, mes filles, vous n'êtes pas des personnes accoutumées à avoir plus que le nécessaire, et partant vous ne devez pas désirer la superfluité. Beaucoup d'ordres religieux ont adopté cette règle; ils n'ont rien en propre et vont par les champs sans rien emporter; ils logent où cela se rencontre, et se nourrissent de ce qu'on leur donne, dépendant entièrement de la Providence et se confiant entièrement en Dieu. Tels sont notamment les Carmes et les Capucins. »

Puis, pour prévenir les infractions à cette règle, saint Vincent rappelle à ses filles l'exemple d'Ananie et de Saphire, sa femme, qui, devenus chrétiens, au lieu de tout leur bien n'en apportèrent aux apôtres que moitié, et qui, maudits par saint Pierre, moururent sur-le-champ.

« Si donc les chrétiens qui faisaient semblant de l'être étaient traités de la sorte, dès le commencement, qu'arrivera-t-il aux religieuses qui ne le sont qu'en apparence? Et qui sait, mes filles, si la malédiction de Dieu ne tombe pas sur une fille de la Charité qui veut retenir quelque chose de la maison? Oh! c'est une Ananie qui veut tromper ses supérieurs... Aussi elle se rend digne de la malédiction qui tomba sur Ananie et sur Saphire. Encore, s'il ne s'agissait que d'une mort corporelle, ce serait peu; mais il y va de celle de l'âme, comme saint Pierre semble nous l'apprendre par ce qu'il a dit à ces deux personnes : « Comment avez-vous voulu tromper le Saint-Esprit? Vous » avez menti à Dieu, et pour cela vous mourrez. »

» Vous ne devez donc rien avoir en propre, ni à la maison ni dehors; autrement, la fille qui veut avoir quelque chose en propre est une Saphire, et tôt ou tard il lui arrivera malheur.

» On vous en a averties quand vous êtes entrées dans la compagnie; vous avez promis de le faire, et vous n'y êtes reçues qu'après y avoir expressément consenti. Il n'y a donc pas d'excuse ni de prétexte qui puisse vous en dispenser... Je ne puis m'empêcher d'admirer la conduite de la divine Providence, qui vous a donné la pensée de contribuer à l'entretien de la maison. Cela est vraiment admirable, et c'est faire comme des enfants le doivent, c'est-à-dire de nourrir sa mère; car la compagnie est votre mère, et vous contribuez avec elle à nourrir vos petites sœurs qui y sont et qui y viendront après vous. »

Pour les exciter à suivre exactement cette voie, saint Vincent leur dit que c'était celle que le Christ avait choisie, et que dès lors leur bonheur devait consister à imiter Notre-Seigneur; puis il ajouta :

« N'avez-vous jamais ouï parler de ce qui est rapporté de Tauler ? On menait ce pauvre homme tout couvert d'ulcères, quand un docteur, le voyant dans une si grande misère, fut ému de compassion et lui dit : « Je prie Dieu » qu'il vous bénisse, mon ami; je vous plains beaucoup » de vous voir ainsi affligé. — Ah! Sauveur! de quoi par-» lez-vous là? et de quoi me parlez-vous, monsieur? Quoi! » vous me plaignez parce que je suis dans l'état où Dieu » m'a mis? Ne suis-je pas heureux, puisqu'il a pour agréa-» ble que je sois de la sorte? — Mais, ajouta le docteur, » en êtes-vous bien content? — Si j'en suis content, mon-

» sieur! Eh! si c'est l'état où Dieu veut que je sois, si
» c'est lui qui m'a mis comme cela, pourquoi ne le serais-
» je pas? Je le suis tellement, que je ne veux autre chose
» au monde que la volonté de Dieu. — Mais, mon frère,
» répondit le docteur, si quelqu'un voulait vous tirer de
» cet état, n'en seriez-vous pas bien aise? — Je vous dis,
» répliqua Tauler, que je suis plus content dans ma pau-
» vreté, que vous qui me parlez, dans votre abondance, et
» que tous ceux qui sont dans les vanités. » Mes chères filles,
résolvez-vous à faire comme ce pauvre, c'est-à-dire à ne
désirer autre chose que ce qui est conforme à l'état où
Dieu veut que nous soyons, car nous devons nous contenter de cela...

» Soyez assurées qu'il n'y a pas d'état plus heureux que
celui qui nous rend conformes à Notre-Seigneur, et qu'il
n'y a que le diable et la chair qui le peuvent faire trouver
rude. Nos chères sœurs bienheureuses trouvent au ciel les
mérites qu'elles ont acquis par la fidélité à tout ce qu'on
leur a ordonné. Je prie Notre-Seigneur qu'il vous fasse
la grâce de les suivre en la pratique des règles comme
dans celle de la pauvreté, pour jouir après cette vie du
bonheur dans le ciel [1]. »

---

[1] Voilà ce que disait saint Vincent de Paul; et nous, nous travail-
lons misérablement à amasser quelque argent pour nos enfants. Et
encore ce sont les meilleurs qui en agissent ainsi, les autres dissipent
leur fortune sans se soucier de leur famille.

ARTICLE DEUXIÈME.

« Elles feront leur possible pour se mettre dans la sainte
» pratique tant recommandée par les saints, et si exacte-
» ment observée dans les communautés bien réglées, sa-
» voir, de ne rien demander ni refuser, pour ce qui est
» des choses de la terre. Si l'on a pourtant une véritable
» nécessité de quelque chose, on le pourra proposer tout
» simplement et avec indifférence aux personnes à qui il
» appartient d'y pourvoir, et puis demeurer en repos,
» soit qu'on l'accorde ou non; mais afin qu'on n'ait point
» occasion de manquer à cette sainte pratique, les offi-
» cières et les sœurs servantes demanderont toutes les se-
» maines les besoins de chacune en particulier, et les leur
» fourniront en retranchant tout le superflu. »

C'est dans la conférence du 17 juin 1657 que saint
Vincent donna à ses filles le commentaire de cet article :

« Mes filles, je vous ai dit plusieurs fois que vos règles
tendent à vous rendre vraies filles de la Charité, et par
conséquent vraies filles de Notre-Seigneur; que vous devez
les regarder comme des règles données de Dieu, ce qui
doit vous faire travailler à les observer fidèlement, parce
que, ainsi faisant, elles vous conduiront heureusement sur
la mer orageuse du monde, et vous serviront de vaisseau
pour arriver au port tant désiré du paradis.

» Entre toutes les vertus, c'en est une de fort grande importance de rien demander, ni de rien refuser...

» Quand nous disons qu'il ne faut rien demander, ni rien refuser, entendons-nous bien : ce sont les temporelles qu'il ne faut point demander, car pour les spirituelles, oh! il les faut demander instamment, et Notre-Seigneur le veut, puisqu'il a dit dans l'Évangile : « Demandez, et » vous recevrez; frappez à la porte, et on vous ouvrira. » On peut donc demander les vertus, la force de surmonter ses passions, etc. Mais on ne doit pas, par exemple, demander d'être dans telle paroisse plutôt que dans telle autre, avec telle sœur plutôt qu'avec telle autre, à avoir un tel emploi, ou de sortir d'un autre; demander une robe d'une telle façon et de telle étoffe plutôt que d'une autre façon et d'une autre étoffe, etc., etc.; ce sont toutes choses qui ne méritent point d'être demandées ni recherchées par des personnes qui se sont données à Notre-Seigneur pour le servir, et auxquelles il n'est plus loisible de donner affection aux créatures, si ce n'est pour l'amour de Dieu...

» C'est une pratique qui nous mène à l'indifférence, laquelle fait qu'une âme qui en est venue là ne sait presque ce qu'elle veut ou ne veut pas; qu'elle ne s'attache qu'à Dieu, et qu'elle ne veut autre chose que ce qu'il veut et comme il le veut. Oh! quel bonheur pour une personne qui est dans cet état! Heureuse donc la fille de Charité qui est dans cette position, et il y en a, par la grâce de Dieu, plusieurs parmi vous, lesquelles, quand on leur dit : Venez, elles viennent. — Ma sœur, il faut aller là, elle y va. Elle a son cœur dans l'indifférence, ce qui est le plus grand contentement qu'elle puisse avoir sur la terre... Oui, il y a des personnes qui au moindre signal de la volonté des supérieurs se portent tout aussitôt à l'exécuter ; dites-leur : Il faut que cela soit ainsi, et elles le font sans se mettre en peine si ce serait mieux autrement. Mes sœurs, je le répète, donnez-moi une fille qui fait comme je viens de dire, et je soutiens qu'elle n'a d'entendement ni de volonté que celle de Dieu.

» Oh ! lorsqu'on est parvenu à ce point, on peut dire : « Je vis, non pas moi, mais c'est Jésus-Christ qui vit en moi. »

» O mes filles ! qu'une personne qui en est arrivée là est bien avant dans les bonnes grâces de Dieu, puisque c'est la pratique de Notre-Seigneur, celle de saint Paul, et encore celle de Monseigneur de Genève (saint François de Sales) ! Eh ! qu'il l'avait à un degré éminent ! Ce saint évêque disait : « Si j'étais religieux, je ne voudrais jamais rien » demander ni rien refuser ; je ne puis pas cela étant évê- » que, car je suis obligé d'ordonner selon ma charge. » En un autre endroit il dit bien plus : « Je suis tellement » indifférent, que si Dieu me disait : Venez à moi, je ne » m'avancerais pas d'y aller. » Enfin ce bienheureux a tant aimé cette sainte pratique, qu'il a donné une règle aux filles de Sainte-Marie qui les oblige de ne rien demander ni rien refuser...

» Posez le cas que nous soyons maintenant en liberté, de suivre nos inclinations avec le désavantage qu'il y a à cela, ou de nous mettre en l'état des bienheureux qui sont au ciel, en nous conformant en toutes choses à la volonté de Dieu ; ne devons-nous pas choisir ce dernier parti, et dès ce moment nous donner à Dieu, pour entrer dans cette sainte pratique de l'indifférence ?

» Mes filles, je ne doute point que vous soyez toutes dans cette disposition... Donnez-vous donc à Dieu pour acquérir cette vertu qui empêchera de trouver à redire à la conduite des supérieurs, que nous devons toujours regarder comme celle de Dieu, et non pas s'imaginer que tout est désordre, que la maison est changée, et que ce n'est plus ce que c'était. O mes filles ! prenez garde d'où procèdent ces sentiments, et ne vous trompez pas : ce n'est pas la maison qui est changée, mais c'est vous-mêmes qui êtes changées. Quand vous êtes sorties d'ici, vous étiez recolligées ; vous aimiez la pratique de vos règles ; mais vous vous êtes dissipées et avez négligé tout pendant votre absence, et, revenant à la maison, il vous semble qu'elle est changée, parce que vous y retrouvez les principes que vous n'observez plus [1].

[1] C'est à des sœurs déjà placées dans les paroisses et venues

» O Sauveur de mon âme! faites-nous la grâce de nous corriger de tous ces manquements, et d'entrer dans cette sainte pratique. O Sauveur! qui êtes la charité même et le père des filles de la Charité, qui n'avez jamais fait votre volonté, mais celle de votre Père, et qui avez voulu être soumis à votre sainte Mère et à votre père putatif, saint Joseph, faites-nous la grâce, Seigneur, de commencer dès cette heure cette vie bienheureuse que les saints possèdent au ciel, laquelle consiste à avoir une même volonté et non-vouloir avec Dieu. O Sauveur! si vous faites cette grâce aux filles de la Charité de ne rien demander ni de ne rien refuser, elles commenceront leur paradis dès cette vie, et jouiront en quelque façon de la vie bienheureuse que vous possédez et que vous avez méritée. C'est, mes chères sœurs, la prière que je fais à Notre-Seigneur. »

ARTICLE TROISIÈME.

« Comme elles ne doivent pas se servir sans permission
» de ce qui est destiné à l'usage de la communauté, ou
» d'une sœur en particulier, aussi ne doivent-elles pas se
» plaindre de ce qu'on aît accommodé une autre, avec la

en retraite à la maison mère que s'adressent ces dernières paroles.

Je me figure des enfants rentrant à la maison paternelle après avoir pendant longtemps suivi tous leurs caprices, et qui trouvent tout mal là où rien n'a cependant été changé.

» même permission, de quelque chose dont on leur avait
» accordé l'usage; mais plutôt être bien aises d'avoir en
» cela sujet de pratiquer la sainte pauvreté et la mortifi-
» cation. S'il est pourtant nécessaire d'en parler, comme
» lorsqu'elles ont sujet de croire ou de douter qu'on leur
» ait pris quelque chose sans permission, elles ne le diront
» point en public ni même en particulier à d'autres qu'à
» la supérieure, ou à quelque officière de la commu-
» nauté, ou à la sœur servante, lorsque cela arrive dans
» quelqu'une de leurs maisons éloignées; elles se donne-
» ront encore bien de garde de quitter ou changer, sans
» permission, les choses qu'on leur donne pour leur usage
» quand elles sont vieilles, ou qu'elles ne leur plaisent
» pas, bien loin de les jeter ou de les défaire pour les
» façonner selon leur inclination. »

Le saint fondateur des filles de la Charité, le 5 août 1657,
leur expliqua cette règle, et pour les exciter à l'observer
exactement, il leur montra l'importance de l'observation
des règles en général. « Dès que les règles existent, on les
doit observer, parce qu'elles tendent toutes à vous rendre
saintes; oui, mes filles, vos règles tendent toutes à vous
faire saintes.

« Mais, monsieur, que dites-vous, et de quelle autorité
avancez-vous cela? Je le dis de l'autorité du pape Clément VIII, lequel disait : « Donnez-moi une personne qui
ait certainement et constamment gardé les règles de sa

religion ou de la communauté où elle a été, je la déclare sainte sans aucun miracle, pourvu qu'on m'en donne des preuves suffisantes. »

» Ainsi, mes filles, vous voyez qu'il ne faut pas aller à Jérusalem ni prendre tant d'austérité sur soi, comme font plusieurs, pour acquérir la sainteté, mais qu'il suffit de bien garder ses règles. Une fille qui est fidèle à l'observance de ses règles fait plus que si elle faisait les plus grandes œuvres du monde. Donnez-moi la plus grande ouvrière qui soit dans la charité, qui serve aux pauvres forçats, aux insensés, qui fasse merveille partout où elle va, si elle n'observe ses règles en tout point, tout cela n'est rien au prix d'une autre qui est exacte... »

Après ces observations générales et d'autres analogues destinées à stimuler le zèle des filles de la Charité dans l'observance de leurs règles, saint Vincent arriva à l'explication de l'article actuel :

« Lorsque vous êtes entrées dans la communauté, leur dit-il, vous étiez toutes résolues à observer la pauvreté, autrement on ne vous aurait point reçues. Ainsi, quand une fille se présente, on lui dit : Vous savez que nous ne pouvons rien avoir en notre particulier ; si donc vous voulez être fille de la Charité, il faut vous résoudre à cela. Si elle ne l'accepte point, on ne la reçoit pas ; car il faut qu'elle dise si elle a la volonté d'imiter Notre-Seigneur dans sa pauvreté, et si elle dit : Non, je ne puis me dépouiller de tout sans avoir la liberté de garder quelque chose en mon particulier, il la faut renvoyer, car il n'en faut jamais recevoir qui ne soient dans cette résolution de suivre l'exemple de Notre-Seigneur et de la sainte Vierge, qui n'avaient rien en propre. C'est donc à cette condition qu'on reçoit une fille, savoir : si elle est résolue à garder la pauvreté, et si elle s'y oblige ; que si elle n'est point dans cette résolution, et que néanmoins pour être reçue elle feigne de l'avoir, oh ! elle pèche très-gravement.

» Celles qui ont fait vœu de pauvreté doivent se contenter de ce qu'elles ont par l'ordre de leurs supérieurs, et souffrir de bon cœur qu'ils en disposent en la manière qu'ils trouveront bonne. La pauvreté veut dire qu'on n'a la disposition de quoi que ce soit, et qu'on ne peut disposer de rien en son particulier. Si donc nous voulons disposer de quelque chose selon notre volonté, oh ! nous ne sommes plus pauvres.

» Dans les communautés, on dit que c'est faute contre la pauvreté de vouloir disposer de quelque chose selon sa volonté, contre la volonté des supérieurs ; mais, dans le monde, retenir contre la volonté d'autrui ce qui lui appartient, cela s'appelle larcin. Nous parlerons de cela une autre fois... Je dirai seulement qu'une fille qui se sert de l'argent des pauvres pour l'employer à acheter des images ou autres objets de dévotion, dérobe cet argent, d'autant que ce n'est pas pour cela qu'on le lui donne.

» Mais revenons à notre sujet. Une sœur donc qui se sert sans permission de ce qui appartient à sa sœur contrevient à la présente règle. Mais, monsieur, dira quelqu'une, si ma sœur me dit de me servir de ce qu'elle a, sera-ce contre la règle? Pour lors, vous le pouvez, mais avec modération. Voilà une sœur qui dit à sa compagne de se servir librement de tout ce qu'elle a; certainement c'est avoir une grande bonté d'agir de la sorte; mais il ne s'ensuit pas qu'il faille que l'autre sœur abuse de la bonté de sa sœur, se servant trop longtemps de ce qu'elle lui a prêté, ou le retenant, car ce serait une grande malice si elle se l'appropriait, en sorte qu'elle ne voulût pas le rendre.

» Oh! quoi! parce que ma sœur est bonne, je veux être mauvaise? Eh! ce serait contre le vœu de pauvreté d'en user de la sorte, et de donner sujet à sa sœur de se fâcher.

» Manquer à cette règle, ce ne serait bientôt plus que discorde, désunion, dissension, murmure et même aversion et haine entre les membres de la communauté.

» Vous ne le voyez pas, vous autres, mes filles; mais soyez assurées que c'est une chose pitoyable de voir le trouble que cela apporte dans une maison. L'une dit : On m'a pris cela; — Voyez donc une telle qui se sert de telle chose qui m'appartient, et que la supérieure m'avait donnée! — Une autre : On m'a caché telle chose, vraiment c'est insupportable. Enfin, il ne saurait y avoir de charité ni de cordialité entre vous, si vous n'observez cette règle. »

Sur le second point de la règle, saint Vincent ajouta qu'une fille qui se plaint au tiers et au quart fait une grande faute :

« Par exemple, on a pris à celle-là quelque chose sans la permission de la supérieure, et elle va de suite dire à une autre : Mais, que vous en semble? que direz-vous d'une telle qui m'a pris un livre, ou une image, ou quelque autre chose? cela est-il raisonnable? Encore si elle en demeurait là, le mal serait petit; mais non. Elle ameutera la communauté contre sa sœur. Or, quoique ce qu'elle a dit soit vrai, elle ne laisse pas de faire mal de le dire, parce que la règle défend de se plaindre, si ce n'est aux supérieurs. Ô mes filles! prenez la résolution de ne jamais vous laisser aller à ce défaut. Si votre sœur est assez mauvaise pour se licencier de la sorte, vous, soyez bonne, et endurez cela pour l'amour de Dieu. Au lieu de vous fâcher contre elle, soyez bien aise qu'elle vous donne une occasion de pratiquer la vertu, dont un seul acte vaut mieux que tous les biens du monde. Oui, mes filles, les vertus sont d'une telle valeur, que ni l'or, ni l'argent, ni les pierres précieuses ne sont rien au prix d'elles.

» Vous ferez donc deux choses lorsque vous observerez cette règle : la première sera que vous pratiquerez la pauvreté dont vous avez fait vœu; et la seconde, que vous accomplirez un acte de mortification, disant à Dieu : Mon Dieu, j'aurais sujet de me plaindre de ma sœur ; mais, pour l'amour de vous, je ne le ferai pas. Oh ! que cet acte de vertu sera agréable à la divine Majesté [1] ! »

ARTICLE QUATRIÈME.

« Elles feront grande conscience de ne pas bien ménager
» l'argent et les autres choses qu'elles ont en maniement
» pour l'usage des sœurs, se représentant que ce serait
» pécher contre la vertu de pauvreté, qu'elles ont promis
» de pratiquer, dès qu'elles ont pris l'habit et le nom de
» Servantes des pauvres ; et pour empêcher les abus qui
» se pourraient glisser en l'usage qu'elles feront de ce
» bien-là, particulièrement à l'égard du vêtement, comme
» si chacune avait la liberté d'acheter de l'étoffe et du
» linge et de faire ses habits, ce qui causerait un grand
» désordre dans la compagnie, et ruinerait la sainte uni-
» formité, qui est si nécessaire aux communautés. Celles
» des établissements, tant des villages que des villes, em-

---

[1] Qu'il serait beau de voir observer cette règle dans toutes les familles ! Quand l'un a à se plaindre de l'autre, si, au lieu de récriminer avec aigreur, on se disait avec résignation : « Mon Dieu, j'aurais à me plaindre de mon mari, de mon fils, de mon frère ; mais, pour l'amour de vous, je ne le ferai pas ! » Combien l'union des familles y gagnerait !... D'ailleurs, si chacun des membres d'une famille avait l'esprit de charité et de résignation, aucun n'aurait réellement de plainte à formuler.

» ploieront l'argent que les dames ou autres leur donneront
» pour leur nourriture et entretien, conformément à l'or-
» dinaire pauvre et simple qu'on a observé dès le com-
» mencement, dans leur principale maison de Paris ; et
» celles des hôpitaux tâcheront de s'y ajuster autant qu'elles
» pourront, même en ceux où on leur donne la portion
» commune des pauvres ; et tant les unes que les autres
» auxquelles on fournit l'argent pour leur habit et menu
» linge, n'achèteront aucune serge ni toile pour leur vête-
» ment, mais en demanderont à la supérieure en lui en-
» voyant le prix, et lui rendant compte au moins une fois
» chaque année, soit de bouche, soit par écrit, de l'argent
» qui leur a été donné. Les sœurs servantes des établis-
» sements fort éloignés enverront à la supérieure un échan-
» tillon de l'étoffe et de la toile qu'elles y trouvent, pour voir
» si elle est conforme à l'usage de la communauté, et elles
» suivront là-dessus sa résolution ; que si elles ont besoin
» d'autres choses, elles ne les achèteront pas sans lui en
» avoir demandé auparavant la permission. »

Dans la conférence qu'il donna sur cette règle le 26
août 1657, saint Vincent dit à ses filles que cette règle
n'avait pas besoin de commentaire ; mais il insista sur les
raisons qu'elles avaient de bien ménager l'argent qu'on
leur confiait et d'en user fidèlement, et le Saint leur en
donna plusieurs raisons :

« Premièrement, parce que c'est le bien du bon Dieu,

en tant que c'est le bien des pauvres ; c'est pourquoi vous devez avoir grand soin de le ménager non-seulement parce qu'il appartient à des pauvres qui en ont un grand besoin, mais parce que c'est le bien de Notre-Seigneur Jésus-Christ. »

Un des dangers qu'il redoutait le plus pour ses filles, c'était l'amour de l'argent, l'attache à l'argent, et les petits détournements que sont tentés de faire ceux qui manient l'argent d'autrui :

« Cette charge de manier de l'argent porte avec soi un grand danger de se l'approprier, ou de s'y affectionner désordonnément, à moins de se tenir parfaitement sur ses gardes. »

Et à l'appui de ce précepte, il leur cita l'exemple de Judas, qui d'apôtre du Fils de Dieu devint le plus méchant des hommes.

« Mais, monsieur, est-ce l'argent qui a fait que Judas est devenu si méchant? Oui, mes filles, l'argent lui a fait commettre un déicide, le plus grand crime qui se puisse faire jamais. Oui, le maniement de l'argent a pu faire cela, et a eu assez de force pour corrompre Judas, encore qu'il fût à l'école de Notre-Seigneur, et les docteurs ne donnent point d'autres raisons de sa perte que celle-là.

» Si donc le maniement de l'argent a été cause que ce malheureux apôtre soit devenu, d'apôtre qu'il était, un misérable larron, qui est-ce, mes filles, qui ne doive craindre? qui est-ce qui ne soit point en danger? Chacune de vous peut donc se dire : Suis-je mieux appelée que Judas? Hélas! non, puisque Notre-Seigneur l'avait appelé lui-même. Suis-je plus en grâce de Dieu que Judas? Hélas! ce serait une grande témérité de le croire... Mais comment Judas tomba-t-il en un tel malheur? Mes filles, il est probable qu'il commença ainsi; il lui vint en l'esprit : Je ne sais si cette compagnie durera; il n'y a guère d'apparence; il faut donc que je me réserve quelque chose, car si elle vient à faillir, au moins j'aurai de quoi subvenir à mes besoins. Voilà par où le démon commença à le tenter, ce fut par l'avarice; et peu à peu il ramassa. Ayant cet argent en sa possession et en affection, il tomba dans un dégoût si grand des choses saintes, qu'il ne pouvait plus souffrir d'entendre parler de Notre-Seigneur. Après cela, il lui vint des pensées de blasphème et de doute, par exemple : Si cet homme qu'il avait connu comme créateur du ciel et de la terre et tenu pour Messie, ne serait point un trompeur? Ce qui le mit dans un aveuglement si grand, qu'il pensa qu'il pouvait être un faux prophète; et tombant d'un péché dans un autre, il médisait de la parole de Notre-Seigneur, faisait des actions indignes de sa vocation, murmurait des actions les plus saintes, comme il fit de celle de Madeleine. Ce méchant homme, voyant ce qu'elle avait fait à l'égard de Notre-Seigneur, commença à dire : Vraiment, voilà qui est bien utile! Eh quoi! cet homme qui passe pour le Fils de Dieu et qui loue la pauvreté, souffre cela! Ne vaudrait-il pas mieux vendre cet onguent et en donner l'argent aux pauvres? Ce qu'il disait, non par affection pour les pauvres, mais parce qu'il était frustré de son attente, car il prétendait en mettre une partie à son profit; et voilà ce qui le fit murmurer et entrer en indignation contre son maître. »

Puis saint Vincent raconte à ses filles la trahison de Judas vendant son maître, son repentir quand il vit conduire Jésus au supplice, puis le désespoir qui le poussa à aller se pendre.

Le saint fondateur reprend :

« Voyez donc, mes filles, le grand danger qu'il y a de manier de l'argent! je dis pour toute sorte de personnes, sans exception ni d'hommes ni de femmes [1]. Une fille de la Charité qui manie de l'argent est en très-grand danger de perdre sa vocation, si elle n'est exacte à ce point qu'un

---

[1] Que de chutes de tout genre le maniement de l'argent n'amène-t-il pas? Cet homme d'affaires grappille d'abord l'argent de ses clients, il fait ensuite des faux pour s'enrichir. Cette maîtresse de maison prend pour sa toilette sur l'argent de son ménage, et ensuite... jusqu'où ne tombera-t-elle pas? Cette domestique a commencé par gagner quelques sous sur les acquisitions du détail... Elle en viendra à forcer le secrétaire de son maître. La honte et le déshonneur dans ce monde et la mort éternelle dans l'autre, voilà ce qui les attend!

double ne lui demeure pas entre les mains pour se l'approprier ; car aussitôt qu'elle retiendra un sou à cette fin, dites qu'elle va perdre sa vocation.

» Comme Judas, il lui viendra en pensée : Que sais-je, moi, si cette compagnie se maintiendra? Il faut que je réserve quelque chose. Après cela, il lui viendra encore d'autres pensées contre sa vocation. Le diable lui dira : Que veux-tu donc faire ici? Ne feras-tu pas aussi bien ton salut ailleurs? Au commencement, elle le repoussera ; mais à la fin, elle s'y accordera. De là vient, mes filles, qu'une des choses que j'ai le plus appréhendées est le maniement de l'argent, car c'est la perte de la compagnie si on n'y est fidèle. Et je prie les sœurs qui ont soin des nouvelles venues, de leur donner bien de l'appréhension de cela.

» Mal gérer le bien des pauvres, c'est de plus pécher contre le vœu de pauvreté : rompre ce vœu, c'est un péché et un sacrilége. Oui, mes sœurs, ce qui n'était que péché devient sacrilége, lorsque le vœu s'y rencontre ; car à qui prenez-vous cela? Si c'est à un homme ou à une femme, c'est toujours péché, et quelquefois mortel ; mais à qui prenez-vous, quand vous retenez quelque chose de ce qui vous est mis entre vos mains? C'est aux pauvres. Ah! Sauveur, aux pauvres! Eh! vous le dérobez donc à Dieu même! Quoi! prendre ce qui est destiné aux pauvres gens qui n'ont que ce qu'on leur donne, vous qui devez être leurs mères et leurs pourvoyeuses! Oh! voilà une chose

qui est plus que péché; elle est au delà du commandement; elle est contre le vœu, et ainsi c'est un sacrilége!
C'est pour empêcher tout abus, toute tentation, que la
règle oblige les sœurs à ne se point habiller elles-mêmes.
Voyez-vous, mes filles, c'est une pensée de Dieu qui a
été inspirée du ciel à cette petite compagnie, de n'avoir
soin de rien que de prendre les habits, linge ou autres
choses, lorsque la supérieure les fait donner. Or, n'est-ce
pas là un bon moyen de se donner entièrement au service
de Dieu? Vous n'avez pas besoin de vous occuper à faire
faire cet habit ni ce collet; vous n'avez qu'à observer votre
règle et à servir les pauvres. Quel bonheur!...

» O mes filles! que vous êtes heureuses! Je ne sache
point, et je le dis devant Dieu, je ne vois point de communauté qui soit plus agréable à Dieu que la vôtre...

» Mais, voyez-vous, mes filles, je vous le dis encore,
une des grâces que vous devez le plus demander à Dieu,
c'est celle de faire paraître, au ciel et à la terre, que les
filles de la Charité craignent de s'approprier aucune chose
du bien des pauvres. C'est ce que vous devez demander
pour l'ordinaire dans vos oraisons, qu'il plaise à la divine
Bonté faire la grâce à la compagnie de bien dispenser le
bien des pauvres.

» Voulez-vous donc bien que demain à l'oraison nous
lui demandions cette grâce? Voulez-vous vous donner à
Notre-Seigneur, dès ce moment, avec résolution d'être

fidèles à jamais à cela, et d'avoir plus de soin de conserver le bien des pauvres que si c'était le vôtre propre, puisque c'est le sien, en tant qu'il appartient à ses membres? »

Toutes répondirent du fond de l'âme : « Oui, mon père. »

« Or sus, je vois bien, mes filles, que vous êtes toutes dans cette disposition. De mon côté, je fais à Notre-Seigneur la prière qu'il fasse la grâce à la compagnie d'être fidèle à garder cette règle, suppliant sa bonté qu'en même temps que je prononcerai les paroles de la bénédiction, elle répande une effusion de lumières dans votre entendement, qui vous fasse voir le bien qu'il y a dans l'amour et la pratique de la pauvreté, et qu'elle répande des ardeurs d'amour et de charité dans votre volonté, pour l'embraser. C'est la prière que je fais de tout mon cœur. »

ARTICLE CINQUIÈME.

« Elles garderont autant qu'il se pourra l'uniformité en
» toutes choses, comme celle qui entretient non-seulement
» l'esprit de pauvreté, mais encore l'union et le bon ordre
» dans les communautés ; et elles fuiront toute singularité,
» comme la source des divisions et des désordres. Pour
» cet effet, elles s'accommoderont en tout à la commune
» manière de vivre de la maison où réside la supérieure,
» se conformant aux maximes et pratiques qu'on y enseigne
» pour la conduite tant spirituelle que temporelle, sans en

» prendre d'autres, quoique bonnes et meilleures en appa-
» rence ; quant aux nécessités du corps, elles se donneront
» bien de garde d'être habillées, coiffées, chaussées, cou-
» chées, nourries, meublées autrement ni mieux que les
» autres. Si néanmoins quelqu'une, après y avoir pensé
» devant Dieu, croit avoir besoin de quelque particularité à
» raison de son indisposition, elle le proposera tout simple-
» ment et avec indifférence à la même supérieure, laquelle
» avisera, avec le supérieur, ce qui sera le plus expédient
» de faire là-dessus. »

Saint Vincent, dans une conférence du 5 novembre 1657, fit aux filles de la Charité le commentaire de cet article de leurs règles. Après leur en avoir donné lecture, il ajouta :

« Voyez-vous, mes filles, cette règle recommande à votre communauté de garder l'uniformité en toutes choses. Mais qu'est-ce que cette uniformité? Être uniformes, c'est agir toutes d'une même manière, être unanimes en tout ce que vous faites, être toutes semblables, avoir toutes une même forme en quelque lieu que vous soyez, à Paris, aux champs, en un mot, partout...

» Ce n'est pas assez de dire qu'on est semblable à ma sœur telle, il faut faire ce qui se pratique dans votre maison principale, car c'est elle qui doit donner à toutes les autres l'esprit de l'état et de l'uniformité dont nous parlons.

» Or, d'après cela, celles qui sont ici sont obligées à une haute vertu, d'autant qu'elles doivent donner l'exemple à

toutes les sœurs, de tout ce qu'elles sont obligées de faire...
Comme la maison principale doit exceller en perfection,
il faut aussi que les sœurs qui y résident aient grand soin
de marcher de vertu en vertu. D'après cela, vous devez
être bien aises, vous devez même souhaiter d'y venir; et
y étant, vous animer à la pratique des vertus que vous
voyez dans vos sœurs, comme au silence de l'une, à l'hon-
nêteté de l'autre, à la modestie de celle-ci, au recueillement de celle-là, et ainsi à toutes les vertus propres à
l'état des vraies filles de la Charité. Ainsi, celles qui sont
à la ville, comme celles qui sont aux champs, toutes doivent apprendre à la maison principale la règle et le modèle
de tout ce qu'elles doivent faire, et partant celles qui demeurent ici doivent avoir une haute perfection. Il faudrait
même, s'il était possible, qu'elles fussent des anges, puisqu'elles sont obligées de conduire et de donner l'exemple
à celles qui ne jouissent pas du même bonheur.

» L'uniformité est de grande importance, car elle entretient la charité, et je m'assure que tant que vous serez
uniformes, la charité se conservera dans la compagnie. Et
voyez-vous, du moment qu'il y aura de la différence dans
vos habits, que celle-ci voudra être coiffée à sa façon,
que celle-là voudra des souliers autrement faits, et qu'il
se trouvera dans la compagnie des filles qui feront des
exercices particuliers, que tel religieux ou tel confesseur
auront enseignés, ô mes filles! tout cela blessera la charité

qui doit être parmi vous. — Votre sœur qui aime les règles, si elle voit que vous suivez une autre conduite, se fâchera, et n'aura point pour vous ni tant d'assurance [1] ni tant d'affection, parce qu'elle verra qu'il n'y a pas entre elle et vous la ressemblance qui engendre l'amour. Cette ressemblance donc n'étant plus parmi vous, il ne faudra pas non plus y chercher la charité et l'amitié qu'on y voit maintenant.

» Ainsi, lorsqu'il s'en trouvera qui diront : Quoi! être toujours faites de la sorte? Et comment ne pas prendre un voile? nous serions, ce me semble, plus modestes? O mes filles! ne les écoutez pas; au contraire, fuyez-les comme des personnes qui veulent vous perdre. »

L'uniformité commandée pour les choses extérieures, saint Vincent la recommande encore bien plus pour les choses intérieures :

« Il y en a qui demandent à communier plus souvent que les autres. Mes filles, voilà qui ne doit point se faire, parce que l'uniformité demande qu'on soit semblable en toutes choses, et c'est ce qui nourrit l'humilité, de ne rien faire que ce que les autres font : l'orgueil s'engendre dans la singularité. Il faut donc faire cette résolution aujourd'hui, de se donner à Dieu pour ne point communier plus souvent que les autres et que les règles ne le permettent. Si vous faisiez autrement, vous donneriez lieu à l'envie, et les

---

[1] *Confiance*, sans doute.

autres pourraient dire : Pourquoi ma sœur communie-t-elle plus souvent que nous ? Quelle grâce a-t-elle reçue de Dieu qui lui donne ce privilége ? — Voilà pourquoi je suis d'avis que vous ne communiiez jamais plus souvent que les autres, et que, lorsque vous aurez un grand désir de le faire à d'autres jours que ceux que la règle permet, vous offriez à Dieu votre désir, afin d'avoir le mérite de la communion et celui de l'obéissance à votre règle.

» Voyez-vous, mes filles, la perfection ne consiste point dans la multiplicité des choses qu'on fait, mais à les faire dans l'esprit que Notre-Seigneur faisait les siennes. Voilà en quoi consiste la véritable et solide sainteté : bien faire tout ce que l'on fait, conformément à sa vocation [1]. La sainteté d'une fille de la Charité consiste à bien observer ses règles, mais je dis bien observer ; — à bien servir les pauvres à point nommé, avec amour, douceur et compassion ; — à bien exécuter les ordonnances des médecins ; — à faire ses exercices tant spirituels que corporels, en vue de pratiquer les vertus qui composent l'esprit que Dieu a donné à la compagnie... L'uniformité mène à l'humilité : vouloir être meilleure et plus vertueuse que toute autre, cela est bien ; mais vouloir passer pour telle, c'est orgueil. Soyez donc vertueuses et régulières, je vous y exhorte, mais que ce soit en vous estimant pires que

[1] Combien cette règle est simple et nette ! Elle est applicable à chacun de nous.

toutes, et en croyant que vous ne faites rien qui vaille et en vous accommodant à ce qui se fait dans la communauté. »

Pour déterminer ses filles à rester dans l'uniformité la plus absolue, saint Vincent leur demande de regarder leurs règles comme les plus parfaites et les meilleures pour elles, sans déprécier pour cela les règles des autres communautés; et pour les exciter à marcher dans cette voie, il leur cite l'autorité de saint François de Sales :

« Le bienheureux évêque de Genève me disait un jour : Monsieur, j'ai dit à nos sœurs d'estimer toutes les autres religions plus que la leur; de croire que les Carmélites sont plus parfaites qu'elles, etc., etc.; mais aussi d'aimer leurs propres règles plus que toutes les autres; je veux même qu'elles croient ces règles meilleures et plus parfaites pour elles; et il me donna aussitôt cette comparaison : « Voyez-vous, monsieur, comme un enfant trouve sa mère plus agréable et son lait meilleur que celui de pas une autre, et, quoiqu'elle soit difforme, contrefaite et fort laide néanmoins, il l'aime mieux, parce que c'est sa mère, que si c'était une reine. Tout de même, il faut que nos sœurs aiment leur mère, c'est-à-dire leur religion, plus que toute autre. » Mais par là, mes filles, que voulait-il dire? Que comme les enfants ont plus d'affection pour leur mère que pour la plus grande dame du monde, de même les filles de Sainte-Marie [1] devaient avoir plus

---

[1] Les filles de la Visitation.

d'amour pour leur religion, que pour toutes les autres, quoique celles-ci leur paraissent plus parfaites.

» Mes filles, je vous en dis autant : estimez les règles et les pratiques des autres meilleures et plus parfaites que celles que vous avez, je veux dire meilleures et plus parfaites pour eux, mais non pour vous; tenez-vous-en aux vôtres...

» Je prie Notre-Seigneur de vous remplir toutes du désir d'observer cette règle, afin que l'uniformité soit entre vous, à proportion, comme elle était entre le Père, le Fils et le Saint-Esprit, et aussi comme elle est entre les apôtres. Plaise à la bonté de Dieu de vous remplir de cet esprit d'uniformité, en sorte que chacune aime mieux mourir que de ne pas l'avoir, ou de ne pas y faire des progrès de jour en jour. C'est la grâce que je lui demande, par l'amour qu'il porte à la sainte vertu d'uniformité [1]. »

ARTICLE SIXIÈME.

« Qu'elles ne doivent pas s'impatienter ni murmurer de » n'être pas traitées à leur gré; elles considéreront sur-

---

[1] L'uniformité, qui est de *règle absolue* dans une communauté religieuse, n'est-elle pas de *conseil* dans une famille même pour le costume? Que j'aime à voir deux sœurs et deux frères mis de même! Qu'il est beau de voir les membres d'une famille marchant d'un pas égal, dans le chemin de la vertu et dans les sentiers ardus de la science!...

16

» tout, en cette occasion, que les servantes des pauvres
» ne doivent pas être mieux traitées que leurs maîtres,
» et que ce leur est un grand bonheur de souffrir quel-
» que chose pour l'amour de Dieu, qui veut ainsi exercer
» leur patience, pour augmenter leur mérite, outre
» qu'elles ne savent pas si bien ce qui leur est convenable
» que le médecin et les infirmières, auxquels il est juste,
» par conséquent, qu'elles laissent le soin de leur santé [1]. »

Commentant cet article, saint Vincent de Paul s'écria
(dans la conférence du 11 novembre 1657) :

« Hélas ! mes sœurs, *traitées à leur goût !* Mais qu'est-ce
qui est au goût d'une personne malade ? N'est-ce pas l'effet
de la maladie de donner du dégoût ? Tout ce qui peut se
dire là-dessus est qu'elles doivent obéir au médecin en ce

---

[1] Voici une disposition qui nous paraît rentrer dans l'esprit de
la règle actuelle, et comme elle ne nous a pas paru rentrer dans
un des chapitres des règles, nous la plaçons ici en note :

« Que si quelques personnes de dehors voulaient les traiter plus
» délicatement et largement, elles les remercieraient humblement
» de leur bonne volonté et les prieraient, avec grand respect, de ne
» les point empêcher d'observer leurs règles, en ce point, lesquelles
» pourtant ne leur défendent pas de recevoir, avec permission de
» la supérieure ou de la sœur servante, quelque petite douceur
» quand elles en ont un grand besoin. »

Saint Vincent ajouta qu'on ne devait user de cette dernière lati-
tude que quand on en a grand besoin ; quand on a le cœur affadi
et dégoûté au dernier point, il est juste alors de lui donner
quelque douceur, mais il faut que ce soit dans un véritable besoin.

qui regarde son office, car voilà par où l'on connaît la vertu d'une personne, c'est si elle obéit au médecin étant malade ; et la marque d'une vraie fille de la Charité, ou d'un vrai religieux, est quand ils se laissent faire tout ce que le médecin et leurs infirmières veulent. Voilà, mes filles, ce que vous devez faire dans vos maladies, pour en faire un bon usage, être bien aises d'avoir quelque chose à souffrir pour l'amour de Dieu, qui se plaît à exercer ses bons serviteurs, par les souffrances [1]. »

Dans la conférence du 18 novembre 1657, saint Vincent revint sur les dispositions du règlement relatives à ce que doivent faire les filles de la Charité dans leurs maladies, et il ajouta :

« Je vous ai déjà parlé de ce que vous devez faire en maladie. Voyez-vous, il faut éviter la trop grande tendresse et se contenter du traitement qu'on donne aux pauvres ; mais je vous dis que si quelqu'une, à cause de ses infirmités, ou de son âge, ou de sa trop grande faiblesse de corps, a besoin de quelque chose de plus, la charité, qui conduit bien toutes choses, doit avoir égard à cela.

» Par exemple, voilà dans la compagnie une fille infirme et presque sans force, dont la santé est aussi frêle qu'un

---

1 Et les mauvais serviteurs, Dieu se plaît aussi à les punir, par des souffrances. Heureux quand ils prennent leur mal en patience et en esprit de pénitence. C'est à nous que doit s'appliquer cette dernière observation.

verre, et qui est comme morte depuis vingt ans. Quoi! aller traiter une personne de cet état comme ceux qui se portent bien ou qui n'ont pas une complexion si délicate? En vérité, cela ne serait point juste, et la compagnie ne pourrait le permettre ni le souffrir; car c'est une bonne mère, qui sait qu'il faut traiter les infirmes comme les infirmes. Oui, mes filles, ainsi qu'une mère se comporte avec plus de tendresse à l'égard de son enfant malade qu'à l'égard de celui qui se porte mieux, tout de même la compagnie des filles de la Charité doit avoir égard aux personnes qui sont hors d'état de suivre la commune manière de vie.

» Vous voyez que moi qui suis obligé de donner l'exemple aux autres, la compagnie cependant, ayant égard à mon incommodité des jambes, m'a donné un carrosse pour me porter. Je l'ai refusé, il est vrai, pendant quelque temps; mais je l'ai accepté ensuite, voyant la nécessité que j'en avais. Il y a plus encore, car on m'a donné, depuis une année et demie, une chambre à feu et un tour de lit; je souffre tout cela à cause de mes infirmités, car auparavant je n'avais pas plus que les autres. Les personnes infirmes ont donc besoin de quelque soulagement particulier.

» Or sus, il faut les assister quand l'âge, ou les infirmités, ou la maladie les ont réduites dans cet état; et faire autrement, ce serait une injustice révoltante. Consolez-vous donc, mes sœurs, ne vous affligez pas, vous qui êtes

âgées ou infirmes, si vous ne pouvez point suivre les autres
en tout ; la compagnie est une bonne mère, qui saura toujours faire distinction entre ses enfants malades et ceux qui
se portent bien. »

ARTICLE SEPTIÈME.

« Pendant qu'elles demeurent dans la maison où réside
» la supérieure, elles se garderont bien d'y faire manger
» ni loger personne de dehors sans sa permission ; celles
» aussi des paroisses et des autres maisons éloignées en
» useront de même à l'égard de la sœur servante, laquelle
» ne le fera pas ni ne le permettra sans grande nécessité,
» et sans une permission particulière de la même supé-
» rieure générale, et cela seulement à l'égard des personnes
» de leur sexe, quand bien même il n'y aurait autre mal
» en cela, sinon que ce serait disposer d'un bien qui ne
» leur appartient pas, et dont elles n'ont que l'usage pour
» la nécessité de leurs personnes. »

Dans la conférence du 8 septembre 1657, saint Vincent
donna aux filles de la Charité le commentaire de cet article
de leurs règles, leur expliquant que la règle s'appliquait
même à leurs parents les plus proches, père, mère, sœur
ou frère ; qu'il n'était pas convenable pour elles d'avoir
toujours table ouverte ; qu'en agir autrement, ce serait
exposer leur bonne réputation à mille calomnies, qu'au
surplus ce serait s'exposer à rompre les règles de la sainte

frugalité ; et, avec son esprit éminemment pratique, saint Vincent arriva à la démonstration de ce dernier point :

« Si vous recevez ce frère, vous ne le traiterez pas comme vous, il faudra avoir du vin ; il dira : « Ma sœur, » il faut que vous en buviez aussi avec moi. » Et si vous vous excusez sur ce que cela ne vous est pas permis, il répondra : « Je n'en boirai pas non plus, si vous n'en » buvez. » Et enfin vous vous laisserez gagner. Voilà, mes filles, ce qui arrivera, n'en doutez point...

» Par toutes ces raisons, mes filles, donnez-vous à Dieu, et à ce moment élevez vos cœurs au ciel, pour demander à sa bonté qu'elle ait agréable la résolution que vous faites de bien garder cette règle, car, dès qu'elle ne s'observera plus, on ne pourra conserver la compagnie dans la pureté. »

Après leur avoir indiqué les moyens de bien observer cette règle, saint Vincent de Paul termina par cette admirable péroraison :

« O Sauveur de mon âme ! qui savez le grand mal qu'a fait un morceau de pomme mangé par nos premiers parents, contre votre commandement, faites-nous la grâce de ne contrevenir jamais à l'ordre que vous nous avez donné. O Seigneur, qui savez comme ce fut un grand malheur à Ésaü de vendre son droit d'aînesse, pour avoir la satisfaction de manger une écuellée de lentilles, ne permettez pas que nous perdions, par une petite satisfaction, le bonheur que vous donnez aux âmes qui auront suivi vos volontés. Vous qui savez, Seigneur, les grands maux qui se font aux banquets, et que saint Jean, votre précurseur, y perdit son chef; vous, Seigneur, qui savez les grands maux qui peuvent arriver à cette compagnie, si elle n'observe pas cette règle, faites que les filles de la Charité vous aient toujours présent, afin que l'ennemi ne les puisse jamais faire tomber dans ces malheurs! Inspirez-leur le désir d'être fidèles à cela. Oui, Seigneur, nous vous en supplions par les bénédictions qu'il vous a plu de répandre sur cette compagnie, lesquelles vous avez fait connaître, par les emplois que vous lui avez donnés; faites-leur la grâce de bien conserver la pureté, et de regarder cette règle comme un grand moyen que vous leur avez donné pour les aider à cela. Ah! Seigneur, c'est la supplication pressante que nous vous faisons; vous nous l'accorderez, s'il vous plaît, par l'intercession de la très-sainte Vierge [1]. »

[1] La loi de la sobriété est obligatoire pour tous, même pour nous qui vivons dans le monde. Profitons donc des leçons de saint Vincent de Paul !

CHAPITRE TROISIÈME.

ARTICLE PREMIER.

« Elles feront tout leur possible pour conserver parfai-
» tement la pureté du cœur et du corps. A cet effet, elles
» chasseront, promptement, toutes sortes de pensées con-
» traires à cette vertu, et fuiront soigneusement tout ce
» qui la pourrait en quelque façon blesser, particulière-
» ment le désir de paraître agréables, la vanité et l'afféterie
» aux habits, au marcher et au parler; comme aussi la
» curiosité d'ouïr et de voir le monde, soit par les fenê-
» tres, ou allant par les rues; la présomption de soi-même
» et la communication fréquente avec les externes, hors le
» cas d'une véritable nécessité. Enfin, elles éviteront tout
» ce qui pourrait donner au prochain le moindre sujet de
» les soupçonner tant soit peu du vice contraire; ce seul
» soupçon, quoique très-mal fondé, étant plus préjudi-
» ciable à leur compagnie et à ses saints emplois que tous
» les autres crimes qui leur seraient faussement imputés [1]. »

« Cette règle (dit saint Vincent dans la conférence du
18 novembre 1657), qui regarde la vertu de chasteté,

[1] Il n'y a pas deux vertus de pureté et chasteté, l'une pour les
filles de la Charité, l'autre pour les jeunes personnes du monde.
Celles-ci doivent donc s'efforcer de prendre, pour conserver leur
pureté, les règles que saint Vincent donnait à ses filles.

mériterait un bien grand entretien ; mais le temps ne me le permet pas. Vous remarquerez seulement, avec moi, que le désir de paraître agréable est tout à fait contraire à la vertu dont nous parlons. Oh ! que misérable est devant Dieu celle qui veut paraître agréable aux autres ! O Sauveur ! paraître agréable ! et à qui, s'il vous plaît ? — A vos sœurs, par certaines gentillesses d'esprit ? — A qui encore ? aux dames de la Charité, pour en recevoir des louanges ? O misérable ! Et que bien plus malheureuse est encore celle qui recherche l'estime des hommes, ainsi qu'à leur plaire, surtout aux confesseurs, car c'est le pire de tout [1] !

» Une fille de Charité qui se vante, qui veut paraître, qui raconte ce qu'elle fait ; par exemple : J'ai été employée à telle et telle chose, j'ai fait ceci, j'ai fait cela, oh ! cette fille est dominée par l'orgueil, vice incompatible avec la chasteté ; car sachez que quand vous seriez des anges, si vous avez de la vanité, vous tomberez dans l'impureté ;

---

[1] Le désir de *paraître agréable* que proscrit saint Vincent de Paul, c'est ce que nous nommons la *coquetterie* ; saint Vincent la proscrit même entre ses filles : de même il faut donc que les jeunes personnes du monde l'évitent entre elles ; en effet, après avoir pris de la coquetterie dans leurs rapports entre elles, elles en mettront avec les jeunes gens, et nous venons de voir ce que saint Vincent dit de celle qui est coquette avec les hommes. Quant à la coquetterie envers un confesseur, ô sacrilége ! C'est là une pensée qui ne peut entrer dans une âme un peu honnête et pieuse... Mêler la coquetterie au sacrement, c'est l'abomination, cela fait horreur !

c'est le châtiment du vice de l'orgueil, Dieu permettant que les personnes orgueilleuses tombent dans cet horrible péché, pour les humilier. Quiconque aura de l'orgueil peut s'attendre aux plus horribles tentations, parce que le démon de la vanité est aussi celui de l'impureté..

» Il est dit dans l'Écriture : « Fuyez le péché comme » vous fuyez la vue d'un serpent. » Faites comme la sainte Vierge, qui fut saisie de crainte en voyant dans sa chambre un ange sous la forme d'un homme.

» Si vous vous sentez quelque pensée d'impureté, souvenez-vous que le plus prompt remède est de la chasser au plus tôt de votre cœur, d'implorer le secours de Dieu, de faire de saintes considérations, de prendre la discipline ou faire d'autres mortifications, mais (pour ce dernier point) toujours avec la permission.

» Il y a encore l'impureté des yeux, des oreilles, des mains, en un mot de tous les sens; et si vous ne prenez pas garde à les surveiller rigoureusement, ils peuvent vous perdre en vous faisant révolter contre Dieu. Soyez donc toujours en présence de son infinie majesté, et souvenez-vous que ce qui préservera et retiendra toujours une fille de la Charité, ce sera d'avoir Dieu toujours pour témoin de ses pensées, de ses actions, et de faire tout pour l'amour de lui, en observant ses règles avec fidélité [1]. »

---

[1] Je me permettrai d'ajouter un autre conseil à ceux que saint

« Et d'autant que la sainte modestie leur est non-seule-
» ment nécessaire pour édifier le prochain, mais encore
» pour conserver cette pureté angélique, laquelle se flétrit
» aisément par des actes d'immodestie, elles seront soi-
» gneuses de l'observer, en tout temps et en tout lieu :
» pour cet effet, elles feront attention à tenir les yeux
» baissés, particulièrement dans les rues, dans les églises,
» dans les maisons des externes, surtout en parlant aux
» personnes de l'autre sexe, et même quand elles sont
» ensemble dans leur chambre, durant le temps des prières,
» des conférences, du silence et du repas; et elles évite-

Vincent donnait à ses filles, c'est de fuir *l'oisiveté*, c'est d'être
toujours occupé.

Ce que j'ai dit pour les jeunes personnes, je le répète encore
aux jeunes gens, quoiqu'en France on ait une fatale indulgence
pour les travers de la jeunesse; il est même un certain monde où
l'on tourne en ridicule les jeunes gens qui, grâce à une piété
solide, ont une admirable pureté de mœurs, et cependant, dans
ce même monde, on n'a pas la même tolérance pour les femmes.
Or, on oublie que la même règle doit régir l'homme et la femme;
car, ainsi que le dit la loi romaine : *Judex adulterii ante oculos
habere debet, et inquirere, an maritus publice vivens, mulieri quoque
bonos mores colendi auctor fuerit? Periniquum enim videtur esse ut
pudicitiam vir ab uxore exigct, quam ipse non exhibeat.* Ulpien , ff.
Ad legem Juliam, De adulteriis, l. 13 , § 5. Cette maxime s'est tra-
duite dans notre législation, par la disposition finale de l'art. 336
du Code pénal.

» ront la précipitation au marcher et dans leurs actions ;
» elles conserveront la netteté dans leurs habits et dans
» leurs meubles, sans aucune affectation ; elles s'abstien-
» dront aussi, même dans leurs récréations, des légèretés
» puériles, des ris excessifs, des discours et des gestes
» messéants, de tous jeux défendus ou qui portent à quelque
» chose de moins honnête, et elles ne se toucheront jamais
» l'une l'autre sans nécessité, quand ce serait même par
» jeu ou par signe d'amitié, si ce n'est pour embrasser, en
» esprit de charité, celles qui sont nouvellement reçues
» dans la compagnie, ou qui viennent des champs, ou
» pour se réconcilier avec quelqu'une qu'on aurait con-
» tristée ; auxquels cas il leur est permis de se baiser,
» mais toujours à genoux et seulement à la joue, et non
» pas à la bouche, ni dans les rues, ni à l'église. »

Saint Vincent, dans la conférence du 18 novembre 1657, ajouta à ce texte dont il avait donné lecture :

« Voilà qui vous enseigne, mes chères filles, que vous devez garder la modestie partout, même dans vos récréations. »

Pour leur montrer l'heureuse influence qu'elles pouvaient exercer par leur modestie, le saint fondateur des filles de la Charité leur cita l'exemple de saint François, qui prit un jour un frère avec lui et lui dit : « Mon frère, allons prêcher. » Quand ils eurent été par la ville et qu'ils furent de retour, ce frère lui dit : « Mon père, vous disiez que vous alliez prêcher, et pourtant vous n'avez pas prêché. — Eh quoi ! mon frère, lui répondit-il, n'est-ce pas avoir prêché que d'avoir été avec modestie dans la ville ? C'est là une prédication muette. » — Plusieurs personnes, des hommes même qui vous voient par les rues, m'ont dit : « Monsieur, vous avez des filles qui nous édifient plus, par » leur modestie, qu'un prédicateur ne le ferait par ses ser- » mons, car elles prêchent bien mieux sans dire mot. » O mes filles, continuez, ne perdez jamais cette pratique, augmentez-la plutôt, comme étant très-nécessaire à la con- servation de la pureté, et, pour cela, vous n'avez pas moins besoin de cette vertu dans vos chambres et au milieu de vos récréations que dans les rues.

» Il est bon de se récréer, mais modestement, se gar- dant des ris excessifs et gestes messéants. Saint Paul le conseille ainsi : « Réjouissez-vous, mais en sorte que votre » modestie paraisse, se gardant de se toucher l'une l'autre. » O Sauveur ! prenez garde à cela, mes filles, car le diable a mis là-dessous un piége que vous ne voyez pas. Oh ! si vous saviez ce qui est caché là, quoique entre personnes du même sexe ! Je n'oserais vous le dire, de crainte d'apprendre à plusieurs d'entre vous ce qu'elles ne savent pas.

» Ne vous embrassez jamais, si ce n'est quand la charité le requiert, par exemple d'embrasser celles qui sont nou- vellement reçues ou celles avec lesquelles on se réconcilie quand on les a contristées. Cette dernière pratique est très-bonne et je vous la recommande, et cela encore que vous vous sentiez le cœur tout gonflé. Oh! la sainte embrassade que celle de la réconciliation ! »

Saint Vincent termina cette conférence par la prière suivante :

« O Sauveur! c'est de tout mon cœur que je vous demande la grâce d'animer ces chères filles de l'esprit qui leur est nécessaire pour suivre les avis qui viennent de leur être donnés, et de se souvenir de la sainteté de leurs règles. O Sauveur de mon âme! vous qui avez rassemblé ces bonnes filles de divers pays, pour les conduire par une manière de vie si parfaite qu'elle approche presque de celle que vous avez menée sur la terre, imprimez dans leurs cœurs la sainteté des avis qu'elles ont reçus. Et vous, ô très-sainte Vierge! qui avez été si chaste, si modeste, obtenez-nous la grâce de pratiquer constamment ces vertus! Faites, Seigneur, qu'au moment que, de votre part, je prononcerai les paroles de la bénédiction, leurs esprits soient éclairés des vérités que je viens de leur annoncer [1]. »

[1] Comme nous avons dit, à l'article précédent, qu'il n'y a pas deux espèces de pureté, nous répétons ici : il n'y a pas deux espèces de modestie, il n'y en a qu'une qui est commune à toutes les jeunes filles. Que j'aime bien mieux voir une jeune fille, suivant la règle de saint Vincent de Paul, marcher modestement les yeux baissés, que de la voir imiter ces femmes dont parle Gilbert, qui

« Quoique les continuels travaux des filles de la Charité
» ne leur permettent pas de faire beaucoup de pénitences
» et d'austérités corporelles, elles pourront néanmoins en
» faire quelquefois, avec la permission de la supérieure aux
» choses ordinaires, et du supérieur aux extraordinaires.
» De plus, elles jeûneront toutes les veilles des fêtes chô-
» mées de Notre-Seigneur et de la sainte Vierge, et tous
» les vendredis de l'année, excepté depuis Pâques jusqu'à
» la Pentecôte, et lorsque la fête du patron ou de la dédi-
» cace de la paroisse arrive en ce jour-là, ou qu'il y a
» quelque autre jeûne dans la même semaine. Elles feront
» encore abstinence tous les mercredis de l'Avent et le
» lundi et mardi de la Quinquagésime; mais dans tous ces
» jours-là, les infirmes et celles qui vont servir les malades,
» ou qui sont employées à d'autres pénibles travaux, pour-
» ront prendre, le matin, un morceau de pain ou quelque
» petite chose, par manière de médecine (médicament,
» remède), même aux jours de jeûne, savoir : en ceux
» de la règle, avec la permission de la supérieure, ou de

affectent des airs hautains et dont les regards hardis font baisser
les yeux aux hommes; qu'on voit enfin, comme dit le poëte :

> Dans un corps délicat porter un cœur d'airain,
> Opposer aux mépris un front toujours serein;
> Et de l'homme en public affectant l'assurance,
> Sous leur casque de plume étaler l'impudence.

» l'assistante en son absence, ou de la sœur servante aux
» lieux éloignés ; et dans ceux de l'Église, avec approbation
» du supérieur ou du directeur. Au reste, elles se persua-
» deront que les mortifications extérieures servent de peu
» si elles ne sont accompagnées des intérieures, lesquelles
» consistent à soumettre son jugement et sa volonté aux
» ordres des supérieurs, à combattre et surmonter ses
» passions et mauvaises inclinations, et à refuser à ses
» sens les satisfactions qu'ils demandent, hors le cas de
» nécessité. »

Dans la conférence du 9 décembre 1657, saint Vincent
fit le commentaire de cette règle. Ses filles, malgré les
labeurs de leur vie, n'en doivent pas moins user parfois
de mortifications extérieures, « lesquelles consistent en
autant de choses qu'il y en a de pénibles au corps, comme
coucher sur la dure, porter la haire ou le cilice, prendre
la discipline, bref, toutes les choses qui peuvent affliger le
corps, parce que ce sont autant de moyens de se mortifier,
et que les chrétiens doivent en faire usage, chacun selon
leur besoin. »

Saint Vincent leur cite l'exemple du saint évêque de
Genève, qui était le plus doux des hommes, et qui n'en
recommande pas moins l'usage de la discipline, tous les
vendredis de l'année, aux filles de la Visitation, qu'il venait
de fonder sous sainte de Chantal.

Il leur cite l'exemple de l'empereur d'Espagne, bisaïeul

d'Anne d'Autriche. » On voit encore dans le trésor d'Espagne une des haires qu'il portait et qu'on y conserve avec soin. Et pourquoi en user ainsi? C'est, mes filles, qu'il s'estimait pécheur, et convaincu que les péchés que nous avons le malheur de commettre nous rendent redevables à la justice divine; il se tenait obligé de se punir lui-même, pour ne point être puni dans l'autre monde.

» Il est écrit que le plus juste tombe sept fois le jour; c'est pourquoi toutes les personnes vertueuses, qui vivent sur la terre, doivent se donner à Dieu pour faire justice d'elles-mêmes, dans cette vie; parce que, comme nous l'apprend la sainte Écriture, si nous le faisons, Dieu ne punit pas deux fois, et que si nous ne le faisons pas ou mal, Dieu le fera lui-même. Eh! mon Sauveur! de quelle justice ne seront pas punis ceux et celles qui, encore qu'ils aiment Dieu, attendent à faire pénitence dans le purgatoire, plutôt que de la faire ici-bas!

» Il est certain, et c'est encore la sainte Écriture qui nous le dit, que si nous ne mortifions notre chair par le jeûne, la prière et autres pénitences, nous mourrons. Saint Paul nous dit que si nous ne mortifions nos corps et ne faisons point pénitence, nous mourrons; et prenez garde qu'il ne parle pas de la mort corporelle, mais de la mort de l'âme, de la mort éternelle, ce qui ne veut pas dire non plus le purgatoire. — Mais, monsieur, que dites-vous? Quoi! sera-t-on damné pour ne pas faire pénitence? —

Mes filles, saint Paul dit tout court : « Si vous suivez les
» plaisirs de la chair, vous mourrez. » Et partant une personne qui s'adonne à ses plaisirs, qui recherche les honneurs et les satisfactions, tombe d'une faute dans une
autre, et périt enfin.

» Humilions-nous donc, mes filles, et condamnons-nous
en avouant que si nous ne nous mortifions pas, nous mourrons de la mort éternelle. Que chacune se dise maintenant
à elle-même : Il faut que je me mortifie, et j'en prends
la ferme résolution; oui, je veux faire ce que saint Paul
me dit, et ce que le Fils de Dieu a fait. »

Passant aux moyens de se mortifier, saint Vincent veut
qu'on se mortifie dans ses affections, dans ses antipathies,
dans ses désespoirs et dans ses espérances.

Ses affections : « Tout ce qui nous attache aux créatures
sans l'amour de Dieu, tient du péché; ainsi lorsque vous
êtes attachées à cette robe, à ce lieu, à cette paroisse, ou
enfin à cette sœur, tout cela mérite mortification, encore
que ce vous semble presque rien; car si nous ne travail-
lons à nous détacher, encore que nous soyons dans la
grâce de Dieu, nous nous exposons de tomber dans de
grands péchés, parce que celui qui néglige les petites
choses tombera facilement dans les grandes. »

Ses antipathies, qui portent « à haïr certain lieu, certaines sœurs ou certains emplois qui ne nous reviennent
point. Mes filles, au moment où vous vous sentirez atteintes

de cette passion, vous devrez la mortifier pour vous en faire quittes; car souffrir en vous cette disposition, ce serait y souffrir le démon, puisqu'alors toutes vos pensées seraient des pensées de cet ange de ténèbres qui tourmente tant notre esprit. »

Ses désespoirs : « Le désespoir, autre passion encore, fait qu'on a peine à espérer qu'on vienne jamais à bout de mortifier quelque vice comme il faut, et qu'on n'ose entreprendre de se vaincre, à cause de l'expérience qu'on a de sa faiblesse. Il faut mortifier ce désespoir, en entreprenant résolûment la réforme de ses vices et de ses défauts. »

Ses espérances : « L'espérance, il la faut aussi mortifier lorsqu'elle nous fait espérer quelque avantage des créatures. Ah! Sauveur, l'espérance aux créatures! Mes sœurs, il faut espérer beaucoup en Dieu, mais il faut se défier des espérances fondées sur les créatures.

» Passons maintenant à examiner comme il faut mortifier ses sens.

» Il faut premièrement mortifier notre vue en ne regardant pas les choses qui peuvent nous porter à offenser Dieu; et alors même qu'on voudrait voir quelque chose de licite, mais qui n'est pas nécessaire, il faut se dire à soi-même : Mes yeux ne la regarderont point...

» Il y a aussi la mortification des oreilles, de l'odorat, du goût, du toucher et de la langue. La langue, oh! c'est là une des principales choses qu'il faut mortifier. Il y a un saint, c'est saint Jacques, qui dit qu'une personne qui ne refrène pas sa langue est une personne dont la religion est vaine ; et c'est avec raison que notre règle dit qu'une fille de la Charité qui ne la refrène point n'est pas une vraie fille de la Charité.

» Il y a encore la mortification de l'entendement et de la volonté, qui consiste à se garder de la curiosité de savoir, par exemple, comment se comportent la supérieure et les officières dans le gouvernement de la maison, et encore à vouloir juger les jugements desdits supérieurs... Car quand les inférieurs s'amusent à éplucher les ordres de leurs supérieurs, c'est un très-grand défaut, et je n'en sache point de plus préjudiciable. Il faut donc obéir de l'entende-ment, se soumettant à tout ce qui est ordonné comme bien ordonné, obéir pour faire la chose en la manière qu'elle est proposée. Ainsi quand la sœur servante a dit de faire cette chose, il faut la faire comme elle l'a dit ; et quand la supé-rieure a donné un ordre, croire qu'elle a bien ordonné. Voilà comme il faut se soumettre aux ordres des supérieurs...

» Quoi ! dira quelqu'une, toujours se mortifier ! — Oui, toujours [1].

---

[1] Malgré la consolation promise par les paroles suivantes, ce chapitre donne le tremblement, quand on songe que ce n'est pas seulement aux filles de la Charité, mais à tous les chrétiens que s'adressent saint Paul et les saintes Écritures.

» Mais souvenez-vous que l'exercice de la mortification n'est pas si pénible qu'il semble, et qu'il y a plus de consolation que de peine, pour ceux qui la pratiquent, pour l'amour de Dieu. Oui, un des plus grands plaisirs que puisse avoir une âme, c'est de s'être bien mortifiée; car alors elle jouit d'une consolation incroyable!

» Essayez-en, mes filles; *gustate et videte*, disait David : goûtez, et vous verrez combien il est doux de se mortifier, quand on pense que c'est un moyen de plaire à Dieu. Je crois vous avoir déjà rapporté ce que disait un religieux d'un ordre fort austère : « Nous sommes ici, disait-il à » ses frères, pour nous mortifier; eh bien, loin que nous » y trouvions de la peine, au contraire, nous prenons » plaisir aux mortifications. » Eh! comment cela se peut-il faire? Ah! mes filles, c'est que la mortification ou privation qu'on fait n'est pas seule, mais qu'elle est accompagnée du désir de plaire à Dieu! Or, cet acte étant fait pour l'amour de Dieu, Dieu caresse l'âme qui l'a fait et la remplit d'une consolation plus douce que celle dont elle s'était privée. Aussi les mortifications ne lui sont-elles pas pénibles. Eh! quelle consolation, en effet, plus grande que de penser qu'on a fait une action qui plaît à Dieu? Ah! on en ressent une telle joie, qu'il n'y en a pas de semblable.

» Et vous, mes filles, qui êtes dans cette pratique, vous pouvez rendre témoignage de la vérité de ce que je dis.

Pour vous qui n'y êtes point, entrez-y, et vous éprouverez la même chose [1]. »

ARTICLE QUATRIÈME.

« Comme la communication mal réglée avec les per-
» sonnes externes peut être autant préjudiciable à leur
» pureté qu'elle leur est avantageuse et méritoire quand
» elles le font par obéissance et pour s'acquitter de leurs
» devoirs envers les pauvres, elles ne sortiront point de
» la maison sans avoir eu la permission de la supérieure,
» à laquelle elles diront où elles vont et pourquoi ; et au
» retour, se représenteront à elle et lui rendront compte
» de leur voyage. Celles des paroisses et des autres mai-
» sons en useront de même envers la sœur servante, la-
» quelle avertira pareillement sa compagne avant que de
» sortir ; et toutes se souviendront, en cette occasion, de
» prendre de l'eau bénite et de se mettre à genoux dans
» leur chapelle ou oratoire, pour offrir à Notre-Seigneur,
» en sortant, l'action qu'elles vont faire, et pour lui de-
» mander sa bénédiction et la grâce de ne le point offen-
» ser, comme aussi au retour, pour le remercier des
» grâces qu'il leur a faites, ou pour lui demander pardon
» des fautes qu'elles auraient commises. »

[1] C'est parce que cette règle de la mortification paraît oubliée
et inconnue de nos jours, qu'il semble nécessaire de rappeler plus en
détail ce que dit saint Vincent de Paul de cette loi si dure, et qui cependant nous sera, dit-on, douce, lorsque nous nous y serons soumis.

Conférence du 9 décembre 1657 :

« La règle est donc de ne point sortir de la maison sans la permission de la supérieure. Quant à celles du dehors, elles ne doivent pas sortir non plus sans que la sœur compagne dise à la sœur servante : « Ma sœur, vous plaît-il que j'aille porter telle chose aux pauvres? » et que la sœur servante, avant que de sortir, dise cordialement à sa compagne : « Ma sœur, je vais en tel lieu. » Et, tant les unes que les autres, rendront compte quand elles reviendront de tout ce qu'elles auront fait. Pourquoi cela (même de la part de la sœur servante)? « Parce que, disait le Fils de Dieu à ses disciples, si quelqu'un d'entre vous veut être le premier, il faut qu'il soit le dernier et le plus petit. » Or, voilà comme il faut faire [1].

» La pratique sainte de prendre de l'eau bénite en sortant a pour effet de faire marcher en la présence de Dieu, et avec modestie... Quand vous passez devant les églises, ajoute saint Vincent, il faut aussi faire la révérence et adorer le saint Sacrement, pour rendre votre voyage ou les courses, que vous allez faire pour le service des pauvres, agréables à Dieu. Vous devez vous proposer, en faisant sur vous le signe de la croix, d'honorer Notre-Seigneur dans les personnes avec qui vous avez à traiter, regardant

---

[1] Est-ce qu'un ménage où cette règle se pratiquerait sans servilisme, mais par affection, ne serait pas un ménage modèle? Je n'hésite pas à répondre affirmativement.

Notre-Seigneur dans les hommes, et la très-sainte Vierge dans les femmes.

» Maintenant, si vous me demandez sur quoi est fondée cette pratique du signe de la croix, je vous dirai qu'elle est conforme à ce que pratiquaient les premiers chrétiens, conformément au conseil de saint Paul, qui dit : « Soit que vous mangiez, soit que vous buviez, faites tout au nom de Notre-Seigneur. »

ARTICLE CINQUIÈME.

« Elles ne feront aucune visite que dans la nécessité,
» et avec la permission de la supérieure ou de la sœur
» servante ; et si elles sont quelquefois obligées d'aller
» parler à quelque magistrat, administrateur ou autres
» personnes semblables, elles iront toujours deux ensem-
» ble, en sorte que la compagne ne perde jamais sa sœur
» de vue ; que si elles ne peuvent être accompagnées d'une
» de leurs sœurs, elles prendront quelque fille de l'école
» ou quelque femme du voisinage, qu'elles prieront de ne
» les point quitter. »

Cette règle qui regarde les visites a été commentée par saint Vincent de Paul dans la conférence du 23 décembre 1657.

« Toutes ces visites, dit-il, sont reconnues, même par les personnes sages qui vivent dans le monde, pour des choses qui sont souvent à supprimer ; et l'expérience fait

voir que les visites ne sont, pour l'ordinaire, que pertes
de temps. Ce qui fait que les personnes du monde, qui
sont accoutumées à faire beaucoup de visites ou à en recevoir, y consument la plus grande partie de leur temps,
et on leur conseille de modérer leurs visites. Pourquoi?
Parce que dans les visites que l'on reçoit ou que l'on rend,
on parle de toutes choses, et qu'il est très-difficile de ne
pas offenser Dieu et le prochain.

» S'il en est ainsi que les personnes qui veulent vivre
chrétiennement dans le monde doivent se conformer à ces
avis et règles de conduite, il faut aussi que les filles de la
Charité, qui veulent vivre selon la perfection que demande
leur état, sachent combien il leur importe d'être réglées
dans leurs visites...

» Elles ne feront donc point de visites hors la nécessité
et sans la permission. Telle est votre règle. Cela vous
semblera peut-être dur. « Quoi! je ne verrai pas même
mes sœurs! Eh! quel mal y a-t-il donc à se visiter les unes
les autres? » Mes filles, ne le faites jamais sans qu'au
préalable vous en ayez eu la permission de la supérieure
ou de la sœur servante; car une fille qui pour suivre son
inclination ne tiendrait aucun compte de la présente règle,
ferait un très-grand mal, puisqu'elle perdrait son temps
au préjudice des pauvres, et que celles qu'elle visite
feraient la même faute. Voilà pourquoi il est bon que vous
en usiez de la sorte, si ce n'est en cas de nécessité, comme

par exemple : une sœur se trouve malade en une paroisse, une autre sœur le sait; elle fait bien d'y accourir, car c'est une grande consolation à une sœur malade de voir ses autres sœurs; mais hors de là point de visites; tenez-vous dans l'observance de votre règle, qui veut de plus que lorsque vous sortez, vous alliez toujours deux ensemble, en sorte que la compagne ne perde jamais sa sœur [1]. »

ARTICLE SIXIÈME.

Cet article est le second qui nous manque.

ARTICLE SEPTIÈME.

« Si quelques personnes du dehors les viennent visiter,
» elles ne leur parleront point, ni ne leur feront parler à
» aucune sœur qu'après en avoir eu la permission de la
» supérieure ou de la sœur servante; et pour lors, elles
» iront leur parler à la porte ou en quelque autre lieu
» proche, s'il y en a un destiné pour recevoir les personnes
» du dehors; mais elles ne les feront point entrer plus
» avant dans le corps de logis, et encore moins dans leur

---

[1] Le saint commentateur a fait directement la leçon aux gens du monde; nous n'avons qu'à en profiter. — Quant à la dernière partie de la règle d'être toujours deux ensemble, elle a pour résultat de rendre visible la présence de Dieu et de faire qu'on marche pour ainsi dire sous le regard de la sainte Vierge; c'est ce que dit saint Vincent de Paul lui-même.

» chambre, sans un ordre du supérieur, quoique ce fus-
» sent des personnes de leur sexe qui demanderaient à
» voir leur maison. Elles n'y feront pas même entrer les
» prêtres ni leurs confesseurs, si ce n'est quand elles sont
» malades, auquel cas il y aura toujours au moins une
» sœur présente, en quelque endroit assez proche, d'où
» elle les puisse voir; et elles observeront la même pré-
» caution à l'égard des médecin, apothicaire, chirurgien
» ou autres, qui auront permission-de les visiter dans leurs
» maladies. Elles n'iront point, à plus forte raison, visiter
» leurs confesseurs ou autres prêtres chez eux, si ce n'est
» qu'ils soient fort malades, car alors elles y peuvent aller,
» mais toujours deux ensemble. Et si, hors de ce cas-là,
» il est nécessaire qu'elles leur parlent, ce sera dans
» l'église ou à l'entrée de la maison, en présence de
» témoins, et jamais à heure indue; que s'il arrivait, par
» hasard, qu'elles se trouvassent seules avec quelque
» homme que ce fût, elles ne s'arrêteront pas un moment
» avec lui, à moins que les portes ne soient ouvertes. »

Le 23 décembre 1657, saint Vincent donna le commentaire de cet article, qui semblera d'un rigorisme exagéré;
mais quand on songe que le fondateur des filles de la Charité, bravant des préjugés qui dataient de plus de huit
siècles, eut la sainte hardiesse de créer la compagnie dans
la vie commune, sans grilles, sans cloître, comme vivaient
toutes les religieuses dans l'univers catholique, on trouvera

qu'il devait, par des règles d'une sévérité exagérée aux
yeux du monde, remplacer les cloîtres et les grilles dont
il rejetait l'attirail protecteur de l'inviolabilité de toutes les
communautés religieuses. Au surplus, voici en partie son
commentaire :

« Aucune visite ne doit être faite ou reçue sans l'ordre
de la supérieure, du directeur ou de la sœur servante,
qui doivent faire bonne garde, comme aux villes fron-
tières ou assiégées, le gouverneur de ces villes fait faire
bonne garde pour les rendre imprenables à l'ennemi. Il
donne ordre de n'y laisser entrer aucune personne étran-
gère sans permission. Lorsqu'un étranger arrive, on lui
demande ce qu'il veut, puis on le mène au gouverneur,
qui l'interroge sur le sujet de son voyage, et si, suivant
ce qu'il répond, il prête à des soupçons sur son compte,
on le renvoie ; et dans le cas qu'on l'admette, il reçoit un
billet pour loger dans un lieu désigné, car sans cela personne n'oserait le retirer ; et l'expérience a fait voir que,
faute de ces mesures, les ennemis, qui ont le dessein de
s'emparer d'une ville, y font entrer peu à peu leurs gens sous
prétexte de trafic ou autres affaires, et puis s'en rendent
les maîtres. Une prise d'Amiens fut faite de cette manière[1].

» Si pour garder les villes, où il ne s'agit que de la perte
de biens temporels ou même de la vie, on est si exact à

---

[1] Prise d'Amiens par les Espagnols en 1597.

défendre et empêcher que personne n'y entre, à combien plus forte raison devez-vous reconnaître la nécessité de garder cette règle, puisqu'il ne s'agit pas seulement de la perte de la vie temporelle, mais qu'il y va encore de la vie éternelle, et du bon gouvernement d'une compagnie si utile au prochain.

» D'un autre côté, souvenez-vous que vous êtes les épouses de Jésus-Christ, et que, comme le dit la sainte Écriture, il est un Dieu jaloux, ce qui vous oblige à regarder de près à la fidélité que vous lui devez, et à craindre singulièrement tout ce qui pourrait donner prise à l'ennemi sur vous. Quoi! des épouses de Notre-Seigneur ne craindraient point de lui déplaire? De là, jugez, mes filles, de quelle importance il est qu'on sache tout, et qu'aucune fille de la Charité n'ait commerce avec personne du dehors, à l'insu des supérieurs.

» Notre-Seigneur, qui savait toutes choses, pour éviter que dans la compagnie il se passât rien d'indigne, envoyait toujours ses apôtres deux à deux. Mais pourquoi cela? Pour savoir de l'un ou de l'autre ce qu'ils feraient, et que l'un fût toujours témoin des actions de l'autre, parce qu'il connaissait l'infirmité humaine, et combien il est dangereux de converser avec le monde, surtout avec l'autre sexe.... Cet aimable Sauveur avertissait encore ses apôtres des surprises de l'ennemi, afin qu'ils les évitassent. Ainsi, quand il les envoyait par le monde : « Gardez-vous, leur

» disait-il, du levain des Pharisiens ; gardez-vous de ceux
» qui viennent à vous couverts de peaux de brebis, mais
» qui au dedans sont des loups ravissants. » Si donc le
Fils de Dieu a instruit ses apôtres de ne point se communiquer aux externes ni aux Pharisiens, tout savants qu'ils
étaient, voyez-vous, mes filles, si nous ne devions pas
vous instruire de même, et si vous ne devez pas remercier
le Saint-Esprit de vous avoir donné une règle si semblable
à celle que Notre-Seigneur donnait à ses apôtres...

» Là où il n'y a pas d'objet, la tentation ne fait que passer ;
mais là où est l'occasion, ah ! elle est plus violente et de
plus longue durée. C'est pour cela que la clôture est gardée
dans les maisons religieuses... Il faut que les filles de la
Charité fassent leur cloître de leur chambre, et s'il vient
un parent pour vous parler, il vous faut descendre lui
parler devant tout le monde, et de plus couper court à la
conversation... »

La règle est si absolue, que saint Vincent veut que tout
homme, et même toute femme, soient exclus des chambres
des sœurs.

« Personne n'y entre, ni confesseur, ni M. Portail, ni
moi ; vous ne devez point nous y souffrir. — « Monsieur,
voilà qui est bien rude ! — Mes filles, lorsqu'il plaira à
Dieu de faire connaître aux filles de la Charité le danger
qu'il y a dans les conversations avec les hommes, vous
verrez qu'on a eu raison de vous donner cette règle. Plaise

à Dieu de vous accorder cette grâce, afin que vous connaissiez l'utilité de cette règle. »

» O Sauveur, vous qui avez votre Mère si pure qu'elle se troubla en voyant un ange dans sa chambre, parce qu'il avait la forme d'un homme, ô Sauveur! plaise à votre bonté infinie bien faire connaître à nos sœurs l'importance qu'il y a pour elles que les hommes n'entrent point dans leurs chambres! C'est la très-haute prière que je vous fais, Seigneur, afin que par l'amour que vous avez eu pour la pureté, ayant voulu être conçu et naître d'une mère si pure, vous nous accordiez cette grâce. »

ARTICLE HUITIÈME.

« Elles ne doivent pas témoigner trop de cordialité ni
» de complaisance en parlant à qui que ce soit, particu-
» lièrement aux personnes de l'autre sexe, coupant court
» avec eux, quoique leur entretien fût des choses de piété
» ou de ce qui regarde le soulagement des pauvres ou de
» quelque autre chose utile. Pour ce sujet, elles ne se feront
» point enseigner à écrire par des hommes, et surtout elles
» ne souffriront jamais qu'aucun les embrasse ni les touche,
» sous quelque prétexte que ce soit. »

Cet article a été représenté, par saint Vincent de Paul, dans la conférence du 2 juin 1658, comme étant destiné à faire éviter aux filles de la Charité l'excès dans lequel elles pourraient tomber en montrant trop de cordialité, surtout aux personnes externes. La cordialité prescrite aux filles de la Charité par l'article premier du chapitre cinquième, qui traite de la *charité et union que les filles de Charité doivent avoir entre elles*, doit surtout s'exercer entre elles et envers les pauvres. Elle fait qu'on aborde les personnes de connaissance d'un visage gai et ouvert, en leur témoignant, par quelques paroles de cordialité, la joie qu'on éprouve à les voir. Cette vertu, comme toutes les autres, se tient entre deux défauts, l'un à droite, l'autre à gauche, de sorte que la vertu ne se trouve qu'au milieu de deux vices.

« Eh bien, un des vices de la cordialité est un manque de cordialité, de ne pas en avoir du tout, de paraître rudes et fâcheuses, de montrer un visage triste et morne qui fait glacer le cœur à ceux qui vous abordent. L'autre vice de la cordialité, c'est l'excès de la cordialité ; par exemple, quand on voit une fille témoigner à sa sœur avec excès l'amour qu'elle lui porte, disant : « Voyez comme je vous aime » ; puis la prendre par la main ou le corps et l'embrasser. Tout cela est vice entre sœurs, mais vice qui serait plus grand encore si on agissait de la sorte avec les personnes du dehors, surtout avec les personnes de sexe différent...

» Souvenez-vous, mes filles, du fondement que nous avons posé, qu'il n'y a point de vertu qui ne soit entre deux vices. Ainsi l'excès à témoigner son affection à une personne, c'est bien une cordialité, mais une cordialité excessive, vicieuse; paraître triste, morne, ne témoigner aucune amitié, est l'autre excès, l'autre vice de la cordialité. Il faut, quand vous conversez avec le prochain, que vous vous étudiiez à exercer cette cordialité, comme aussi quand vous servez les malades.

» Il faut mêler la cordialité avec le respect, et pour avoir le respect, il suffit de songer que Jésus-Christ est mort pour chacun de nous. Quoi! Notre-Seigneur a estimé une personne au point de mourir pour elle, et nous n'aurions pas pour cette personne le plus profond respect! Vous savez encore que chacun de nous est toujours accompagné d'un ange gardien. Or, comment ne pas respecter notre sœur qui marche accompagnée d'un ange?

» Il faut donc, mes filles, vous honorer et vous respecter les unes les autres, et aussi le prochain, vous souvenant que ces deux vertus de respect et de cordialité doivent se trouver dans les filles de la Charité, sans que l'une y soit et non pas l'autre; par la raison que si vous ne témoignez à une personne que de la cordialité, vous manquez de respect; et que si vous ne témoignez que du respect, vous manquez de cordialité. Résolvez-vous donc à témoigner de la cordialité et du respect tout ensemble. Dieu veut que nous nous respections. « Honorez-vous, dit-il, et prévenez-vous de respect les uns les autres [1]. »

[1] La politesse vient du cœur; saint Vincent nous en donne la

ARTICLE NEUVIÈME.

« Quand elles iront par les rues ou dans les maisons où
» elles auront affaire, pour le service des pauvres, elles ne
» s'arrêteront point avec les externes sans grande nécessité,
» et pour lors elles tâcheront de satisfaire à leurs demandes
» en peu de mots, détournant prudemment par quelque
» bon discours les nouvelles du monde si on leur en disait,
» et elles se donneront bien de garde de s'en informer
» jamais curieusement, non-seulement des externes, mais
» même de leurs sœurs ; comme aussi des affaires particu-
» lières des familles, quoique sous prétexte de consoler les
» pauvres, cela étant fort contraire à l'esprit de dévotion
» et au bon exemple qu'elles doivent au prochain. »

Dans la conférence du 6 janvier 1658, saint Vincent
donna un bref commentaire de cet article :

« Vous entendez cela, mes sœurs ; c'est une règle qui
vous avertit qu'il y a grand inconvénient pour vous de vous
arrêter pour parler quand vous allez par les rues, comme
aussi dans les maisons où l'on vous envoie, pour servir les
malades, ni avec les maîtres, maîtresses ou serviteurs, à
moins qu'il ne soit nécessaire pour les pauvres ; et dans
ce cas, que ce soit brièvement. Cependant, parce que
vous êtes obligées de vivre d'une manière de vie qui vous

preuve. Rien, en effet, de plus exquis en convenance et en politesse
réelle que les règles de conduite qu'il dicte à ses filles.

oblige de converser avec le monde, et que plusieurs personnes peuvent avoir affaire avec vous, en ce qui concerne les pauvres, il n'est pas à propos, si une personne vous aborde, de lui dire que vous n'avez pas la permission de lui parler, ce serait incivil; mais il faut répondre honnêtement et prudemment à ce qu'elle vous demande, et couper court... »

Le saint fondateur des filles de la Charité ajoute que si les religieuses ont leurs cloîtres et leurs grilles, les filles de la Charité ont leurs règles qui leur servent de cloîtres, et qu'en les observant elles peuvent vivre aussi bien que les religieuses, dont elles n'ont que faire d'envier la position, et il les félicite de leur modestie qui gagne les cœurs.

« Donnez-vous donc à Dieu, mes filles, mais tout de bon, afin de bien garder vos règles, et modeler votre conduite sur les avis qu'on vous donne, parce que s'il en est ainsi, vous êtes assurées que cette pluie de grâces que Dieu verse sur vos emplois continuera aussi sur la compagnie en général et sur chacune de vous en particulier; mais si cela n'est point, que deviendrez-vous? »

ARTICLE DIXIÈME.

« La sobriété et le bon ordre qu'on garde à prendre
» sa réfection contribuant beaucoup à la santé, tant de
» l'âme que du corps, et particulièrement à la conserva-

» tion de la pureté, elles feront leur possible pour se con-
» former en cela au règlement qui s'observe en la maison
» de la supérieure, soit pour la quantité et la qualité des
» viandes et de la boisson, soit pour les temps et les lieux
» auxquels on en use; si pourtant quelqu'une a besoin de
» boire ou de manger hors les repas ou hors la maison,
» ou de prendre quelque nourriture extraordinaire, elle
» en demandera la permission à la même supérieure ou à
» la sœur servante du lieu où elle sera; mais on n'accor-
» dera à aucune l'usage du vin sans une expresse permis-
» sion du supérieur de leur compagnie. »

Saint Vincent de Paul donna lecture de cette règle dans la conférence du 9 décembre 1657, et il ajouta qu'elle signifie que les sœurs de Charité doivent prendre une nourriture semblable à celle des pauvres, et qu'elles doivent s'estimer « bien heureuses d'avoir des règles qui les obligent non-seulement à servir les pauvres, mais encore à leur ressembler dans leur nourriture. On ne saurait vous dire, mes filles, les afflictions qui suivent l'intempérance au boire et au manger, surtout chez les personnes qui ne se tiendraient pas aux vœux qu'elles ont faits [1]. »

[1] La tempérance est une loi commune à tous, et, dans une juste mesure, cette règle doit être pratiquée par chacun de nous.

CHAPITRE QUATRIÈME.

ARTICLE PREMIER.

« Elles rendront honneur et obéissance, selon leur insti-
» tut, à nos seigneurs les Évêques, dans les diocèses des-
» quels elles sont établies, et elles obéiront aussi au Supé-
» rieur général de la congrégation de la Mission, comme
» étant supérieur de leur compagnie, et à ceux qu'il aura
» désignés pour les diriger ou visiter, à la supérieure, et
» en son absence, à la sœur assistante et aux autres offi-
» cières de la maison, en tout ce qui concerne leurs
» offices, comme aussi aux sœurs servantes qui leur sont
» données dans les paroisses et autres lieux où elles sont
» établies, aux sœurs officières des hôpitaux, et à celles
» qui ont la conduite des autres dans les voyages. Elles
» obéiront même, sans aucun retardement, au son de la
» cloche, comme à la voix de Notre-Seigneur, qui les
» appelle aux exercices de la communauté. »

ARTICLE DEUXIÈME.

« Elles s'étudieront surtout à une obéissance ponctuelle,
» avec soumission de jugement et de volonté, en toute
» chose où l'on ne voit point de péché, et à l'égard de
» toutes sortes de supérieures et d'officières, tant impar-
» faites et désagréables que parfaites et agréables, se
» souvenant que ce n'est pas tant aux personnes qu'on

» obéit qu'à Notre-Seigneur Jésus-Christ, qui ordonne par
» leur bouche, et qui dit lui-même à ceux qui ont charge
» des autres : *Qui vous écoute, m'écoute ; qui vous méprise,*
» *me méprise.* »

ARTICLE TROISIÈME.

« Lorsqu'elles seront envoyées dans quelque paroisse
» pour y demeurer et servir les pauvres malades, la sœur
» servante accompagnée d'une de ses sœurs ira recevoir
» à genoux la bénédiction de monsieur le curé ; et tandis
» qu'elles seront dans la paroisse elles lui rendront toutes
» sortes d'honneur et de respect, et même d'obéissance
» dans l'assistance des malades, particulièrement en ce qui
» regarde les secours spirituels ; elles porteront aussi un
» grand respect à tous les autres ecclésiastiques, mais par-
» ticulièrement à ceux qui leur sont donnés pour les con-
» fesser, comme aussi aux confesseurs des pauvres, les
» regardant toujours presque avec la même vénération que
» lorsqu'ils sont au saint autel, et se soumettant à leurs
» ordres et avis, en tout ce qui n'est pas péché, ni con-
» traire aux règles et pratiques de leur compagnie, ni
» contre l'intention de leurs supérieurs. Que si quelqu'un
» d'eux ne s'acquittait pas bien de son devoir envers les
» malades, elles ne se donneront pas la liberté de le
» reprendre, mais prieront monsieur le curé de l'en
» avertir. »

« Elles rendront, de plus, honneur et obéissance, en ce
» qui regarde le service des pauvres, à messieurs les
» administrateurs des hôpitaux où elles sont établies, et aux
» dames de charité des paroisses, qui sont en charge,
» savoir: à chacun selon son office, conformément aux
» règlements du lieu et aux règles de leur compagnie.
» Elles obéiront encore à messieurs les médecins, accom-
» plissant ponctuellement leurs ordonnances, tant à l'égard
» des pauvres que de leurs sœurs malades, lesquelles
» obéiront aussi au médecin et à l'infirmière, en tout ce
» qui regarde leurs offices, et qui n'est point contraire à
» leurs règles. »

Ces quatre articles relatifs à l'obéissance ont fait l'objet
d'un admirable commentaire, dans la séance du 2 décembre
1657, de la part de saint Vincent de Paul, qui, après
avoir montré les liens sublimes de l'union divine des trois
personnes de la sainte Trinité (que la communauté des
filles de la Charité doit chercher à imiter), s'est écrié :

« O mes sœurs, qu'heureuses sont les âmes soumises et
obéissantes ! Elles croîtront de jour en jour dans la vertu.
Oui, les âmes qui sont dans cet état de soumission, et qui
ne veulent rien faire de leur tête, mais seulement d'après
l'ordre de leurs supérieurs, je les appelle bienheureuses
dès ce monde, puisqu'elles n'ont de volonté que celle de
Dieu, qui leur est manifestée par celle de leurs supérieurs.

Oui, c'est Dieu qui vous commande par la bouche de vos supérieurs, selon ces paroles de Notre-Seigneur s'adressant à ceux qui sont à la tête des autres : « Qui vous « écoute, m'écoute ; qui vous méprise, me méprise. »

» O Dieu, est-ce bien vous qui commandez par ces personnes-là ? — Oui, c'est moi, et ce n'est ni ce supérieur ni cette supérieure que vous méprisez quand vous ne tenez pas compte de ce qu'ils disent, c'est moi-même que vous méprisez ; vous n'offensez pas ceux à qui vous résistez, mais c'est moi-même qui reçois ce qui leur est fait par ce mépris. » Pour leur montrer le prix de l'obéissance, il ajoute : « Une bonne action que vous faites est déjà de l'or, et quand vous la faites par obéissance, vous y ajoutez des pierreries. »

Puis, comprenant combien, par nature, nous sommes rebelles, pour exciter ses filles à l'obéissance, saint Vincent de Paul leur cite son propre exemple :

« Mes sœurs, permettez-moi de vous parler un peu cordialement : Voyez-vous, quand il a plu à Dieu m'appeler chez madame la générale des galères [1], je me proposais de regarder monsieur le général comme Dieu, et madame la générale comme la sainte Vierge, en sorte que lorsqu'ils m'ordonnaient quelque chose, je leur obéissais comme à Dieu et à la sainte Vierge ; et je ne me souviens pas d'avoir jamais reçu leurs ordres autrement que comme

[1] Madame de Gondy.

venant de Dieu, et j'ose dire que s'il a plu à Dieu de donner quelque bénédiction à la compagnie de la Mission, c'est en vertu de l'obéissance que j'ai rendue à monsieur le général et à madame la générale, et en vertu encore de l'esprit de soumission avec lequel je suis entré dans leur maison. La gloire en soit à Dieu, et à moi la confusion. »

Le moment était venu d'arriver au fond des difficultés, et saint Vincent ouvre un colloque avec une sœur qu'il suppose un peu récalcitrante. — « O monsieur, je vois bien (dit-il) que je dois regarder Dieu dans la supérieure et les officières et que je dois leur obéir; mais savoir s'il faut que j'obéisse encore à la sœur servante de l'hôpital, ou de la paroisse où je serai, il me semble que c'est bien assez des supérieurs, confesseurs et officières de cette maison! — Non, mes filles, ce n'est pas assez d'obéir à deux ou trois personnes, il faut obéir à tous ceux qui ont quelque autorité sur vous. — Mais, monsieur, entendez-vous que j'obéisse au curé de la paroisse où la divine Providence m'a envoyée pour servir les pauvres? — Oui, j'entends que vous lui obéissiez, comme à Dieu, en tout ce qui regarde les pauvres, vos chers maîtres. — Entendez-vous aussi, monsieur, que j'obéisse à cette fille qui n'est dans la compagnie que depuis quelque temps? — Oui, je l'entends aussi. — Mais elle n'a pas d'esprit! — N'importe, si elle est préposée sur vous; car ce n'est pas à elle que vous obéissez, mais à Dieu, qui, la jugeant digne de la conduite, vous l'a donnée pour vous faire connaître sa volonté. — Faut-il, monsieur, que j'obéisse aux médecins? — Oui, mes filles, et, non-seulement leur obéir, mais les respecter et remplir exactement leurs ordonnances. — Mais ils ordonnent de saigner une personne qui va mourir! — N'importe, il faut obéir. Néanmoins, s'il arrive quelque changement notable dans l'état du malade, depuis que le médecin a fait son ordonnance et avant que vous l'ayez exécutée, il vous faut l'avertir et lui demander ce qu'il y a à faire. Dans tous les cas, vous ne devez jamais faire autrement que ce qu'il a ordonné. Vous devez obéir aux médecins, non-seulement en ce qui regarde vos pauvres malades, mais encore en ce qui vous concerne[1]. — Faut-il obéir aux dames (de la Charité)? — Oh! oui, vous leur devez obéir en tout ce qui concerne le service des pauvres. — Mais elles ordonnent tant de choses! Il fau-

---

[1] Toutefois, sœur de charité, mère de famille, femme, sœur soignant le pauvre, un fils, un mari, un frère, dans toutes ces positions, la femme a droit d'observation. — Je connais une noble dame, qui a été aussi admirable épouse que bonne mère, et qui a sauvé un enfant abandonné et que les médecins laissaient mourir de faim. La fièvre restait violente, on ne voulait pas donner à manger à l'enfant; la mère voulut soutenir son enfant qui dépérissait à vue d'œil; on la laissa faire, et son fils fut sauvé; c'est aujourd'hui un homme de vingt-sept ans, pour lequel j'ai une grande affection.

Autre chose est le droit d'observation, autre chose l'obligation d'obéissance quand il y a ordre absolu et compétent.

drait vraiment que chacune de nous fût en quatre pour
faire ce qu'elles veulent. — Je ne dis pas, mes filles, qu'il
faille faire l'impossible ; mais il ne faut rien épargner pour
les contenter. Je vous parle de la sorte, afin que s'il y en
avait parmi vous quelqu'une qui s'en fît accroire, ou dans
cet hôpital, ou dans cette paroisse, qui voulût, comme on
dit, trancher de la dame et suivre son caprice, sans se
mettre en peine des ordres des administrateurs et des
dames de la Charité, elle ne tombât plus dans cette faute
et se corrigeât.... Prenez-y garde, mes filles, il n'y va
de rien moins que de la ruine de la charité.

» O mes filles, que vous serez heureuses si vous
n'agissez dorénavant que par obéissance !... Dieu n'a pas
plus de plaisir dans le paradis, s'il était capable d'en recevoir hors de lui-même, que de voir une compagnie dans
cet état de soumission, parce que le plaisir de Dieu est
l'union. Quand le Fils de Dieu s'est fait homme, ç'a été
pour obéir à son Père.... Obéissez comme il faut, vous
conserverez l'union, et Dieu vous regardera avec plaisir....[1].

» L'obéissance doit être dans l'entendement, c'est-à-dire
qu'il faut soumettre son jugement à tout ce qui est ordonné,

---

[1] Ce que saint Vincent de Paul dit d'une communauté, ne doit-on
pas le dire d'une famille, et Dieu, qui a mis toutes ses complaisances
à voir son divin Fils obéir à saint Joseph et à Marie, ne voit-il pas
avec plaisir une famille où tout est bien ordonné, où le chef cherche
à commander selon la raison, et où les enfants obéissent par
amour ?

et croire que cette supérieure, cette officière, cette sœur servante ont très-bien ordonné. — Mais ne peut-elle pas se tromper? — Elle le peut, mes filles, mais vous, comme je vous l'ai déjà dit, vous ne le pouvez jamais en obéissant... Il ne faut donc jamais regarder si ceux qui vous commandent ont raison de le faire, ... quand même il arriverait qu'ils se trompassent en ce qu'ils ordonnent....

» L'une des règles ajoute : « *En tout ce qui n'est pas péché ni contre vos règles.* » Saint Paul dit que quand un ange commanderait de faire quelque chose d'opposé à ce qu'il prêchait de la part de Jésus-Christ, il ne faudrait pas le faire ; je vous dis aussi que si quelqu'un venait vous proposer d'agir contre vos règles, vous ne devez pas l'écouter, qui que ce soit, confesseur ou autre. — Mais c'est un bon religieux, un bon ecclésiastique ! — N'importe, vous ne devez jamais rien faire contre vos règles. » En voici la raison : « Y a-t-il quelque membre qui reçoive la vie s'il n'est attaché au corps, et s'il ne communique avec le chef? — Non. Tout de même, une personne de communauté ne peut prendre esprit ni vie, si ce n'est de ses supérieurs. »

» Or sus, Dieu soit loué, il se fait tard et nous n'en dirons pas davantage. Cependant, mes sœurs, rendez grâce à Dieu, et regardez cette leçon comme donnée de Notre-Seigneur par notre bouche.... Oui, mes filles, demandez à Dieu cet esprit, et travaillez à l'obtenir sans retard. »

ARTICLE CINQUIÈME.

« Elles n'ouvriront point les lettres ni les billets qu'on
» leur écrit sans permission de la supérieure, qui les doit
» lire auparavant. Elles n'en écriront point sans la même
» permission, et mettront entre ses mains celles qu'elles
» auront écrites pour les voir et envoyer ou retenir comme
» elle le trouvera bon. Les sœurs compagnes qui sont
» éloignées de la maison de la supérieure en useront de
» même à l'égard de la sœur servante, à laquelle appar-
» tient d'ouvrir ou de lire les lettres qui s'adressent soit
» à elle, soit à ses sœurs. »

Saint Vincent ajouta à ce texte, qui n'a pas besoin de
commentaire, que c'est là une règle commune à tous les
monastères, à toutes les communautés religieuses, « parce
que pour bien conduire une maison il est nécessaire qu'un
supérieur sache tout. Cet usage, nous le pratiquons chez
nous, et parmi nos messieurs il y en a qui gardent les lettres
deux ou trois jours sans les lire, pour me les faire voir [1]. »

ARTICLE SIXIÈME.

« Chacune saura pourtant que la précédente règle
» n'oblige pas à montrer les lettres qu'on écrit au supé-

---

[1] Dans une famille bien ordonnée, sans que cela soit posé par
une règle, cela se pratique par affection. On veut que tout soit
commun, lettres et pensées; cela est d'un bon exemple pour les
enfants, lorsque cela se pratique ainsi entre le père et la mère.

» rieur ou au directeur ou à la supérieure, non plus que
» celles qu'on reçoit de leur part, lesquelles on ne doit
» pas montrer aux externes, ni même à ses sœurs, se
» contentant de leur dire de bouche les choses dont il est
» à propos qu'elles aient connaissance. Elles sauront aussi
» que toutes les lettres que les sœurs servantes ou leurs
» compagnes écrivent, soit aux externes, soit aux parti-
» culières de leur compagnie, doivent être adressées à la
» supérieure sans autre cachet que celui de l'enveloppe,
» lorsqu'elles sont envoyées au lieu où elle réside ou
» qu'elles y doivent passer. »

Dans la conférence du 9 décembre 1657, saint Vincent
confirma cette règle par ce qui se pratiquait à la Mission :
« Ceux de nos autres maisons qui veulent m'écrire peuvent
le faire et ne sont pas obligés de montrer leurs lettres
aux supérieurs des lieux où ils sont ; et de plus, ceux-ci
sont obligés de m'adresser toutes celles qu'on leur donne
pour me les faire tenir, sans les lire, même quand elles ne
seraient point fermées. »

Cela est commun à tous les ordres religieux, dont les
membres ont le droit de correspondance libre, non-seulement avec le supérieur général, mais encore avec le Saint-
Père, qui est le supérieur des supérieurs.

CHAPITRE CINQUIÈME.

« **Elles penseront souvent au nom de filles de la Charité**
» **qu'elles ont l'honneur de porter, et tâcheront de s'en**
» **rendre dignes par un véritable et sincère amour envers**
» **Dieu et envers le prochain; surtout elles s'entre-chériront**
» **et respecteront comme sœurs, que Notre-Seigneur a**
» **unies ensemble, pour son service, par une particulière**
» **profession des œuvres de charité, et feront tout leur**
» **possible pour conserver entre elles une parfaite union.**
» **Pour cet effet, elles chasseront promptement de leur**
» **cœur tous les sentiments d'aversion et d'envie contre**
» **leurs sœurs, et se donneront de garde de leur dire**
» **aucune parole rude et fâcheuse; mais elles se comporte-**
» **ront ensemble avec une douceur chrétienne et une cor-**
» **dialité respectueuse, qui doit toujours paraître sur leur**
» **visage et dans leurs paroles.** »

Cette règle fit l'objet de la conférence du 24 mars 1658.

« Les premières paroles de cette règle, mes filles, disent
que vous devez tâcher de vous rendre dignes du nom de
filles de la Charité que vous portez. O Sauveur! quel nom
plus grand peut-on trouver que celui de fille de la Charité?
Y en a-t-il quelque autre qui en approche? — Non, mes
filles, et jamais vous n'avez ouï dire qu'il se soit trouvé

un plus beau nom et plus favorable aux pauvres. Qu'est-ce, en effet, que veut dire *fille de charité?* Rien autre chose que fille de Dieu. O mes sœurs! quel motif de vous donner à Dieu afin de vous rendre dignes d'un si beau nom !

» Je ne sais si vous avez jamais bien pensé aux trois choses qui sont portées dans cette règle.

» La première est d'aimer Dieu par-dessus toutes choses, d'être tout à lui, de n'aimer autre chose que lui, et que, si l'on aime quelque autre chose, que ce soit pour l'amour de lui. Si vous aimez Dieu de la sorte, c'est une première marque d'une vraie fille de la Charité, qui aime bien son Père.

» La seconde est d'aimer le prochain, de bien servir les pauvres, et lorsque dans cet exercice il y a de la peine, s'encourager à la supporter, puisqu'on ne s'est donné à Dieu que pour cela; les regardant comme nos seigneurs et maîtres, leur parlant avec grand respect; c'est là une seconde marque d'une vraie fille de la Charité.

» La troisième chose qui vous constituera vraies filles de la Charité, est de ne rien faire les unes contre les autres, et même de ne jamais souffrir aucune pensée d'aversion qui pourrait venir l'une contre l'autre. Dès que ces pensées-là se présentent, il faut, mes chères filles, les étouffer, et si, malgré vos efforts, elles reviennent encore, être exactes à les désavouer et à les rejeter, jusqu'à ce que

Dieu vous ait fait la grâce de vous délivrer de cette mauvaise humeur.

» Soyez, aussi, attentives à ne rien dire qui puisse fâcher votre sœur, ni blesser sa réputation, ni lui faire de la peine ; à moins d'y être obligées par devoir d'office, comme les officières, qui non-seulement peuvent, mais encore doivent reprendre, bien qu'elles y répugnent naturellement, ou qu'elles prévoient qu'elles vous fâcheront. Il ferait beau voir un chirurgien n'oser donner le coup de lancette à un malade, parce qu'il témoigne de la répugnance à subir cette opération ! Tout de même, ferait-il beau voir la supérieure ou les officières n'oser rien dire, parce qu'une sœur ne le prendra pas bien... Donc, quand on dit qu'il ne faut rien dire qui puisse fâcher sa sœur, cela doit s'entendre quand on n'a point de charge qui oblige à veiller sur les autres.

» Voyez-vous, mes filles, il ne faut pas écouter ceci avec indifférence, mais comme une chose que Dieu vous recommande particulièrement, et que vous devez vous efforcer de mettre en pratique ; autrement vous ne seriez pas vraies filles de la Charité ; vous ne le seriez que de nom, que par l'habit, et, comme l'on dit : L'habit ne fait pas le moine...

» Voilà les trois marques qui font connaître une vraie fille de la Charité et qui peuvent servir de moyen pour le devenir : la première, d'aimer Dieu par-dessus toutes choses; la deuxième, d'aimer son prochain comme soi-même; et la troisième, de vous aimer les unes les autres comme véritables sœurs, pour l'amour de Dieu, en sorte qu'il paraisse que vous êtes toutes membres d'un même chef, ou plutôt filles d'un même Père, qui n'aiment que ce qu'il aime, et pour l'amour de lui. »

Saint Vincent de Paul insiste sur la nécessité pour ses filles d'avoir entre elles affection et cordialité. Elles doivent vaincre leurs répugnances naturelles. « Mes filles, je le répète, tant que vous ferez ce que vous pourrez pour surmonter vos répugnances, pour vous faire quittes de vos aversions, pour avoir de l'amitié l'une pour l'autre, surtout pour témoigner plus d'amitié à celle contre qui vous avez quelque aversion qu'aux autres, tenez-vous tranquilles, vous avez les marques d'une vraie fille de charité. »

Le Saint ajoute que faire le bien pour le mal est la seule vengeance permise au chrétien, et que c'est la meilleure. Il en cite cet exemple :

« On rapporta un jour à saint Jean l'Aumônier, archevêque d'Alexandrie, que son neveu avait reçu un affront dont il était très-fâché. Saint Jean, qui était très-miséricordieux, fit venir son neveu et lui dit : A-t-on été assez hardi que de s'adresser à vous, pour vous insulter ? Oh ! il faut que je vous fasse avoir une bonne raison de cet homme-là. — Mes filles, savez-vous ce qu'il fit ? Il envoya un présent à celui qui avait offensé son neveu, et donna ordre qu'on l'exemptât de certains droits qu'il devait. Or l'envoyé dit à cet homme : « Voilà un présent que Monseigneur vous envoie, et pour vous témoigner encore plus d'affection, il m'a ordonné de vous dire qu'il vous décharge du tribut que vous lui devez. » Cet homme vient trouver aussitôt saint Jean, se jette à ses pieds et lui dit : « Monseigneur, je vous ai offensé, et voilà que vous m'honorez d'une grande faveur ; hélas ! je n'ai jamais mérité ce bon traitement. » Il alla ensuite se jeter aux pieds de celui qu'il avait offensé, et par là le satisfit entièrement. Cela fait, saint Jean dit à son neveu : « Eh bien, ne vous ai-je pas bien vengé en amenant votre ennemi à vos pieds ? »

» Mes filles, lorsque vous ressentez de la peine à parler à quelqu'une de vos sœurs, parce qu'elle vous a fait quelque déplaisir, vous devez tâcher de ne lui en rien témoigner ; mais l'embrasser, lui montrer toute l'affection possible, et lui dire : « Ma chère sœur, peut-être que je n'ai pas vécu » avec vous de manière à vous donner sujet de croire que » je suis votre sœur : ah ! je vous demande pardon de la » peine que je puis vous avoir faite ; dorénavant, je veux » vous rendre tous les services que je pourrai. » Mes filles, si vous agissez de la sorte, celle qui avait de l'aversion contre vous sera gagnée. Vous aurez peut-être de la peine à faire cette démarche, mais ne laissez pas de la faire. Cette charité, entre vous, est une des choses que je vous recommande particulièrement, puisque vous êtes filles d'un même Père. Au moment donc que vous vous sentirez quelque petite aliénation dans votre esprit, ou que vous verrez que quelqu'une de vos sœurs témoigne se retirer de l'amitié qui doit être entre vous, prévenez-la de suite et dites-lui avec ouverture de cœur : « Ma sœur, si vous » saviez comme je vous aime et toute l'amitié que j'ai pour » vous ! Oh ! croyez que c'est de tout mon cœur et comme » Dieu me le commande ; aimez-moi de même, je vous » prie. » — Que si la sœur n'entend pas ce langage la première fois, témoignez-lui la même amitié une autre fois encore, et Dieu permettra qu'elle change. — Eh ! mais, monsieur, je ne sens pas cela dans mon cœur, et j'ai de la peine à le dire ! — N'importe, dites-le toujours, car c'est une inclination maligne qui vous donne cette peine, et dont le diable se sert pour vous empêcher de vous aimer les unes les autres. Désavouez ce que le malin esprit vous suggère, et croyez qu'il vous quittera...

» Prenez donc bien garde de vous rendre dignes du nom que vous portez, afin qu'on ne dise pas de vous ce qui fut dit à l'homme de l'Apocalypse : « Tu as un nom de vie, et » tu es mort ; tu as un nom de charité, et tu es un homme » sans charité. » — Vous êtes filles de la Charité, vous portez ce beau nom, et vous avez de la haine contre vos sœurs, vous le portez donc en vain, car la charité ne souffre pas la haine. O mes filles, donnez-vous à Dieu, pour vous rendre dignes du nom que vous portez.

ARTICLE DEUXIÈME.

« Elles supporteront volontiers leurs compagnes dans
» leurs imperfections, ainsi qu'elles voudraient être sup-
» portées dans les leurs, et s'accommoderont autant qu'il
» se pourra à leurs humeurs et sentiments, en toutes les
» choses qui ne sont pas péché ni contre les règles,
» faisant surtout une attention particulière à témoigner
» toujours une grande charité à celles dont l'humeur a
» moins de sympathie avec la leur, car cette sainte con-
» descendance, avec le support, est un excellent moyen
» pour entretenir l'union et la paix dans la communauté. »

Au commencement de la conférence du 30 mai 1658,
saint Vincent de Paul expliqua cette règle, « qui, dit-il,
contient deux choses : la première, de vous supporter les
unes les autres dans vos imperfections, et la seconde, de
condescendre aux autres autant qu'il se peut sans offenser
Dieu.

» Plusieurs raisons nous obligent à pratiquer la première
de ces vertus, le support : la recommandation que fait
Notre-Seigneur à tous les chrétiens en général de pratiquer
le support, mais bien plus particulièrement aux personnes
qu'il a appelées à vivre en communauté, comme vous et
moi. Or, voici comme il parle par son Apôtre : *Alter
alterius onera portate, et sic adimplebitis legem Christi.*
Ce qui veut dire : Supportez le fardeau les uns des autres,
et si vous le faites, il arrivera que, par ce moyen, vous

accomplirez la loi de Dieu. Saint Paul dit aussi que quiconque est en charité a accompli la loi de Dieu. Donc, si celui qui aime accomplit la loi de Dieu, il appartient à la charité de faire que nous nous supportions les uns les autres et que nous prenions, si faire se pouvait, les infirmités les uns des autres...

» La seconde raison que vous avez pour vous porter à cette pratique est qu'avec le support nous accomplirons tout ce que Dieu demande de nous, et qu'il est un moyen d'avoir une sainte amitié entre vous, non-seulement pour vous faire vivre en une parfaite union, mais encore pour pouvoir vous faire un paradis dès ce monde ; en sorte que si Dieu vous fait la grâce, mes filles, de vous supporter les unes les autres, votre compagnie sera un paradis commencé. O mon Dieu, que c'est beau d'être unies par les liens de la charité et du support ! Oh ! c'est être en paradis ! Oui, mes filles, se supporter les unes les autres et condescendre aux autres en tout ce qui n'est pas péché ni contre vos règles, c'est être dans un paradis... O Sauveur, que c'est un paradis à bon marché ! O mes filles, quel reproche ce vous serait, au jour du jugement, que Dieu vous dît : « Je vous ai offert un paradis au » monde où vous viviez et en celui-ci [1], et vous n'en » avez pas voulu. Quoi donc ! ne méritaient-ils pas que

---

[1] Il y a dans le texte *dans ce monde et dans l'autre* ; mais l'autre aura commencé au jour du jugement.

» vous vous servissiez des moyens que je vous avais mis
» en main pour les acquérir? » Oh! comme nous devons
craindre ce reproche!

» La troisième raison, c'est que nous avons besoin qu'on
nous supporte nous-mêmes. En effet, il n'y a personne,
pour avancée qu'elle soit dans la perfection, qui puisse
dire ne pas avoir besoin de support. Or, pourquoi cela?
Parce qu'il n'y a rien de parfait sur la terre et que de
tous ceux qui ont été au monde, il n'y a eu que Jésus-
Christ et la sainte Vierge qui aient été sans imperfection,
et partant qui n'aient pas eu besoin de support. A
l'exception de Notre-Seigneur et de sa sainte Mère, nous
devons passer condamnation et convenir qu'il n'y a homme
si parfait qui n'ait besoin d'être supporté, car l'un a un
défaut, l'autre un autre, et quelquefois nos défauts sont
pires que celui que nous avons à supporter d'autrui. Cela
étant ainsi, qui pourrait dire n'avoir pas besoin d'être
supporté?...

» Et, en effet, nous nous trouvons quelquefois en de
tels états, que nous avons peine à nous supporter nous-
mêmes. Nous ne pouvons ni nous appliquer, ni écouter,
ni recevoir satisfaction de qui que ce soit, ni même
accueillir personne. Moi-même je me trouve quelquefois
dans tels états de corps et d'esprit que j'ai peine à me
souffrir. Il faut cependant que nous nous supportions et
que nous demandions à Dieu la grâce de nous supporter.

nous avons tant de peine à nous supporter nous-mêmes, dans ces états de lâcheté et dans tant d'autres imperfections dont nous sommes remplis, comment ne voudrions-nous pas supporter les autres, quand ils sont dans un état semblable? Dieu veut que nous nous supportions nous-mêmes, et voilà deux sœurs ensemble qui penseront n'avoir pas besoin de support? Il n'est pas possible, mes filles. L'une sera la sœur servante et l'autre compagne. La sœur servante veut que sa compagne s'accommode à son esprit. La compagne est quelquefois d'humeur si fâcheuse, que la sœur servante ne sait comment la prendre; eh bien, que faire alors? Supporter, et se dire à soi-même : Ma sœur me fâche, il est vrai, il faut que je la supporte, parce que c'est Dieu qui me l'ordonne; il peut être aussi que je la fâche et que je lui fasse plus de peine qu'elle ne m'en donne, ce qu'elle supporte de son côté [1]... Or sus, mes filles, le fruit que nous devons retirer de tout ce que nous venons de dire, est que vous vous donniez à Dieu pour lui demander la grâce de

---

[1] Le tableau des deux sœurs dont parle saint Vincent de Paul, c'est celui que devraient avoir toujours présent les époux qui ont besoin de support. Oui, ce qu'on appelle *la lune de miel*, c'est le temps du support mutuel : c'était le paradis.

On refuse de se supporter, et la vie commune devient insoutenable; au lieu du paradis, c'est le purgatoire, quand ce n'est pas l'enfer. Il ne faudrait pourtant qu'une bonne et énergique résolution de pratiquer la vertu du support et celle de la condescendance.

vous supporter les unes les autres et de vous supporter vous-mêmes, soit dans la maison, soit partout ailleurs...

» Maintenant, à cette vertu du support il faut joindre celle de la condescendance. Mais que veut dire *condescendance?* Mes filles, c'est s'accorder avec le prochain en tou ce qui n'est pas péché ni contre vos règles. « Mais, monsieur, sur quoi fondez-vous cette pratique? — C'est, mes filles, sur les paroles de l'Évangile; car toutes nos règles en sont tirées. »

« Si votre prochain, dit Notre-Seigneur, veut vous » faire aller un pas avec lui; allez-en dix. » Et les docteurs expliquant ce passage, le rapportent à la condescendance. Une sœur donc qui fait tout ce qu'une autre veut qu'elle fasse, pratique-t-elle cette vertu? Oui, pourvu que ce qu'elle veut n'aille pas contre Dieu ni contre les règles de la compagnie; car la condescendance en ce qui regarde le péché est un vice et non une vertu. Par exemple, quand une sœur s'accorde avec une autre pour offenser Dieu ou pour rompre les règles, oh! la mauvaise, la diabolique condescendance! Ce n'est pas celle que votre règle vous enseigne.

» A ce moment, mes filles, donnons-nous à Dieu, et demandons-lui la grâce de bien pratiquer cette vertu, dont le propre est de vouloir tout ce que les autres veulent. Une fille qui est dans cette pratique, si sa Sœur lui dit « Trouvez bon que nous allions en tel lieu; elle s'y accorde. — Ma sœur, faisons telle chose? — Faisons, ma sœur. — Vous plaît-il que je voie tel malade? — Allez, ma sœur. — Voulez-vous que je dise telle chose? — Oui, ma sœur, je pense que c'est à propos. » Or, voilà, mes filles, comme on pratique la vertu de condescendance...

» Mais peut-être qu'une sœur servante dira qu'à ce compte-là il ne faut point de cet emploi? A proprement parler, mes filles, il n'en faudrait pas, si vous étiez toutes parvenues à ce point de condescendance; cependant le bon ordre demande qu'il y en ait et que quelques-unes aient la charge des autres. Une sœur, en effet, peut demander une chose qui n'est pas bien; une autre peut faire quelque chose qui donne sujet de craindre quelque mal. Oh! pour lors, c'est à la sœur servante à voir si sa sœur doit faire ou ne pas faire cette chose, parce que c'est elle qui a l'esprit de Dieu; car il faut bien croire que, puisqu'elle a été choisie par les supérieurs pour remplir cet office, elle a le don de conduite. Ainsi, les sœurs servantes, tout comme les supérieurs, ne doivent pas condescendre à toutes choses, mêmes bonnes; par exemple, quand il y a un plus grand bien à faire telle action, et qu'on leur propose d'en faire une moindre; mais, hors ce cas, une sœur servante doit condescendre en tout ce qui ne choque point les règles ni la conduite... Faisons la résolution de supporter le prochain et de condescendre en tout, hors le péché.

» Ah! Seigneur, je me donne à vous pour obtenir la grâce de pratiquer cette vertu du support. C'est ce que je recommande souvent à nos messieurs, et ce que je vous recommande, mes filles, sur toutes choses, car il n'est personne qui n'ait besoin qu'on le supporte, et il faut prier qu'on n'ait pas égard à toutes nos misères.

» Je fais souvent cette prière à nos messieurs, qu'ils me fassent la charité de me supporter, car il n'y a personne qui ait plus besoin de support que moi, et je suis surpris comment on peut me supporter dans mes promptitudes, emportements et autres défauts. Oui, je suis surpris comment on peut me supporter, et je leur dis : « Messieurs, supportez-moi, et n'ayez pas égard à mes misères. » (Saint Vincent dit ces paroles avec tant d'humilité et de componction, que toutes les filles de la Charité qui eurent le bonheur de l'entendre en furent tout émues, et, saisies d'admiration pour tant d'humilité, leur cœur était ouvert à entendre sa dernière recommandation). Voilà, mes filles, ce que vous devez faire vous-mêmes, vous disant l'une à l'autre : « Supportez-moi, je vous prie »; et vous résoudre à supporter pareillement les défauts de vos sœurs... »

Saint Vincent de Paul cita à ses filles l'exemple de saint François de Sales : « Le saint évêque de Genève demandait toujours à Dieu la grâce de bien pratiquer la vertu de condescendance; il la recommandait beaucoup à ses filles, et leur disait, en parlant de cette vertu :

« Voyez-vous, mes filles, j'aime mieux faire plier ma
volonté à celle des autres, que de faire plier la leur à la
mienne, et j'aurai plus tôt fait de condescendre à cent
personnes que d'en faire condescendre une à ce que je
veux [1]. »

ARTICLE TROISIÈME.

« S'il arrivait, par infirmité humaine, qu'une sœur eût
» donné sujet de mortification à une autre, elle ne man-
» quera pas de lui en demander pardon à genoux, sur-le-
» champ, ou, pour le plus tard, au soir avant de se
» coucher; et l'autre recevra humblement et de bon cœur
» l'humiliation de sa sœur, et se mettra aussi à genoux;
» cette sainte pratique étant un souverain remède pour
» guérir promptement l'amertume du cœur et le ressenti-
» ment qui aurait pu rester de la faute commise; mais
» pour ne pas empêcher l'effet salutaire de cette sainte
» pratique, celle qui aura été offensée se donnera bien de
» garde de prendre occasion de l'humiliation de sa sœur,
» pour satisfaire l'inclination de la nature, en exagérant
» sa faute, ou lui disant des paroles rudes et de reproche,
» quoiqu'elle fût tombée souvent dans une pareille faute. »

Le 24 mars 1658, saint Vincent, pour exciter ses
filles à la pratique de cette règle, leur dit : « Quand on
pratique la vertu d'ordinaire, on n'en voit pas tout aussitôt

[1] C'est là un modèle que nous devons tâcher d'imiter. Ce serait
le paradis dès ce monde, avant de l'obtenir dans l'autre !

le fruit; on sait bien que tôt ou tard il viendra, mais enfin on ignore le moment. » Il n'en est pas ainsi de la règle que nous venons de lire, car si vous avez offensé votre sœur, si vous lui avez donné sujet de se fâcher et que vous lui en demandiez pardon, voilà la plaie que vous avez faite aussitôt guérie. Donnez-vous donc à Dieu, pour ne point manquer à cette pratique.

« Mais, monsieur, sur quoi fondez-vous cette pratique? — Sur l'Évangile, mes sœurs, qui dit : « Si vous pré- » sentez votre offrande à l'autel et que vous vous trouviez » avoir fâché votre frère, laissez là votre offrande et allez » avant tout vous réconcilier avec lui, et après présentez » votre offrande. » Et ne pensez pas, en effet, que si une fille de la Charité n'est unie à Dieu et au prochain par la charité, ses actions puissent être agréables à Dieu. Non, mes filles, il n'a que faire de ses confessions et de ses communions, ni même du service qu'elle rend aux pau- vres. « J'aime mieux la justice que la miséricorde, dit-il, j'aime mieux la réconciliation de deux personnes qui ne s'aiment pas, que tous vos sacrifices... »

« Mais, monsieur, cette pratique est-elle en usage ailleurs? Le fait-on ainsi chez vous? — Oui, mes filles, on le fait quelquefois, et je l'ai fait encore aujourd'hui, après la répétition de l'oraison; car m'étant souvenu que j'avais parlé hier à deux ou trois des nôtres avec suffi- sance, je leur ai demandé pardon, et j'ai reconnu, devant toute la compagnie, que j'étais cause de tous les maux qui arrivent dans la maison. Or, que m'en est-il arrivé? Grande douceur et consolation. Pourquoi? Parce que je sais que cela est agréable à Dieu... »

» Je dis plus, mes filles; d'après ce que vous venez d'entendre, lorsque vous vous disposez à la confession, vous ferez bien d'aller demander auparavant pardon à la sœur ou aux sœurs que vous auriez pu contrister, et de vous·réconcilier avec le prochain, pour pouvoir vous réconcilier avec Dieu...

» Croiriez-vous bien, mes filles, que les Turcs sur ce point sont meilleurs que beaucoup de chrétiens? C'est cependant la vérité, car voici ce qu'un prêtre de la Mission, qui a été envoyé en Turquie pour la conversion des infidèles, a rapporté : « J'ai trouvé deux chrétiens qui avaient » eu quelque différend, à la suite duquel ils ne pouvaient » se voir. J'ai dit à l'un : Mon ami, je sais qu'il y a » quelque chose entre vous et un tel; oh! il faut lui » pardonner. — Mais, monsieur, me répondit-il, ce tel » m'a fait ce mal, et cet autre, je ne saurais lui par- » donner, et quand je le vois, je ne puis le souffrir. — » J'ajoutai : C'est votre nature qui vous donne cette peine. » — Je fus ensuite parler à l'autre sur le même sujet, et » ainsi de l'un à l'autre pendant une heure entière avant » de pouvoir les résoudre à se réconcilier. »

» Un Turc de condition, qui était à me remarquer, me

dit enfin : « Prêtre, viens çà ; que fais-tu avec ces deux
» hommes, allant de l'un à l'autre et avec lesquels tu as
» parlé? — C'était, lui répondis-je, pour les réconcilier
» ensemble. — Je l'ai jugé ainsi », repartit le Turc. Et
poursuivant, il me demanda : « Quelle religion est donc
» la vôtre, que ceux qui en sont aient tant de peine à se
» pardonner? Oh! vraiment, nous faisons bien autrement,
» nous autres, car jamais nous ne laissons coucher le
» soleil sur notre colère. »

» Voilà ce que font les Turcs, et par conséquent une
fille de la Charité qui garde quelque froideur et aversion
sur le cœur contre son prochain, sans se mettre à même
de se réconcilier, est pire que les vrais Turcs.

» O mes sœurs! faites ce qui est ordonné par vos règles,
et vous porterez dignement le beau nom de filles de la
Charité. Si au contraire vous y étiez infidèles, vous auriez
grand sujet de craindre que Dieu ne vous effaçât du livre
de la Charité, c'est-à-dire du livre de vie. *Deleantur
nomina vestra de libro vitæ...* Cependant, mes filles,
chacune de vous a été écrite au livre de la Charité, quand
vous vous êtes donnée à Dieu pour servir les pauvres, et
particulièrement le jour que vous avez fait vos vœux. »

ARTICLE QUATRIÈME.

« Et d'autant que la trop grande tendresse sur soi-même,
» qui est fort contraire à la charité bien réglée et au soin

» modéré de sa santé, pourrait souvent porter les sœurs,
» particulièrement celles des paroisses, à dire leurs petits
» maux au médecin des pauvres, lequel les mettant aisé-
» ment aux remèdes les exposerait au danger de ruiner
» leur santé au lieu de la leur procurer ; elles n'useront
» d'aucun médicament ni de saignée pour leurs personnes,
» ni ne consulteront le médecin ou autre personne de
» semblable profession, pour le même effet, sans la per-
» mission de la supérieure, savoir : pour celles qui sont
» auprès d'elle ou dans les paroisses de la ville où elle
» réside, si ce n'est que le mal pressât trop, comme
» apoplexie, hémorrhagie, etc. Mais quelle que soit la
» maladie, elles en donneront toujours avis à la même
» supérieure, le deuxième ou troisième jour au plus tard.
» Pour celles qui sont éloignées, il faudra demander cette
» permission à la sœur servante, laquelle ne le permettra
» pas, si elle n'y voit de la nécessité, et tâchera elle-même
» de donner l'exemple aux autres en la pratique de cette
» règle ; et toutes, après leur guérison, reprendront volon-
» tiers le travail commun, sans prétendre d'user plus
» longtemps des dispenses particulières qu'on leur avait
» accordées pendant leur maladie. »

Cette règle parle d'elle-même, comme le dit saint
Vincent de Paul : « Voici ce qu'elle signifie : qu'il ne faut
pas que les filles de la Charité se fassent ordonner des
remèdes sans le demander à mademoiselle Le Gras. Pour-

quoi cela? Parce que l'expérience a fait voir qu'une des choses qui gâte le plus la santé est la quantité de remèdes, particulièrement aux jeunes gens ou d'âge moyen. » Parler de ses malaises à un médecin, c'est lui demander un remède. Mais, ajoute le saint fondateur des filles de la Charité : « Ils m'ont dit eux-mêmes qu'ils sont quelquefois embarrassés quel remède ils doivent donner, de crainte qu'il ne soit plus nuisible que profitable à la santé. Par là, mes sœurs, apprenez à bien observer cette règle. » Pour leur montrer l'importance du précepte, saint Vincent ajoute : « Si vous ne suivez pas (cet avis), vous serez des personnes infirmes, qui aurez plus besoin d'être assistées que vous n'aurez de santé pour assister les autres. » Puis il ajouta : « O Sauveur de mon âme ! qui êtes le vrai médecin, soyez-le de nos corps aussi bien que de nos âmes ! Vous avez enseigné aux animaux les remèdes nécessaires à leurs maux, enseignez-nous aussi, Seigneur, comme il faut nous comporter dans l'usage de ceux que vous avez créés pour nous ; et comme les gens de bien ne font jamais à l'excès, enseignez-nous comme nous devons en user, non-seulement pour nous, mais encore à l'égard de nos pauvres. »

A la fin de la conférence du 11 novembre 1657, où l'on traita des règles à suivre par les filles de la Charité lorsqu'elles sont malades, une sœur, voyant que M. Vincent était près de donner la bénédiction, s'agenouilla et lui demanda pardon ainsi qu'à toute la compagnie des manquements à la règle auxquels elle s'était laissée aller, et le saint fondateur des filles de la Charité lui répondit :

« Dieu vous bénisse, ma fille, des sentiments de pénitence que vous témoignez ; cela suppose, ma sœur, que vous êtes dans la disposition de faire mieux dorénavant et de travailler à la pratique de ce que nous venons de dire. C'est la grâce que je demande pour vous et pour toutes vos sœurs. Que le Ciel donc se réjouisse au sujet de ce que vous venez de faire, car il est dit qu'il y a une joie particulière parmi les anges lorsqu'un pécheur fait pénitence ! »

CHAPITRE SIXIÈME.

ARTICLE PREMIER.

« Quoiqu'elles doivent avoir un grand amour les unes
» envers les autres, elles se garderont pourtant soigneuse-
» ment des amitiés particulières, qui sont d'autant plus
» dangereuses qu'elles paraissent alors moins l'être, parce
» qu'on les couvre d'ordinaire du manteau de la charité,
» encore qu'elles ne soient en effet qu'une affection déré-
» glée de la chair et du sang ; c'est pourquoi elles les
» fuiront autant et même plus que les aversions, ces deux
» extrémités vicieuses étant capables de perdre en peu de
» temps toute une compagnie. »

Pour expliquer cette règle, dans la conférence du 2 juin
1658, saint Vincent de Paul rappelle à ses filles « que les
chrétiens ont deux sortes d'amour : l'un humain, l'autre
chrétien. Le premier, qui est commun à tous les hommes,
fait qu'on aime par inclination naturelle, d'après les sens,
comme quand on aime son pays, ses parents, certaines
personnes seulement, etc. ; l'autre, qui est l'amour chrétien, fait qu'on aime par raison, c'est-à-dire pour l'amour
de Dieu, tout le monde également. Or, les personnes de
communauté ont ces deux sortes d'amour, dont l'un est
le mauvais, et, comme dit le bienheureux évêque de
Genève, celui de la bête : c'est celui qui ne s'étend qu'à
un petit nombre de personnes ; l'autre est le bon, c'est

celui qui s'étend à toutes, pour l'amour de Notre-Seigneur dont nous sommes tous les membres... Une fille, par exemple, qui a de l'inclination pour une autre, lui dira tout ce qu'elle veut et ne veut pas; elle lui fera connaître tout ce qu'elle a dans le cœur, ou, pour ainsi dire, elle le lui donne tout entier et n'en réserve rien pour ses pauvres sœurs, qui ne lui sont rien au prix de celle-là. D'où il suit qu'elle n'a ni l'amour de Dieu ni l'amour du prochain. Mais pourquoi? Parce qu'elle n'a pour sa sœur qu'un amour de bête, et qu'elle préfère cet amour de la créature à l'amour du Créateur, qu'elle devrait aimer par-dessus toutes choses, et puis le prochain pour l'amour de Dieu... Quoi! une sœur qui a un cœur pour toutes ses sœurs, l'ôte à toutes pour le donner à une seule qu'elle aime, mais en la manière que les bêtes aiment! C'est comme si elle disait : J'ai un cœur, tenez, je vous le donne, et il n'y aura d'autre personne que vous qui y ait place. Ah! Jésus, quelle injustice [1]! »

ARTICLE DEUXIÈME.

« Pour retrancher l'occasion des murmures, qui ne sont
» pas moins préjudiciables à la paix et union d'une com-
» munauté que les deux vices précédents (l'amour et la

---

[1] Pour nous, gens du monde, quand les règles de la morale subsistent et qu'une charité générale reste disponible pour le prochain, cet amour de bête que repousse saint Vincent de Paul, c'est l'amour modèle! Oh! que nous sommes loin de la perfection!

» haine), et qui naissent d'ordinaire de la curiosité de
» savoir tout ce qui s'y passe sous un faux zèle du bien
» commun; elles ne s'enquêteront point ni ne parleront
» point de la conduite de la compagnie pour y trouver à
» redire, et encore moins pour s'en plaindre; mais si la
» chose leur paraît de quelque conséquence, elles en
» diront humblement et simplement leur pensée au supé-
» rieur, ou au directeur, ou à la supérieure, sans s'en
» mettre davantage en peine, se donnant bien de garde de
» murmurer jamais de leur conduite ou du procédé de la
» sœur servante; toutes ces sortes de murmures étant une
» source de scandales et de divisions qui attirent la malé-
» diction de Dieu, non-seulement sur les personnes qui
» les font, mais encore sur celles qui les écoutent avec
» complaisance et même sur toute la communauté. »

Dans la conférence du 30 décembre 1657, saint Vincent, pour inspirer à ses filles une sainte horreur contre
l'esprit de révolte qui engendre les murmures, leur dit :
« Il est rapporté dans l'Écriture sainte qu'il y a sept
sortes de péchés que Dieu hait particulièrement, et le
murmure est de ce nombre; car il y est dit : J'abhorre
tel péché, et surtout le murmure entre frères, par conséquent entre les personnes de communauté...

» Nous avons dans la sainte Écriture deux grands exemples des funestes effets du murmure. Le premier est la
sœur de Moïse, et l'autre de Coré, Dathan et Abiron :

» Comme Moïse qui gouvernait le peuple l'eut conduit dans le désert, voilà Coré, Dathan et Abiron qui y trouvèrent à redire, en sorte que quand Moïse parlait au peuple, ils le contredisaient après, et bien loin de considérer qu'il parlait au nom de Dieu, ils disaient que Moïse n'était qu'un magicien, et partout murmuraient contre lui et contre les règles que Dieu lui avaient dictées. Or, il arriva par permission divine, devant tout le peuple rassemblé, que la terre s'ouvrit et que ces trois murmurateurs furent engloutis vivants dans l'enfer.

» Ce n'est pas tout : parce qu'ils avaient murmuré devant le peuple, ce qui lui faisait perdre sa confiance en Moïse, Dieu envoya un feu qui consuma deux cent cinquante partisans de ces murmurateurs.

» La sœur de Moïse, qui s'appelait Marie, ayant entendu ce qu'on disait de son frère, entra comme les autres dans la même pensée de murmure contre les œuvres qu'il faisait. Dieu l'en punit aussi; mais ne voulant pas l'abîmer comme Coré, Dathan et Abiron, il lui envoya une lèpre horrible qui la fit envoyer hors du camp [1], où elle était privée de sa vue et n'entendait plus parler de son frère. N'est-ce pas là, mes sœurs, de grands exemples propres à vous faire abhorrer le murmure?

» Nous avons encore le terrible exemple de Judas.

[1] On lit dans le texte que je copie, dehors *aux champs;* mais les Hébreux n'avaient pas alors de villes.

Celui-ci trouvait à redire à tout ce que faisait Notre-Seigneur et murmurait contre la Madeleine, parce qu'elle avait répandu des parfums sur la tête de son maître. Non-seulement il trouva à redire aux actions du Sauveur, mais encore il parla contre lui. Tant il y a, qu'enfin il vendit aux Pharisiens son bon Maître, pour trente deniers d'argent. Vous savez toutes le châtiment que Dieu tira de ce déicide, qui n'en vint à cette extrémité qu'après avoir murmuré contre Notre-Seigneur.

» Quand donc quelqu'une d'entre vous murmure intérieurement ou avec ses sœurs, soit des supérieurs, soit des règles, apprenez qu'elle commence l'ouvrage de Judas, et que si elle va dehors faire de même, c'est Judas achevé. Et qu'arrive-t-il à cette personne? C'est que Dieu l'abandonne. Elle ne participe plus aux grâces que Dieu donne à la compagnie. Ce n'est plus chez elle que froideur envers les supérieurs, que négligence au service des pauvres, en sorte qu'il vaudrait mieux pour la compagnie qu'elle prît congé que d'y vivre de la sorte... » Cela posé, mes sœurs, donnez-vous à Notre-Seigneur pour bien garder vos règles, principalement celle-ci. Quand on entend murmurer, il faut se rappeler que les supérieurs tiennent la place de Dieu. Honorez aussi vos supérieurs et ne vous exposez pas à dire ou à demander pourquoi ils font telle ou telle chose? Pensez seulement qu'ils font tout ce qu'ils peuvent, comme personnes qui doivent rendre compte à Dieu de ce qu'ils ont en charge, et soyez assurées que tant que vous la pratiquerez de la sorte, toute bénédiction de Dieu viendra sur vous; au lieu que si vous le faites autrement, Dieu vous punira. Pourquoi? Parce que vous ressemblerez aux trois murmurateurs Coré, Dathan et Abiron, ou encore à Judas, qui trouva à redire à tout; et partant point de consolation dans l'oraison, point d'amour de Dieu ni des pauvres, et point de repos dans l'intérieur [1]. »

ARTICLE TROISIÈME.

« Elles se donneront bien de garde dans leurs conver-
» sations de s'entretenir jamais des défauts du prochain,
» particulièrement de leurs sœurs, ni de rapporter à la
» maison ce qu'elles auront appris du dehors, si ce n'est
» aux supérieurs; mais si quelqu'une d'entre elles s'oubliait
» jusque-là de son devoir, que de tenir de tels discours,
» contraires à la charité, devant des sœurs, les autres,
» bien loin de l'écouter, feront leur possible pour l'em-
» pêcher de continuer, se mettant à genoux devant elle,
» si besoin est, pour la prier de cesser; et si elle ne

[1] Tout ce que dit saint Vincent de Paul contre les murmures pour empêcher qu'ils ne vinssent troubler la compagnie des filles de la Charité est vrai au même degré dans une famille, et le premier texte de l'Écriture sainte cité par saint Vincent a été dit directement pour une famille : « J'abhorre tel péché, *et surtout le murmure entre frères.* »

» s'arrêtait pas encore pour cela, elles se retireront
» promptement, comme si elles entendaient le sifflement
» d'un serpent. »

Pour proscrire la médisance, saint Vincent de Paul,
dans la conférence du 30 décembre 1657, veut que ses
filles rentrent en elles-mêmes, pensent à leurs propres
misères, et par là soient indulgentes pour les autres :

« Voyez-vous, il faut poser un bon fondement, pour
bien établir dessus ; c'est qu'il n'y a personne qui n'ait
quelque défaut, que les plus vertueux manquent quelquefois jusqu'à sept fois le jour, comme il est dit dans
l'Écriture. Ce fondement posé que chacun a ses défauts,
on n'aura pas de peine d'excuser les manquements des
autres. Si on parle de ceux de quelqu'une, vous penserez
en vous-mêmes : On peut en dire autant et plus de moi.
Si on dit : Il semble que cette fille n'est pas modeste ; il
me paraît qu'elle est superbe et paresseuse. Et toi, pauvre
misérable, tu ne vois donc point que les défauts intérieurs
sont bien plus considérables que ceux que tu remarques
dans ta sœur ? Tu ne vois donc pas que tu es entièrement
distraite dans les oraisons, lâche au service de Dieu, et que
tu ne fais aucune action avec recueillement ? Et cependant,
toi, misérable, tu dis que les autres ont des défauts ! Ah !
prends donc bien garde aux tiens, et ne perds pas ton
temps à examiner ceux de tes sœurs.

» Étudions-nous donc nous-mêmes, mes filles, ainsi que

nos actions, et nous trouverons que les imperfections de nos sœurs sont moindres que les nôtres. »

Puis saint Vincent de Paul rappelle les reproches que Jésus-Christ adressait aux Pharisiens, qui voyaient une paille dans l'œil de leur voisin, et qui ne prenaient pas garde à la poutre qui leur crève les yeux. « Sachez donc aujourd'hui, mes filles, que si vous vous étudiez vous-mêmes, vous trouverez que vous êtes pires que toutes les autres, et que vous avez plus d'imperfections qu'aucune de vos sœurs ; et vous verrez aussi que si vous ne tombez pas dans les mêmes fautes que d'autres, à coup sûr vous tomberiez si Dieu ne vous retenait par sa grâce ; et, partant, par l'expérience que vous aurez de votre propre faiblesse et de votre peu de fermeté, vous verrez que non-seulement vous êtes pires que toutes les autres sœurs, mais encore pires que toutes les filles du monde. Vous verrez encore plus, que vous êtes pires que le diable, puisque si ce malin esprit avait reçu les grâces qui nous sont données, il serait meilleur que nous. Oui, si Jésus-Christ était mort pour les démons, comme il est mort pour nous, s'ils avaient reçu les lumières et les bons mouvements que Dieu nous donne, ils le serviraient mieux que nous. C'est ce que disait un jour un possédé à quelqu'un : « Ah ! malheureux que vous êtes, disait-il, de vivre de la sorte ! Quoi ! vous avez un Dieu qui est mort pour vous, et néanmoins vous vivez autrement qu'il ne veut! Oh! s'il nous avait fait la même grâce de mourir pour nous, nous le servirions mieux que vous! »

» Dès qu'il en est ainsi, mes filles, il faut avouer que nous sommes pires que le démon; pour moi, je n'ai pas de peine à me le persuader, et je vois, clair comme le jour, que je suis pire que le diable, car si le diable avait reçu les grâces que Dieu m'a données, je ne dis pas les grâces extraordinaires, mais seulement les grâces communes, il n'y a pas de démon en enfer qui ne fût meilleur que je ne suis. Ressouvenez-vous donc, mes filles, d'estimer toutes vos sœurs plus parfaites que vous; croyez qu'elles sont bonnes, et que vous êtes la pire de toutes.

» Si vous vous établissez bien là-dedans, vous ferez de votre compagnie un paradis. Ce sera, entre vous, un perpétuel amour envers Dieu et envers le prochain, une augmentation d'amour les unes pour les autres, d'où il résultera une grande paix et concorde, ce qui est à vrai dire un paradis ; et comme, dans ce paradis, les bienheureux aiment Dieu d'un amour perpétuel et se prêtent sans peine à vouloir ce que Dieu veut, ainsi, ne point trouver à redire aux autres et s'aimer réciproquement, c'est un paradis commencé. Eh! mes filles, n'est-ce pas en effet ce que sont les bienheureux mêmes? Ils ont tant d'amour les uns pour les autres qu'ils sont aussi contents de la gloire des autres que de la leur propre. Si nous voulons donc, nous pouvons commencer notre paradis en ce monde ; car pour cela nous n'avons qu'à garder nos règles et la charité.

» Or sus, mes sœurs, voilà un moyen d'arriver à la perfection ; donnez-vous donc à Dieu pour bien pratiquer ces règles, qui vous rendront toutes saintes, puisqu'elles vous feront aimer les unes les autres, et, selon saint Jean, cela suffit pour être sauvé.

» O Sauveur de nos âmes ! éclairez l'esprit de nos sœurs d'un rayon de votre lumière, pour leur faire voir le bien qu'il y a dans la pratique de leurs règles [1]. Vous voulez qu'elles vivent en parfaites filles de charité ; ah ! Sauveur, faites-nous la grâce de pratiquer cette règle et toutes les autres, nous vous le demandons, par l'amour que vous a porté la sainte Vierge, et votre bien-aimé disciple saint Jean, qui disait sans cesse aux siens qu'ils s'aimassent les uns les autres, car cela suffisait pour être sauvé. Seigneur, c'est ce que nous vous demandons, et parce que nous n'avons ni assez d'amour ni assez d'humilité, nous implorons votre aide pour entrer dans la pratique de ces vertus ; nous vous offrons pour l'obtenir et vos

____

[1] Ces sentiments si suaves et si doux de saint Vincent de Paul, combien sont-ils indispensables dans le sein des familles ! Il n'y a pas un mot à retrancher de ces admirables conseils du père des filles de la Charité ; nous n'avons qu'à nous agenouiller et à prier Dieu de nous donner ces sentiments d'humilité et de charité.

humiliations et votre amour. O Sauveur! c'est ce que nous vous demandons, afin que nos sœurs vous soient toutes agréables, dans tout ce qu'elles feront, comme vos chères et fidèles épouses. »

CHAPITRE SEPTIÈME.

ARTICLE PREMIER.

« Leur principal emploi étant de servir les pauvres
» malades, elles s'en acquitteront avec tout le soin et toute
» l'affection qui leur sera possible ; considérant que ce
» n'est pas tant à eux qu'à Jésus-Christ qu'elles rendent
» service. Dans cette vue elles leur porteront elles-mêmes
» la nourriture et les remèdes, les traitant avec compas-
» sion, douceur, cordialité, respect et dévotion, même
» les plus fâcheux, et ceux pour lesquels elles sentiront
» quelque répugnance ou moins d'inclination ; elles feront
» grande conscience de les laisser souffrir, faute de leur
» donner précisément au temps et en la manière conve-
» nable, les secours dont ils ont besoin, soit par quelque
» négligence ou oubliance coupable, soit par quelque
» attache mal réglée à leurs exercices spirituels, qu'elles
» doivent postposer à l'assistance nécessaire des pauvres
» malades. »

Cette règle et les suivantes parlent d'elles-mêmes.
Saint Vincent leur donna un commentaire très-bref dans
la conférence du 11 novembre 1657. Il dit à ses filles :

« Votre principal soin, après l'amour de Dieu et le
désir de vous rendre agréables à sa divine majesté, doit
être de servir les pauvres malades avec grande douceur

et cordialité, compatissant à leur mal, écoutant leurs plaintes, comme une bonne mère doit faire; car ils vous regardent comme leurs mères nourricières, comme des personnes envoyées de Dieu pour les assister. »

Pour exciter ses filles à servir les pauvres avec respect et dévotion, saint Vincent leur dit que les pauvres sont leurs maîtres, qu'ils sont les membres vivants de Jésus-Christ.

« Oh! que ce sont de grands seigneurs au ciel! Ce sera à eux d'en ouvrir la porte, comme il est dit dans l'Évangile. Voilà ce qui vous oblige à les servir avec respect comme vos maîtres, et avec dévotion parce qu'ils vous représentent la personne de Notre-Seigneur, qui a dit : « Ce que vous ferez au plus petit des miens, je le tiendrai fait à moi-même [1]. » En sorte, mes filles, que Notre-Seigneur est réellement avec ces malades, et reçoit les services que vous leur rendez; et selon cela il faut non-seulement prendre garde d'éloigner de soi la rudesse et l'impatience, mais, de plus, s'étudier à les servir avec cordialité et grande douceur, même les plus fâcheux et les plus difficiles. »

---

[1] Ce n'est pas seulement aux filles de la Charité que s'adresse Jésus-Christ, c'est à chacun de nous, et à peine d'être traités comme le mauvais riche, en cas d'oubli de sa sainte parole. Le commentaire de saint Vincent de Paul nous regarde donc autant que chacune des filles de la Charité.

ARTICLE DEUXIÈME.

« Elles n'oublieront pas de leur dire, de fois à autre,
» quelques bons mots pour les disposer à la patience, ou
» à faire une bonne confession générale, ou à bien mourir,
» ou à bien vivre. Elles auront particulièrement soin de
» leur enseigner les choses nécessaires au salut, et de
» procurer qu'ils reçoivent de bonne heure tous les sacre-
» ments, et même plus d'une fois, si après leur convales-
» cence ils retombent malades ; le tout en la manière et
» selon l'ordre qui leur en est prescrit dans les règles
» particulières de leurs offices envers les malades. »

Saint Vincent ne demandait pas à ses filles de faire aux
malades de longs discours, il leur demande « de leur dire
quelques bons mots, par exemple ceux-ci : Eh bien, mon
frère, comment pensez-vous à faire le voyage de l'autre
monde? Puis à un autre : Eh bien, mon enfant, ne voulez-
vous pas bien aller voir Notre-Seigneur? Et encore : O mon
enfant, que vous serez heureux si vous souffrez patiemment! — O mon frère! vous avez bien du mal, mais
Notre-Seigneur mérite bien que nous souffrions davantage
pour l'amour de lui! — Mon enfant, vous souffrez beaucoup, mais que le mérite que vous en aurez sera grand!
— Eh bien, mon frère, eh bien, ma sœur, aimons-nous
bien le bon Dieu? Ne voulez-vous pas faire une bonne
confession générale? Et, ainsi, dire un mot selon le besoin
qu'on voit.

» Et pour faire qu'il soit utile, ayez soin vous-mêmes de vous remplir de l'esprit de Notre-Seigneur, en sorte qu'on voie que vous l'aimez et que vous cherchez à le faire aimer. Une fille qui sera remplie de Notre-Seigneur ne peut manquer de faire beaucoup de fruit; mais s'il y en avait parmi vous qui ne fussent filles de la Charité que de nom, et qui n'en eussent que l'habit seulement, oh! celles-là ne diront rien aux malades, ou si elles leur disent quelque chose, ce sera si froidement qu'ils n'en seront nullement touchés; et pourquoi? Parce que ces filles n'ont point la charité dans le cœur, et partant ne parlent que du bout des lèvres, au lieu que celles qui sont pleines de Dieu en parlent avec affection, parce qu'elles portent Dieu dans le cœur, et que ce qui sort de ce cœur est un petit feu qui entre dans celui du malade, ou un baume qui remplit tout de son odeur [1]. »

ARTICLE TROISIÈME.

« Et d'autant que la charité mal ordonnée est non-
» seulement désagréable à Dieu, mais encore préjudiciable
» à l'âme de ceux qui la pratiquent de la sorte, elles
» n'entreprendront jamais de nourrir ni médicamenter
» aucun malade, contre la volonté des personnes dont elles
» dépendent, ni contre l'ordre qui leur en a été donné;

[1] Comme saint Vincent prouvait bien par son exemple la vérité de ses préceptes! Rien n'est suave et doux à l'âme comme les leçons qu'il donne !

» sans s'arrêter aux plaintes que les pauvres mécontents
» sont accoutumés de faire, lesquels pourtant elles tâche-
» ront de consoler et satisfaire le mieux qu'elles pourront,
» leur témoignant de la compassion pour leurs maux, et
» du regret de ne les pouvoir assister selon leur désir, et
» excitant de tout leur possible les dames de la Charité et
» autres à leur faire le plus de bien qu'il se pourra. »

Pour montrer combien cette règle peut être pénible au
cœur d'une sœur de la Charité qui doit cependant l'observer, car on ne peut avoir de charité contre l'obéissance,
saint Vincent leur montre ce à quoi elles doivent s'attendre.

« Voilà un malade qu'on n'a pas voulu recevoir (dira
une sœur); il croit que c'est moi qui en suis la cause, il
crie après moi autant de fois qu'il me voit : que dois-je
donc faire? — Mes filles, ce cas peut arriver, mais il faut
souffrir et baisser les épaules. — Eh! monsieur, si je
passe dix fois par là, j'entends toujours ce reproche! —
N'importe, il ne faut rien faire que se plaindre au bon
Dieu, qui sait bien avec quelle intention vous le faites [1]. »

---

[1] Une jeune fille chargée des charités de son père devrait suivre
cette règle; si son père lui avait défendu d'assister un pauvre, parce
qu'il n'est dans la misère que par son inconduite, et que les secours
qu'on lui donne ne font que l'aider à mal faire, elle devrait s'abstenir de tout secours envers ce mauvais pauvre; mais elle ferait
bien, suivant le même précepte, d'exciter de tout son pouvoir son
père à secourir un homme que la charité ramènerait plutôt qu'un
abandon trop dur et destiné à l'aigrir, au lieu de le ramener au bien.

« Elles auront grand soin des sœurs malades, particu-
» lièrement hors de la maison de la supérieure ; pour cet
» effet, elles les regarderont comme servantes de Jésus-
» Christ, en ce qu'elles sont servantes de ses membres,
» les pauvres ; et comme leurs propres sœurs, en tant
» qu'elles sont toutes, d'une manière particulière, filles
» d'un même Père qui est Dieu, et d'une même mère qui
» est leur compagnie, et dans cette vue elles leur rendront
» service avec toute l'affection et toute l'exactitude qui leur
» sera possible ; elles auront surtout un soin particulier
» d'avertir de bonne heure le confesseur lorsqu'une sœur
» est malade, et de lui procurer tous les sacrements et
» autres assistances spirituelles dont elle aura besoin ; mais
» pour ce qui est du traitement du corps, elles observeront
» ce qui leur est prescrit au chapitre deuxième, article
» sixième, de la pauvreté. »

Cet article est si explicite qu'il ne demande aucun
commentaire : Les filles de la Charité doivent se soigner
entre elles, en vraies filles de la Charité, comme sœurs en
Jésus-Christ, de manière à ne pas démentir le nom qu'elles
portent. Saint Vincent insiste peu là-dessus, et profite de
cet article pour donner des conseils aux sœurs qui seraient
malades.

« Quand une fille est vraiment fille de la Charité en
santé, elle sera la même dans la maladie, ainsi elle sera

bien aise d'être servie comme les pauvres malades ; on cesse d'être fille de la Charité si, étant malade, on veut être traitée délicatement. Eh ! que donnez-vous aux pauvres que vous servez ? Des œufs et des bouillons. Quand on vous traite de la sorte, vous êtes égales à vos maîtres, et c'est tout ce qui peut s'accorder... Cependant, il arrive quelquefois que les dames veulent en traiter quelqu'une comme une dame... Eh bien ! celles qui souffrent cela s'éloignent fort de leur devoir, et elles doivent dire : « Madame, cela n'appartient pas à de pauvres filles comme nous, permettez que nous suivions nos petites coutumes. »

Et se mettant lui-même en cause, saint Vincent ajoute :

« Mes filles, nous venons de pauvres gens, vous et moi ; je suis fils d'un laboureur, j'ai été nourri rustiquement, et pour être à cette heure supérieur de la Mission, je voudrais m'en faire accroire et être traité comme un monsieur. O mes filles ! souvenons-nous de nos conditions, et nous trouverons que nous avons sujet de louer Dieu de nos traitements de pauvreté [1]. »

---

[1] Cette humilité et cette simplicité de saint Vincent touchent le cœur, et chacun doit dire : « Puis-je m'en faire accroire et demander à être traité autrement qu'un grand saint comme saint Vincent de Paul ? »

CHAPITRE HUITIÈME.

Articles 1, 2, 3 et 4[1].

ARTICLE CINQUIÈME.

« Tous les vendredis, excepté le vendredi saint et ceux
» où il arrive quelque fête chômée, elles s'assembleront,
» à sept heures et demie, pour faire les prières et assister
» ensuite à la petite conférence que tient la supérieure,
» ou celle qui la représente, touchant les manquements
» commis contre les règles, afin de s'en corriger. Pour cet
» effet, chacun y dira sa coulpe, en présence des autres, en
» la manière accoutumée, recevra de bon cœur les avis et
» les pénitences qu'on lui donnera, et demandera pardon
» à celle à qui elle pourrait avoir donné quelque sujet de
» mortification ou de mauvais exemple; chacune se sou-
» viendra encore de demander, une fois le mois, d'être
» avertie publiquement des fautes qu'on aura remarquées
» en elle, ce que les autres feront en esprit d'humilité et
» de charité, sans jamais avertir des fautes qui auraient
» été commises contre elle en particulier; et les sœurs
» qu'on avertira de leurs défauts recevront cette grâce

---

[1] Les conférences qui ont été faites par saint Vincent de Paul
sur ces articles ou n'ont pas été recueillies, ou plutôt ont été perdues, au milieu des épreuves diverses que la compagnie des filles de
la Charité a traversées.

» avec humilité et désir de se corriger, sans se justifier, ni
» témoigner aucune peine des avertissements qu'on leur
» aura faits ; celles qui demeureront dans les paroisses et
» autres établissements, observeront le même, en présence
» de leur sœur servante. »

Dans la conférence du 16 mars 1659, saint Vincent de Paul, après avoir lu cet article, ajouta : «Mes chères sœurs, ce que recommande cette règle est un des beaux exercices et des plus utiles à mon avis, lorsqu'il est bien fait. » Après avoir interrogé plusieurs sœurs sur ce qu'on faisait dans leurs paroisses, et mademoiselle Le Gras sur ce qui se pratiquait à la maison mère, saint Vincent insista sur l'utilité de cette pratique, et il ajouta : « Voyez-vous, mes filles, c'est dans cet exercice que vous battrez l'esprit malin à dos et à ventre, parce que cette action, si elle est bien faite, vous procure l'avantage d'effacer·le mal que vous avez fait dans toute la semaine.

» Saint Dominique voyant un jour le diable, s'adressa à lui et lui dit : Viens ici, esprit de ténèbres ; que fais-tu là? — Je fais mon office, répliqua le démon, je vais partout et partout je gagne quelque chose : à l'église, par les distractions dans les prières ; à table, par le plaisir qu'on prend à manger et à boire ; dans les conversations, par le plaisir qu'on s'y donne de médire de son prochain ; bref, je gagne partout quelque chose, excepté dans un seul lieu où je perds tout. — Je te commande, de la part de Dieu ;

dit alors le saint, de me dire quel est ce lieu. — Au chapitre, répliqua le démon, parce qu'on s'y accuse humblement de ses fautes. »

Saint Vincent ajouta: « Puisqu'il en est ainsi, il faut se donner à Dieu, pour faire cette action comme il faut. »

La fin de cette conférence manque, mais il est certain que du fond du cœur saint Vincent pria Dieu de fortifier ses filles, par sa sainte grâce, dans l'usage de bien faire leur coulpe [1].

ARTICLE SIXIÈME.

« Pour empêcher plusieurs grands inconvénients qui
» perdraient enfin la compagnie, si chacune avait la liberté
» de décharger son cœur à qui elle voudrait, elles ne com-
» muniqueront point leurs tentations et autres peines inté-
» rieures à leurs sœurs, et encore moins aux personnes
» externes, mais s'adresseront au supérieur ou directeur
» député de sa part, ou à la supérieure, et au besoin à la
» sœur servante, Dieu les ayant destinés pour cela et non
» pas les autres; si pourtant quelqu'une pense devant Dieu
» avoir besoin de se communiquer ou demander avis à
» quelque personne de dehors, elle le pourra faire, mais
» ce ne sera pás sans la permission du supérieur ou du
» directeur ou de la supérieure, de peur qu'en faisant

[1] Est-ce que dans une famille les brouilles ne s'effacent pas par l'aveu réciproque des torts qu'on peut avoir à se reprocher? — Entre époux, cela est indispensable pour vivre toujours dans l'union.

» autrement Dieu ne permette qu'on lui donne un mauvais
» conseil en punition de sa désobéissance. »

Saint Vincent donna le commentaire de cette règle à
ses filles le 6 janvier 1658, en la leur signalant comme
peut-être la plus importante pour le bien de la compagnie.
Après avoir démontré le danger de confier ses peines et
ses tentations à des personnes qui n'ont pas qualité pour
y répondre, il insiste sur la nécessité de s'adresser aux
supérieurs seuls, alors même que les tentations seraient
dirigées contre ces supérieurs eux-mêmes; puis il répond
aux objections.

« Monsieur, voilà qui est bien dur à porter. Eh quoi!
qu'une fille qui a de la peine ne puisse pas se communiquer à sa sœur! Quel danger, quel mal y a-t-il donc? —
Si vous étiez assurée, ma fille, que cette compagne eût
grâce de Dieu pour vous donner bon conseil et vous guérir, vous pourriez dès lors vous communiquer à elle; mais
parce qu'il y a peu de filles qui aient cette grâce, il y
aurait de l'inconvénient à permettre que vous en usiez de
la sorte... et encore parce qu'il pourrait arriver qu'en
communiquant votre tentation à une sœur, celle-ci à une
autre, et ainsi de suite, toute la communauté n'en fût bientôt instruite, c'est-à-dire infectée comme de la peste.

» Et d'où pensez-vous que viennent les révoltes dans un
royaume? De ce que quelques personnes poussées par un
mauvais esprit trouvent à redire à la conduite de l'État; à

leur avis, le roi ne fait pas bien son devoir. Elles font part de leurs plaintes à l'un, à l'autre, et bientôt tout l'État est indisposé et bouleversé.

» Ainsi, mes filles, les communautés où vous voyez du désordre, c'est où il n'y a point d'union ni avec la supérieure ni entre les inférieures. D'où pensez-vous que vienne ce mal? C'est de ce que quelque esprit, poussé de quelque passion, se déclarera à un autre, et celui-là à un autre encore, en sorte que tous les esprits étant dans la fermentation, il arrivera comme une convulsion où tout se renversera....

» Hélas! mes filles, ne vous étonnez point quand il vous viendra des tentations même contre les supérieurs, puisque Dieu permet qu'on soit tenté contre lui-même. Un supérieur donc, ni une supérieure, ne doivent jamais trouver étrange qu'on soit tenté contre eux; aussi je ne suis point surpris quand un prêtre, un clerc ou un frère me dit qu'il a des tentations contre moi, et pourquoi? Parce que nous sommes tous sujets à la tentation, et que toute notre vie n'est que tentation, comme dit le saint homme Job; mais de quelque sorte que soit votre tentation, ne craignez pas de la faire connaître une, deux et trois fois...

» Mais ne vous adressez jamais aux externes, c'est, comme je vous l'ai déjà dit, ce qui perdit Judas; car au lieu d'imiter les autres apôtres, qui, étant sur le point d'être submergés dans la mer, s'écrièrent : Ah! Seigneur, sauvez-nous, nous périssons! il s'adressa au contraire à des externes, et ne se contenta pas de dire au peuple ses murmures, mais encore aux princes des prêtres, les plus mortels ennemis de son Maître, qui le traitaient d'imposteur et qui cherchaient l'occasion favorable pour le faire mourir : « Que voulez-vous donc me donner, et je vous le livrerai?... » De là sa trahison et son déicide. Or, pourquoi Judas est-il tombé dans ce malheur? C'est, je le répète, pour ne s'être point adressé à Notre-Seigneur dans sa tentation... et voilà pourquoi on cria : *Tolle, tolle!* son disciple l'a dit, il est digne de mort! O mes filles, voilà une grande leçon pour nous; car, si Dieu a permis que Judas, vivant dans la communauté de Jésus-Christ même, avec ses apôtres, tombât dans une telle faute, n'est-ce pas pour que les personnes de communauté apprennent aussi que, si elles s'adressent à d'autres qu'à leurs supérieurs pour dire leurs peines, elles se perdront et perdront aussi les autres?...

» Le bienheureux évêque de Genève a mis entre les règles qu'il a données aux filles de Sainte-Marie, que quand la supérieure ne pourrait pas satisfaire à ses filles, ni leur ôter leurs tentations, elle pourrait alors leur permettre de se communiquer à une autre personne du dehors, ce qui se faisait au commencement; mais quand ensuite il en est résulté un effet tout contraire et que l'expérience a fait voir que ces communications donnaient plus de trouble que de repos, d'après mon avis, madame de Chantal ne permit plus de faire ces communications, à cause du préjudice qu'elles causaient à ses filles.

» Mais pourquoi pensez-vous qu'on vous commande autant de vous adresser dans vos peines à vos supérieurs? C'est que comme tous les membres du corps reçoivent l'esprit et la vie du chef, ainsi les compagnies doivent recevoir de Dieu, par leurs supérieurs, toutes les grâces dont elles ont besoin.... Faites donc résolution d'être bien exactes à cette règle, car autrement il est à craindre qu'on ne vous conseille mal, surtout si vous vous adressez à quelqu'un qui ne connaisse pas l'esprit de votre état [1]. »

ARTICLE SEPTIÈME.

« Surtout elles seront soigneuses de taire les choses qui
» obligent au secret, et entre autres ce que l'on dit ou ce
» qu'on fait aux conférences, communications et confes-
» sions, étant certain qu'outre l'offense qu'on commet
» contre Dieu en révélant le secret, on fait que toutes ces
» pratiques deviennent enfin odieuses, inutiles et même

---

[1] Qu'une fille ait dans ses peines une autre confidente que sa mère, elle sera en grand danger d'être mal conduite. Qu'une femme ait de petites brouilles avec son mari, si elle se plaint à d'autres, à des *externes*, comme dit saint Vincent, c'est une femme perdue! Et le mari qui irait se plaindre de sa femme aux amies de celle-ci! Ah! si dans le nombre il y a une fausse amie. une envieuse, c'est un ménage troublé à jamais.

» quelquefois nuisibles à plusieurs. Il n'est pas pour-
» tant défendu de s'entretenir sur quelque bon mot
» que le supérieur ou le directeur ou une sœur
» aura dit, pourvu que ce soit pour édifier les autres, et
» sans dire où on l'a appris, particulièrement si ç'a été
» dans la confession; mais il n'est jamais permis d'en
» parler par récréation et encore moins par manière de
» plainte ou de murmure. Elles ne communiqueront point
» aussi leurs règles à aucun externe, sans une permission
» expresse du supérieur ou du directeur de leur com-
» pagnie, et la sœur servante les tiendra enfermées sous
» clef dans la chambre, sans les porter hors la maison ni
» les laisser exposées à la vue des personnes du dehors
» ni en tirer aucune copie. »

Commentant cette règle, dans la conférence du 6 janvier 1658, saint Vincent, après avoir donné des règles sur
l'inviolabilité du secret, ajouta : « Eh bien, si quelqu'une
d'entre vous prenait mal ce que je dis et allait le dire
au dehors, elle ferait un péché contre le secret; si encore
on prenait mal quelque chose que le confesseur dit en
confession et qu'on le dît à quelqu'un, ce serait un péché
contre le secret, et dans certains cas peut-être mortel.
Une sœur s'accuse de ses fautes comme nous voyons
qu'il y en a qui le font souvent... on irait dire par mépris
ce qu'elle a fait, ce serait violer le secret et offenser Dieu.

» Mais, monsieur, n'est-il jamais loisible de parler de ce

qui se dit ou se fait en ces occasions? — Oui, cela vous est loisible, lorsque, par exemple, étant de retour chez vous, vous dites à la sœur qui n'est pas venue à la conférence, ce que vous en avez retenu; mais que ce soit seulement pour son édification. Parlez donc de ce qui vous aura paru le plus touchant, car alors il n'y a pas de faute, mais du mérite; mais quant aux choses qui peuvent mal édifier, oh! il n'en faut jamais parler. Il y a plus, c'est que quand vous vous trouvez avec des externes et que vous voulez leur dire un mot d'édification, vous pouvez encore vous servir de ce qui vous a été dit, mais sans dire où vous l'avez appris [1]. »

[1] Arrivé à cet endroit des règles que saint Vincent de Paul a données aux filles de la Charité, ma plume s'est un moment arrêtée, et je me suis demandé si la publication que je préparais n'était pas contraire aux règles que je voulais cependant prendre pour modèle en les transcrivant. Mais je me suis rassuré en songeant à la différence des temps et des choses. Certaines préventions pouvaient entourer la sainte innovation du pieux fondateur d'un ordre créé libre et sans clôture. Aujourd'hui, au contraire, nous sommes tous accoutumés à admirer et à aimer les filles de la Charité. Déjà, ainsi que nous l'avons dit, Abelly, l'ami et l'historien de saint Vincent de Paul, a fait connaître les règles spéciales aux sœurs des paroisses. Ce qui nous a confirmé dans notre projet, c'est la consolation que nous avons éprouvée en copiant ces règles et en analysant le commentaire qu'en a fait saint Vincent de Paul.

Nul ne peut se scandaliser de cette publication, et plusieurs peuvent en tirer un saint profit; car il est bon et salutaire de parler, cœur à cœur, au plus grand saint des temps modernes.

ARTICLE HUITIÈME.

« Comme le supérieur et la supérieure ne sauraient
» remédier aux défauts qui peuvent arriver dans la com-
» munauté, si celles qui en ont connaissance ne leur en
» donnent avis, et que, faute de cela, la communauté serait
» en danger de déchoir avec le temps, chacune sera soi-
» gneuse d'avertir humblement et charitablement le supé-
» rieur ou directeur ou la supérieure, ou même, dans la
» nécessité pressante, la sœur servante, des fautes de quel-
» que conséquence ou des tentations dangereuses qu'elle
» aura remarquées en ses sœurs, et sera contente que ses
» défauts soient pareillement découverts au même supé-
» rieur et à la supérieure, recevant de bon cœur et sans
» s'excuser les avertissements qui lui seront faits, tant en
» public qu'en particulier ; et se donneront bien de garde
» d'user jamais des reproches ni témoigner de mécon-
» tentement à ceux ou celles qu'on pourrait croire avoir
» donné connaissance des défauts dont on a reçu l'aver-
» tissement. »

Dans son commentaire sur cet article (conférence du
23 décembre 1657), saint Vincent compare les défauts cachés
aux plaies corrosives qui s'aggravent. « Voilà, par exemple,
une personne qui a un chancre au sein, elle n'en dit mot
et personne ne le sait ; son mal cependant augmente et
augmentera avec le temps, à tel point qu'il faudra qu'elle-
même se voie mourir, parce qu'on ne lui aura pas donné

les remèdes nécessaires. Il en est de même, mes filles, d'une compagnie où il y a des personnes qui couvent des chancres dans leurs âmes; si celles qui le savent n'en disent pas mot, il faudra que la compagnie périsse.

» L'horreur du péché le doit faire démasquer. Eh quoi! vous voyez une personne qui offense Dieu, et vous êtes muettes ! Non, mes filles, allez au supérieur ou à la supérieure. Allez, dis-je, aux supérieurs avec l'esprit de charité, et vous ferez une œuvre non-seulement méritoire et agréable à Dieu, mais encore très-utile à la compagnie et même à cette sœur, à laquelle vous conserverez la vie. Car voyez-vous, mes filles, comme on tue les personnes en deux manières, l'une en leur donnant le coup de la mort, l'autre en leur soustrayant les choses nécessaires à la conservation de la vie; de même on ravit la vie spirituelle également de deux manières, l'une en couvrant le mal qu'on voit faire, et l'autre en soustrayant ce qui est nécessaire pour l'éviter; c'est-à-dire, en ce qui regarde une fille de la Charité, en lui ôtant le remède que vos règles vous ordonnent de lui procurer, les avertissements que les supérieurs lui donneraient et les prières encore qu'ils feraient pour elle, afin de lui obtenir la grâce de se corriger. Il importe donc, mes filles, que vous vous donniez à Dieu pour bien garder cette règle... Mais quand vous penserez devant Dieu être obligées d'avertir des fautes de vos sœurs, vous devrez bien prendre garde à le faire charitablement et à ne rien exagérer, « pour être sûres d'agir charitablement. » Il faut premièrement demander à Dieu conseil sur ce que vous avez à dire à vos supérieurs et lui dire : Mon Dieu, faites-moi la grâce de connaître si je dois avertir d'une telle faute... Il faut secondement considérer devant Dieu si en ne disant pas le mal que vous connaissez, votre silence ne portera point préjudice à votre sœur... Il sera bon toutefois d'examiner sérieusement s'il n'y a point quelque jalousie qui fasse paraître le mal plus grand qu'il n'est, car si vous vous sentiez de l'antipathie pour votre sœur... vous devriez alors suspendre d'avertir, et attendre pour cela que vous soyez libre de passion. Quand on remarque quelque faute notable d'une sœur, il sera bon de l'avertir elle-même, parce que cela pourra suffire pour la corriger ; que si elle ne s'amende pas, c'est alors qu'il faudra s'adresser aux supérieurs, comme nous l'avons dit [1]. »

Quant à la dernière partie de la règle, qui veut qu'une sœur soit contente de voir ses défauts découverts, saint

---

[1] La règle ci-dessus transcrite, même avec les sages réserves dont l'entoure saint Vincent de Paul, ne nous semble admissible dans le monde qu'en l'appliquant avec bien de la discrétion. Dans chaque famille, la correction fraternelle semble suffisamment exercée quand un enfant dit à son frère ou à sa sœur : « Ceci est mal, cesse de suite et ne recommence pas, sinon je le dirai à papa. » Et il semble bon de ne le dire réellement qu'après un avertissement itératif.

Vincent de Paul ajoute : « Quelque vertueux qu'on soit, il est difficile qu'on ne tombe pas parfois ; mais le point est, que quand une sœur a fait quelque faute, et qu'elle en est reprise, elle le souffre ; une bonne âme dira : « Ah ! made- » moiselle, voilà les fruits d'une pauvre pécheresse comme » je suis ; priez Dieu pour moi, je vous supplie, afin que » sa bonté daigne me faire la grâce de me corriger. » Voilà comme il faut se comporter et demander soi-même à Dieu ce secours : Mon Dieu, faites-moi la grâce de bien recevoir les avertissements que vous me ferez donner ; car au fond ce n'est pas exagérer de dire que Dieu parle par la bouche des supérieurs, puisque c'est Notre-Seigneur qui le dit en ces termes : « Celui qui vous écoute, m'écoute ; » celui qui vous méprise, me méprise. » Or, c'est mépri- ser les supérieurs que de ne pas bien prendre les avis qu'ils nous donnent....

» Or sus, mes filles, voulez-vous acquérir la perfection ? voilà un chemin pour y parvenir et pour faire de vous des saintes, comme le doivent être de vraies filles de la Charité... Le moyen donc de parvenir à la sainteté, vous et moi (oh ! moi, misérable, j'en suis bien éloigné !), mais le vrai moyen c'est l'observance de nos règles. C'est le vaisseau sur lequel nous passerons heureusement de ce monde-ci en l'autre, le canal par lequel Dieu nous com- muniquera toutes sortes de grâces, tant que nous les observerons... Ah ! mes filles, y a-t-il consolation plus grande que de faire la volonté de Dieu? Vous le savez, vous qui êtes dans cette pratique, c'est un continuel banquet pour vous ; comme c'est un continuel sujet de tristesse, de fâcherie et de misère pour celles qui n'y sont pas, car de quelque côté qu'elles se tournent, c'est un reproche continuel. » La conscience, comme témoin irréprochable, leur dit : « Eh ! mais, ma sœur, vous n'observez pas vos règles, cependant vous l'avez bien promis ; ne voyez-vous donc pas telle ou telle de vos sœurs qui, quoique faibles de corps, les observent ponctuellement?... » Voyez-vous, si vous ne gardez pas vos règles, résolvez-vous à sentir continuellement ce reproche, et soyez assurées que tant que vous ne vous donnerez pas à Dieu pour les bien observer, jamais vous n'aurez de consolation.

» Vous qui les gardez fidèlement, dites-moi, n'est-il pas vrai qu'il n'y a rien qui satisfasse une âme comme lorsqu'elle fait ce que Dieu demande d'elle? Ne vous souvient-il pas de nos chères sœurs qui sont devant Dieu, combien elles étaient soigneuses de garder leurs règles? Et s'il leur arrivait par infirmité d'en rompre quelqu'une, tout aussitôt elles en avaient du regret. Aussi faut-il avouer que celles que nous avons vues dans cette pratique mériteraient que leur vie fût écrite. Oui, mes filles, je vous le dis avec tendresse et consolation, si celles qui étaient dans cette pratique avaient vécu du temps de saint Jérôme, il eût écrit leur vie, car ce saint se plaisait à recueillir la vie des chrétiens de son temps qui s'étaient rendus recommandables par leurs vertus.

» Courage donc, mes sœurs!... Hâtons-nous, le temps court, et quand nous vivrions encore vingt ans, qu'est-ce que cela? Mais, hélas! nous n'en avons peut-être pas autant à espérer, car il en reste peu aux vieillards comme moi, qui ne puis vivre longtemps, et les jeunes peuvent bientôt mourir. Or, cela étant, employons le temps qui nous reste. Donnons-nous à Dieu pour bien observer nos règles, et confions-nous en sa bonté.... Ayez cette confiance que, si vous faites ce que doivent faire de bonnes filles de la Charité, votre compagnie ira croissant comme l'aurore, et que vous servirez d'exemple aux sœurs qui viendront après vous. »

CHAPITRE NEUVIÈME.

Saint Vincent de Paul, dans la conférence du 6 octobre 1658, expliqua à ses filles les règles qu'elles doivent suivre sur *l'emploi de la journée*, c'est-à-dire sur ce qu'elles devaient faire du matin jusqu'au soir, du dimanche au samedi de chaque semaine. « C'est une roue qui tourne toujours, disait saint Vincent de Paul, et à laquelle il faut que chacune s'ajuste, non pour un jour, mais pour tous les jours, non pour cette semaine, mais pour toutes les semaines de ce mois, de cette année, des années suivantes, bref, de toute la vie. Or, voilà, mes filles, ce que Dieu demande de vous, et pour garder cet ordre il faut que vous fassiez toutes les mêmes choses et à la même heure s'il se peut…

» Si vous faites ce qui est porté dans l'ordre et l'emploi de la journée, assurez-vous que vous commencerez à former un beau tableau qui agréera à Dieu et qui vous rendra bien heureuses ; et, au contraire, celles qui ne s'en soucieront pas seront malheureuses ; car je ne pense pas qu'il y ait état plus malheureux dans le monde que celui dans lequel est une personne qui ne fait pas ce qu'elle y doit faire, et qui se trouve dans une compagnie sans en observer les règles.

» Il y a cependant certaines occasions dans lesquelles on ne peut pas garder l'ordre de l'emploi de la journée; par exemple, on viendra à votre porte au temps de l'oraison, pour qu'une fille aille voir un pauvre malade qui est pressé, que fera-t-elle? Elle fera bien d'y aller et quitter son oraison ou plutôt en la continuant, parce que Dieu lui commande cela; car, voyez-vous, la charité est par-dessus toutes les règles, et il faut que toutes se rapportent à celle-là. C'est une grande dame, il faut faire ce qu'elle commande : c'est en ce cas quitter Dieu pour Dieu; Dieu vous appelle à l'oraison et en même temps à ce pauvre malade, il faut aller au malade; encore une fois, *c'est quitter Dieu pour Dieu.*

» Or sus, mes chères filles, êtes-vous bien résolues de garder l'ordre de l'emploi de la journée? Je parle à toutes... Répondez-moi en votre particulier, sentez-vous cette résolution de garder vos règles? Si cela est, vous êtes bien heureuses; si cela n'est pas, vous êtes bien à plaindre. Ne voulez-vous pas bien vous donner à Dieu pour garder cet ordre? répondez-moi... — Oui, oui, mon père, » dirent avec un véritable enthousiasme la plupart des sœurs, et celles qui se turent, par respect et par retenue, montrèrent, par l'expression de leur visage, qu'elles donnaient aussi leur consentement.

24.

» Dieu vous bénisse, mes filles; mais ce n'est pas assez de vouloir, il faut offrir votre volonté à Dieu et dire : Ah! Seigneur, vous avez promis aux âmes qui n'ont point d'autre intention que de vous plaire, que vous observeriez en elles, par elles et avec elles, les règles que vous leur avez données; c'est donc à vous que je m'adresse pour vous demander la grâce de bien observer mes règles; de moi, je ne mérite pas cette faveur, mais je vous la demande par les prières de votre sainte Mère et par l'amour que vous porte mon bon ange... »

Après cette prière fervente, saint Vincent reprit :

« Voilà donc une parole que vous venez de donner à Dieu, que vous voulez garder l'ordre de l'emploi de la journée. Le voici; voyons-en le premier article. »

ARTICLE PREMIER.

« A quatre heures, elles se lèveront au premier son de
» la cloche, faisant le signe de la croix et donnant leur
» première pensée à Dieu. Elles s'habilleront avec diligence
» et modestie, prenant au moins leurs premiers habits
» sous les rideaux de leur lit, et dès qu'elles en seront
» revêtues, elles prendront de l'eau bénite et se mettront
» à genoux pour adorer Dieu, le remercier, s'offrir à lui,
» et toutes les actions de la journée; puis elles feront
» promptement leur lit et achèveront de s'habiller. -

« Il fait beau voir la diligence que chacune apporte pour aller promptement parler à Dieu! Il faut donc se lever toutes, à l'heure marquée, sauf les infirmes; quant aux autres, elles doivent se lever toutes et avoir compassion de celles qui ne le peuvent pas, les empêchant même de se lever, ainsi que celles qui ont un vrai besoin de repos... » Saint Vincent recommande de n'user de ce repos que fort rarement, car notre nature en demande toujours. « Oui, si une fille donne aujourd'hui du repos à son corps, le lendemain elle fera la cane dans son lit, et voilà presque une habitude formée qu'elle aura bien de la peine à quitter. Pour moi, je vous l'avoue, je ne donne jamais de repos à mon pauvre et misérable corps, qu'il ne me semble que j'aie encore plus grand besoin de me reposer le lendemain.

» Il ne faut donc demander à prolonger son repos qu'après y avoir bien réfléchi devant Dieu, en faire la demande à la maison mère, à la supérieure, ailleurs, à la sœur servante, et celle-ci à sa compagne. Hors ce cas et celui de maladie, levez-vous promptement, sans disputer avec votre chevet; car se retourner de l'autre côté pour délibérer si on doit se lever, ce n'est pas faire ce que demande cet article[1].

---

[1] Ce n'est pas seulement chez les filles de la Charité qu'il importe de se lever résolûment. Cela est nécessaire à une maîtresse de maison, à un père de famille, à toute personne qui veut s'occuper et travailler.

» *Elles donneront leur première pensée à Dieu.*

» Voyez-vous, mes filles, Dieu a fait voir à quelques saints que le bon et le mauvais ange veillent toute la nuit : le bon ange, pour mettre une bonne pensée en l'esprit de la personne dès qu'elle est éveillée, et le mauvais ange, pour lui en présenter une mauvaise. Vous devez donc être bien sur vos gardes, pour n'admettre à votre réveil aucune pensée qui ne soit à Dieu. » Il faut dire : « Mon Dieu ! je vous adore. Ah ! Seigneur, je vous donne mon cœur; faites-moi la grâce que je ne vous offense jamais et que je fasse votre volonté en toutes choses... » Plus simplement, quand vous ne diriez autre chose que : « *Mon Dieu ! je vous aime,* » cela suffit.

» *Elles s'habilleront diligemment.*

» Il ne faut· donc pas imiter celles qui lambinent et passent leur temps à s'ajuster pour plaire je ne sais trop à qui; je ne dis pas qu'on le fasse; mais si on le faisait, ce serait une chose très-blâmable et qu'on ne devrait pas souffrir. Il faut être diligentes à mettre vos habits, sans tant de façon, avec modestie, et puis prendre de l'eau bénite; car, vous le savez, elle a, par l'ordre de l'Église, l'efficace de chasser le démon qui a voulu nous donner de mauvaises pensées.

» *Après cela elles se mettront à genoux.*

» ... Pour adorer Dieu et le remercier de vous avoir

conservées pendant la nuit. *Adorer Dieu,* veut dire le reconnaître créateur et sauveur de tout le monde, et souverain Seigneur de toutes choses, duquel on dépend entièrement, et quant au corps et quant à l'âme. » Il suffit de dire : « *Seigneur ! je vous adore.* » On reconnaît par là même son empire souverain, extérieur sur toutes les choses visibles, et spirituel sur toutes les âmes.

» Ce n'est pas assez d'adorer Dieu, vous avez encore un autre acte qui suit : c'est celui de remercîment pour vous avoir conservé pendant la nuit. Et s'il vous était arrivé de faire quelque péché pendant la nuit, même ne le voulant pas délibérément et avec pleine liberté, car il y a certaines illusions ou actions qui se commettent en dormant ou dans un demi-sommeil, qu'il ne convient pas de vous nommer ici ; s'il vous était arrivé de tomber en quelqu'une de ces sortes d'illusions nocturnes, il faudrait s'humilier et en demander pardon à Dieu.

» Cela fait, il faut s'offrir à Dieu avec toutes les actions de la journée... Eh ! n'est-il pas bien raisonnable que les fruits d'un arbre planté dans un jardin soient rendus à qui appartient l'arbre et le jardin ? Or, mes filles, Dieu vous a plantées comme des arbres dans ce monde pour porter des fruits qu'il veut lui être offerts : je dis ces beaux fruits d'humilité, de patience, de pauvreté et de toutes les autres vertus...

» — Et si nous pratiquons comme vous dites, monsieur,

qu'en arrivera-t-il? — Il en arrivera, mes filles, que vos personnes, vos actions, paroles et tout ce que vous ferez, sera agréable à Dieu, et qu'on verra les filles de la Charité croître en vertu de jour en jour, en gloire et en mérite devant Dieu et devant les hommes. »

ARTICLE DEUXIÈME.

« A quatre heures et demie, elles feront en commun
» leurs prières, qu'elles commenceront par le *Veni, Sancte*
» *Spiritus* et les cinq actes ordinaires de l'exercice du
» matin [1]; ensuite elles entendront lire les points de la
» méditation qu'elles feront jusqu'à cinq heures et un
» quart, et finiront par l'*Angelus* et les litanies du saint
» Nom de Jésus et autres prières accoutumées, après
» quoi elles commenceront leur chapelet dont elles diront
» une dizaine, puis feront la répétition de l'oraison jusqu'à
» six heures. »

Saint Vincent interrogea mademoiselle Le Gras sur la façon dont cet article était appliqué; il demanda que chaque sœur apprît par cœur les actes, et quant à l'oraison, il leur dit qu'elle était à l'âme qu'elle unit à Dieu ce que l'âme est au corps qu'elle anime; il insista de nouveau

---

[1] Ces actes sont les actes de foi, d'espérance, de charité, d'action de grâces et d'offrande. Dans les familles chrétiennes on dit aussi la prière en commun, et on se borne à réciter les actes de foi, d'espérance et de charité.

sur la nécessité d'observer l'ordre de la journée. « Si vous ne le gardez pas, vous serez comme des ténèbres, ce qui sera bien fâcheux à voir. Demandez donc à Dieu qu'il lui plaise vous faire la grâce d'y être bien fidèles... C'est ce que je lui demande de tout mon cœur. O Sauveur! ô mon Sauveur! vous qui vous êtes formé ce petit troupeau, faites-lui la grâce de bien comprendre cet ordre de l'emploi de la journée et de le bien pratiquer, ainsi que les autres règles que vous lui avez données. C'est ce que je vous prie, Seigneur, d'opérer par les paroles de la bénédiction que je prononcerai de votre part.

» *Benedictio Dei omnipotentis Patris et Filii et Spiritus Sancti descendat super vos et maneat semper!* »

Le second article du chapitre IX prescrit aux filles de la Charité de faire chaque jour leur oraison, depuis quatre heures et demie jusqu'à cinq heures un quart, et saint Vincent de Paul s'était réservé de leur expliquer ce que c'était que l'oraison. C'est ce qu'il fit dans la conférence du 13 octobre 1658.

« Qu'est-ce donc que l'oraison? Mes filles, c'est comme qui dirait élévation de notre esprit à Dieu, pour lui témoigner l'amour que nous lui portons, ou pour lui découvrir nos besoins. Or, il faut pour cela sortir de soi-même et donner congé à toutes les pensées de la terre pour s'élever à Dieu, et lorsqu'on est entré en oraison, dire : « Seigneur! voilà ce pauvre publicain, ce pauvre misérable, qui se présente à vous avec affection, pour méditer vos mystères. » Une personne qui s'élève à Dieu de cette manière mérite que Notre-Seigneur lui parle cœur à cœur. »

Saint Vincent expliqua ensuite quelle était la méthode de saint François de Sales.

L'oraison, d'après ce saint, se divise en trois points : la préparation, le corps de l'oraison, la conclusion ; chacun de ces points se subdivise en trois autres parties.

La préparation se subdivise en trois parties : 1° la mise en la présence de Dieu ; 2° l'invocation de l'assistance de Dieu ; 3° la représentation du sujet de la méditation.

On peut se mettre en la présence de Dieu en quatre manières : 1° en se représentant Notre-Seigneur au Très-Saint-Sacrement de l'autel ; 2° en se représentant Dieu au ciel, *Pater noster, qui es in cœlis ;* 3° en le regardant présent partout : « Si je vais au ciel, dit le roi prophète, il y est ; si je descends aux enfers, il y est aussi, de sorte que, comme un oiseau qui vole et tourne d'un endroit à un autre, trouve de l'air partout ; de même, où que nous allions, nous trouvons toujours Dieu ; » 4° enfin, en se représentant que Dieu est dans une bonne âme qui est pleine de son amour. « Dieu est donc dans l'âme d'une bonne fille de la Charité. Il n'y a rien que Dieu aime autant que les bonnes âmes ; il ne trouve rien de plus beau qu'elles dans le ciel et sur la terre ; il se plaît en elles, il y fait sa demeure. Il est au milieu de nous : c'est lui qui nous fait mouvoir, qui nous fait entendre et qui concourt avec nous à toutes les actions naturelles et surnaturelles que nous faisons. C'est lui qui nous a donné la loi et qui nous donne le désir de la garder. Voyez-vous donc quel bonheur c'est d'avoir Dieu présent en cette sorte ! Je vous le disais dernièrement, qu'il n'y a point de père qui prenne plus de plaisir à voir ce que fait son fils, que Dieu en prend à voir une fille de la Charité qui lui offre tout ce qu'elle fait dès le matin. Or sus, vous pouvez vous mettre en la présence de Dieu en l'une de ces quatre manières. Il n'est pas besoin de vous le représenter par certaines idées ; mais il suffit que vous le croyiez, puisque la foi vous l'enseigne... Vous pouvez vous mettre en présence de Dieu par un simple acte de foi, sans vous forcer d'avoir des représentations (de sa sainte présence) ni dire : Je veux voir Dieu et Notre-Seigneur en cette sorte. Non, mes filles, ne désirez point ces représentations... Contentez-vous de dire : Je crois, mon Dieu, que vous êtes partout... »

» Le second point de la préparation se fait par l'évocation de l'assistance de Dieu, et si vous y ajoutez l'assistance de la sainte Vierge, ce ne sera que mieux. Or, il ne faut non plus manquer à ce point qu'au précédent, parce que nous ne pouvons avoir une bonne pensée sans la grâce de Dieu.

« Le troisième point de la préparation est de se représenter le sujet de la méditation ; or, ce sujet est ordinairement ce qu'on lit immédiatement avant la méditation, et vous devez l'écouter avec désir de le bien retenir, pour raisonner ensuite là-dessus. »

La seconde partie de l'oraison, appelée *corps de l'oraison*, se subdivise en trois points qui consistent : 1° à méditer sur la lecture ; 2° à raisonner sur ce qu'a dit l'auteur ; 3° à rechercher les fins auxquelles tend le sujet de l'oraison.

1° Pour faciliter la méditation, saint Vincent convint avec mademoiselle Le Gras que le sujet de l'oraison serait lu la veille, et que cette supérieure leur donnerait quelques conseils sur les méditations à faire du sujet.

2° Le second point du corps de l'oraison est de raisonner sur ce que dit l'auteur, c'est-à-dire de chercher les raisons que l'on a, soit de croire un mystère, soit de pratiquer une vertu, soit de fuir un vice. En considérant un mystère, vous admirez les perfections divines, vous voyez tout ce que Dieu a fait pour les hommes. — En considérant la vertu, vous en voyez la beauté et vous dites : O mon Dieu ! que cela est beau ! Si je pouvais l'avoir ! — En considérant le vice, vous voyez sa laideur et vous ne pouvez vous empêcher d'en concevoir de l'horreur. Cet exercice est comme un flambeau allumé qui chasse les ténèbres de votre esprit et vous fait voir les choses comme elles sont, pour aimer les unes et fuir les autres.

3° Le troisième point du corps de l'oraison comprend les résolutions : « Après avoir vu la beauté de la vertu et la laideur du vice, ce n'est pas assez, il faut passer plus avant et se résoudre à pratiquer l'une et à fuir l'autre, autrement on n'aurait pas bien fait son oraison... » Ce ne serait encore point faire assez de prendre une résolution si, de ce pas, vous ne cherchiez les moyens de la mettre en pratique.

La conclusion de l'oraison se subdivise comme les deux premières parties en trois points, qui consistent : 1° à rendre grâce à Dieu; 2° à lui offrir nos résolutions; 3° à nous proposer de faire le bien avec le secours de sa grâce.

Actions de grâce à Dieu. Après avoir vu la vertu et résolu de la pratiquer, que reste-t-il à faire, si ce n'est d'en remercier Dieu? car c'est lui qui, dans l'intimité, nous a montré cette vertu et qui nous a inspiré la résolution de la pratiquer. « Quelle faveur plus grande pourrait faire Notre-Seigneur à une âme, si ce n'est celle de lui permettre de traiter et communiquer bouche à bouche avec lui? Il est donc bien raisonnable de remercier Dieu après avoir fait l'oraison. » Il faut le remercier des lumières par lesquelles il nous a éclairé pour nous montrer la vertu, et de l'ardeur qu'il nous a inspirée pour la pratiquer.

Offrande de ses résolutions. Le second point de la conclusion est d'offrir à Dieu les résolutions qu'on a prises.

« Oui, mes filles, il faut offrir à Dieu vos résolutions, il faut lui présenter ce que vous venez de recevoir de sa bonté... Pour cela, il faut lui dire : Seigneur! je vous offre les lumières et les affections que vous avez données; je vous offre mes résolutions, reconnaissant que tout cela vient de vous et que je ne suis pas capable de les conserver. »

Demande des grâces de Dieu. Le troisième point de la conclusion est l'acte de demande. Nous avons beau nous proposer de faire le bien, si Dieu ne nous en fait la grâce, nous ne le saurions... Car nous ne pouvons avoir une bonne pensée ni dire une bonne parole, si le Père éternel ne nous en donne la grâce par les mérites de son Fils. — Voilà, mes filles, en quoi consiste l'oraison.

» — Mais comment de bonnes filles des champs pourront-elles retenir tout cela? — Ne vous mettez pas en peine, Dieu, avec le temps, vous fera la grâce de bien faire l'oraison; mais il faut le bien prier qu'il vous enseigne comment vous pourrez la faire, imitant en cela les apôtres qui disaient : Seigneur! enseignez-nous à prier; enseignez-nous comme il faut traiter avec votre Père! Mes filles, priez-le de même, dites-lui : Seigneur! vous avez appris à vos disciples à prier et comment ils devaient prier. Ah! faites-moi cette grâce, enseignez-moi à bien faire l'oraison, *Domine, doce nos orare...*

» — Mais le moyen de faire l'oraison sans savoir lire,

pour deux pauvres filles qui sont à la campagne? — On peut méditer les mystères de la vie de Notre-Seigneur, et, pour s'en pénétrer, regarder des images qui représentent ces mystères. Puis saint Vincent ajoute : « Ne vous découragez point; pourvu que vous ayez bonne volonté, Dieu vous donnera le don d'oraison, et d'autant plus consolant que vous aurez moins de spéculation à faire... »

Saint François ne méditait jamais que sur la passion ; ses religieux faisaient de même, et tous les sujets de leurs oraisons étaient de la vie, mort et passion de Notre-Seigneur... « Tenez-vous-en là, celles d'entre vous qui ne savez pas lire, attachez-vous aux circonstances de la vie et de la mort de Notre-Seigneur, et si les pensées vous manquent, élevez-vous à Dieu par quelque aspiration ; dites le *Pater,* le *Credo,* et ensuite remettez-vous à l'oraison, et si rien ne vous vient encore, dites une dizaine de votre chapelet. Allez, mes sœurs, consolez-vous; si vous faites ce que je vous dis, vous ferez bien l'oraison et peut-être mieux que celles qui savent lire, si tant est qu'elles n'aient pas plus d'humilité que de science. »

Puis saint Vincent de Paul cita divers exemples de saints personnages. Ainsi, un religieux carme, si ignorant, qu'il n'avait jamais pu apprendre à lire..., il se présentait à Notre-Seigneur en cette manière : « Voici, Seigneur, lui disait-il, un pauvre ignorant qui implore votre grâce pour faire l'oraison. Je ne sais rien, il est vrai ;

mais vous, Seigneur, qui savez tout, dites-moi quelque chose. Quoi! laisseriez-vous votre serviteur sans lui rien dire? Eh! que dira tout le ciel s'il voit que vous n'écoutez pas la prière que je vous fais? Souffrez, mon Seigneur, que je vous dise que je ne sortirai point d'ici que vous ne m'ayez accordé la grâce que je vous demande. » Voilà, mes filles, comment ce bienheureux frère parvint au plus haut degré d'oraison.

Madame de Chantal, qui était une femme d'une haute condition, aussi instruite que pas une femme de son siècle, savez-vous comment madame de Chantal apprit à bien faire l'oraison? Elle prenait, par exemple, une image de la très-sainte Vierge, et considérant ses yeux, elle s'écriait intérieurement : « O! yeux admirables! » Puis, lorsque son cœur se sentait enflammé par cette considération, elle priait Dieu de lui faire la grâce de ne point l'offenser par ses regards : « Donnez-moi, Seigneur, disait-elle, cette modestie qu'avait votre sainte Mère. » Après quoi elle prenait la résolution de bien régler sa vue et de ne point laisser vagabonder ses yeux sur les choses vaines...

» Eh bien! mes sœurs, qui vous empêchera de faire de même? »

Un frère ignorant de la Mission, parlant de l'oraison, nous disait :

« Voyez-vous, monsieur, quand il plaît à Dieu que je

» me mortifie en quelque chose, au boire, au manger, au
» parler ou au voir, oh! pour lors j'ai de bonnes pensées
» à l'oraison, elles me viennent en foule; de sorte que
» j'ai plutôt besoin de choisir celles qui me sont le plus
» propres que toute autre chose. » Oh! je dois vous
avouer, mes filles, que cela me toucha. Quoi! un pauvre
frère est arrivé à ce point d'oraison! Nous apprenons
donc par là que la mortification est un moyen de bien
faire oraison...

» Ayez confiance, mes filles, et comme Notre-Seigneur
a choisi douze pauvres pécheurs pour apôtres, espérez
que, quoique vous soyez pauvres et ignorantes comme
eux, vous ferez bien oraison... »

Puis le saint fondateur des filles de la Charité termina
par cette prière :

« Ah! Seigneur, vous qui, de pauvres gens, en avez
fait vos apôtres, voici nos pauvres sœurs aux pieds de
votre divine Majesté, pour y reconnaître qu'elles sont de
pauvres ignorantes; Seigneur, enseignez-leur, et à nous
tous, à prier ; vous l'avez appris à vos apôtres, et s'il
plaît à votre bonté de nous faire cette grâce de nous
l'apprendre comme à eux, ô! nos sœurs feront bien
l'oraison et mieux que de pauvres filles, comme elles, ne
peuvent se le promettre d'elles-mêmes. Dans la confiance
d'obtenir cette grâce pour elles et pour moi, je pro-

noncerai, de votre part, Seigneur, les paroles de la bénédiction [1]. »

Dans la séance du 17 novembre 1658, saint Vincent de Paul revint encore sur le sujet de l'oraison, et s'écria de nouveau : « O Sauveur ! le saint exercice ! Mes filles, je ne saurais trop vous recommander de n'y manquer jamais, car l'air n'est pas plus nécessaire pour vivre quant au corps, que l'oraison l'est pour la vie de l'âme ; et comme vous voyez que l'homme meurt aussitôt que l'air lui manque, ainsi, mes filles, il est impossible qu'une fille de la Charité puisse vivre sans oraison. »

ARTICLE TROISIÈME.

« A six heures, elles s'appliqueront en silence à ce
» qu'elles auront à faire de plus pressé, chacune selon
» son office, ainsi qu'il leur sera prescrit ; et à six heures
» et demie, elles auront permission d'apprendre à lire,
» s'y emploieront jusqu'à sept heures ou environ. »

ARTICLE QUATRIÈME.

« A sept heures environ, elles iront ensemble à la
» messe, deux à deux, si elles le peuvent alors, sinon
» ce sera à quelque autre heure plus commode et tour à

---

[1] J'ai analysé et copié ce chapitre en pensant que, si je puis savoir quelque chose des choses humaines, je suis bien ignorant dans la science de l'oraison, et je répète du fond du cœur : *Domine, doce nos orare*, Seigneur, apprenez-nous à vous prier !...

» tour, selon que la supérieure ou la sœur servante le
» jugeront à propos, et en attendant que la messe com-
» mence, ou depuis qu'elle est commencée jusqu'à l'évan-
» gile, elles diront quelques dizaines de leur chapelet. »

ARTICLE CINQUIÈME.

« Après la messe, elles iront toutes ensemble déjeuner
» au réfectoire, où elles prendront seulement un morceau
» de pain, si ce n'est que la supérieure, ou quelque
» autre officière ou la sœur servante, juge à propos de
» faire donner à quelques-unes, à cause de leur infirmité
» ou caducité, ou grande fatigue de travail, quelque chose
» pour manger avec leur pain ; mais toutes garderont
» cependant le silence ; celles qui ne pourront ouïr la
» messe que bien tard ne feront pas de difficulté, aux
» jours ouvriers, de déjeuner avant d'y aller ; mais passé
» neuf heures et demie, aucune ne déjeunera sans la
» permission de la supérieure ou de la sœur servante. »

La fin de cet article fut justifiée d'une manière particulière par saint Vincent de Paul : « Il faut principalement,
avant d'aller voir vos malades, que vous déjeuniez et cela
à cause du mauvais air qu'on respire, et même avant la
messe si vous ne pouvez l'entendre que tard ; car quoique
ce soit une bienséance et même un acte de piété de
l'entendre à jeun, les personnes de travail comme vous
ne doivent pas prendre garde à cela. »

ARTICLE SIXIÈME.

« Après le déjeuner, chacune reprendra son emploi, et
» si elles travaillent ensemble, elles pourront s'entretenir
» de quelque chose de piété d'une manière sérieuse et
» non par forme de récréation. »

ARTICLE SEPTIÈME.

« A onze heures et demie, elles feront l'examen parti-
» culier, l'espace d'un *Miserere* ou deux, s'arrêtant sur
» les résolutions qu'elles ont prises le matin et particu-
» lièrement sur les actes de la vertu qu'elles ont pour
» pratique [1] ; ensuite, ayant dit le *Benedicite* que la supé-
» rieure commence et les autres poursuivent, elles dîne-
» ront chacune ayant sa portion à part, et cependant elles
» écouteront attentivement la lecture spirituelle qu'une
» d'entre elles fera, la finissant par celle du martyrologe
» pour le jour suivant. Elles diront l'*Angelus* en même
» temps qu'il sonnera, quoiqu'elles n'aient pas encore
» achevé de dîner, et s'étant levées de table, elles diront
» les grâces de la même manière que le *Benedicite*, puis
» elles diront une dizaine de chapelet. Dans les paroisses
» où n'étant que deux, on ne peut faire la lecture durant
» le dîner, elles la feront immédiatement avant le repas,
» pendant lequel elles s'occuperont intérieurement et en
» silence de ce qui aura été lu. »

[1] C'est-à-dire qu'elles ont résolu, ou qu'on leur a ordonné de
pratiquer.

Saint Vincent de Paul, dans la conférence du 17 novembre 1658, cita à l'appui de cet article ce qui se passait alors à la maison de la Mission, et parla de l'édification qu'il avait à voir les pauvres frères se mettre à genoux après leur travail, pour faire leur examen particulier. Puis il ajouta :

« Cet examen particulier peut se faire en deux manières : l'une, en regardant si on a été fidèle aux résolutions prises dans l'oraison du matin... par exemple : je suis prompte, je pratiquerai la patience; je suis paresseuse, je me diligenterai en tout, et ainsi des autres, et comme on s'est proposé de mettre en pratique ces résolutions, il faut, dans l'examen particulier, faire attention si on a été fidèle ou non...; l'autre, en tâchant de reconnaître le défaut particulier auquel on est le plus enclin pour s'en corriger, et avant le repas faire attention si on l'a mortifié. Lors donc que vous faites votre communication soit à M. Portail, soit à un autre, la principale et la première chose est de lui dire quelle passion vous domine le plus et vous fait le plus de peine, afin qu'il vous donne le moyen de la surmonter... Indépendamment de l'examen particulier qu'on doit faire deux fois par jour, on doit se demander souvent : Qu'est-ce que j'ai résolu ce matin à l'oraison? Si c'est par exemple de modifier l'impatience, vous direz : J'avais coutume de m'impatienter avec ma sœur, comment me suis-je comportée?... Si vous voyez que vous avez pratiqué la patience dans les occasions que vous avez eues de vous fâcher, il faut en remercier Dieu, et si vous avez fait le contraire, lui en demander pardon et vous imposer une pénitence ; car, voyez-vous, il est impossible de corriger un vice si l'on n'est exact à s'im-poser pénitence, quand on manque aux résolutions que l'on a prises de l'exterminer. »

Les païens eux-mêmes ont reconnu la nécessité de cet examen. Sénèque, philosophe païen, le faisait tous les jours pour voir s'il avait vécu en philosophe et s'il n'avait point manqué de pratiquer les vertus d'un philosophe... Si un païen suivait cette pratique, à combien plus forte raison une fille de la Charité doit-elle s'y soumettre ?

ARTICLE HUITIÈME.

« Après le dîner, elles s'appliqueront s'il est besoin » chacune à son office, sinon elles travailleront ensemble » à filer ou à coudre, et pourront cependant s'entretenir » une heure de quelque chose d'édifiant par manière de » récréation gaie et modeste, se souvenant d'élever sou-» vent leur cœur à Dieu ; et si l'on s'échappait à quelque » immodestie ou entretien illicite, une sœur à ce destinée » dira : Souvenons-nous de la présence de Dieu. »

Saint Vincent dans le mot qu'il ajouta dit que la sœur députée pour surveiller les autres, dès qu'on s'engage dans une conversation immodeste ou contraire à la charité, doit dire : « Prenons garde, mes sœurs, nous allons entrer dans une matière qui ne nous est pas utile, » et ce petit mot fera souvenir de la présence de Dieu [1].

ARTICLE NEUVIÈME.

« A deux heures, après avoir dit le *Veni Sancte Spi-*
» *ritus*, une sœur fera tout haut, durant un quart-d'heure,
» la lecture spirituelle qu'elle finira par ces paroles :
» *Deus charitas est, et qui manet in charitate in Deo*
» *manet, et Deus in eo.* Les autres écouteront cette lecture
» en travaillant, et continueront leur travail dans un grand
» silence jusqu'à trois heures, appliquant cependant leur
» esprit à quelque bonne pensée ou à l'instruction qu'on
» fait au même lieu, durant ce temps-là, aux sœurs qui
» sont dans la maison où réside la supérieure, pour leur
» apprendre les devoirs de bonnes chrétiennes et de vraies
» filles de la Charité, à quoi elles tâcheront d'assister
» quand leurs occupations le leur permettront. »

« ... Mes filles, souvenez-vous que tant que vous garderez votre emploi de la journée ainsi que vos règles, Dieu vous gardera, car Dieu étant l'auteur de tout ordre,

---

[1] Pourquoi dans le monde, lorsque plusieurs personnes se rencontrent et que la conversation prend une mauvaise tournure, la plus autorisée de la société ne dirait-elle pas quelque chose d'analogue? Quand il y a des enfants présents, le premier venu doit dire : « Messieurs, respectons l'enfance ! »

vous ne pouvez rien faire qui lui soit plus agréable que de vous rendre fidèles aux règles qu'il vous a fait donner [1].

ARTICLE DIXIÈME.

« A trois heures elles se mettront à genoux, et une
» sœur dira tout haut ces paroles : *Christus factus est pro*
» *nobis obediens usque ad mortem, mortem autem crucis,*
» *propter quod Deus et exaltavit illum.* (Le Christ s'est
» fait pour nous obéissant jusqu'à la mort, et à la mort
» de la croix ; c'est pour cela que Dieu l'a exalté dans la
» gloire.) Et toutes ensemble adoreront le fils de Dieu
» mourant pour le salut de nos âmes, et s'offriront au
» Père éternel dans ce moment où il rendit l'esprit, le
» priant d'appliquer le mérite de sa mort particulièrement
» à ceux qui sont dans l'agonie ou en état de péché, et à
» toutes les âmes détenues dans le purgatoire. Ayant fait
» cet acte durant l'espace de trois *Pater* et *Ave*, elles
» baiseront la terre et se relèveront aussitôt. Celles qui
» tiennent l'École feront cet acte avant que d'y entrer, et
» celles qui se trouveront à cette heure-là avec quelque
» externe ou dans les rues, feront seulement en esprit le
» même acte sans se mettre à genoux ; mais celles qui
» n'auront pas pu du tout s'y appliquer pour lors le feront
» à la première commodité. »

1 On dit souvent d'une manière triviale la même pensée : « Le diable ne tente pas ceux qui travaillent. »

Dans la conférence du 25 novembre 1658, saint Vincent se borna à dire :

« Voilà, mes sœurs, qui parle de soi-même et n'a besoin d'aucune explication. »

ARTICLE ONZIÈME.

« Après l'acte d'adoration, si elles doivent continuer
» ensemble leur travail, elles pourront s'entretenir de
» quelque chose d'édification, mais plus sérieusement et
» dévotement et d'une voix plus basse qu'après le dîner,
» le temps de la récréation étant passé. Celles qui auront
» permission d'apprendre à écrire pourront y employer au
» plus une demi-heure de l'après-midi, au temps que la
» supérieure ou la sœur servante jugeront propre pour
» cela, et entièrement libre de toute autre occupation
» nécessaire, et chacune s'appliquera en telle sorte à cet
» exercice qu'elle soit toujours disposée à l'interrompre,
» ou de s'en abstenir tout à fait aux jours que la même
» supérieure ou la sœur servante jugeront être empêchés
» par quelque emploi d'obligation plus étroite, afin que
» cela ne préjudicie nullement au service des pauvres ni
» à aucun des devoirs de leur compagnie.

ARTICLE DOUZIÈME.

« A cinq heures et demie, elles feront l'oraison jusqu'à
» six si elles ne l'ont pas faite quelque temps auparavant,

» ainsi qu'on l'observe dans les hôpitaux. Ensuite elles
» feront l'examen particulier comme avant le dîner, puis
» iront souper disant le *Benedicite* et les grâces, faisant la
» lecture de table sans lire le martyrologe, disant ensuite
» l'*Angelus* avec une ou deux dizaines de chapelet, et
» observant le reste qui a été dit en parlant du dîner. »

Après la lecture de l'article douzième, saint Vincent de Paul s'écria :

« Oh ! que c'est beau ! Quoi ! après avoir parlé à Notre-Seigneur le matin, le faire encore le soir ! O Sauveur ! quel bonheur pour les filles de la Charité qui sont exactes au saint exercice de l'oraison ; mais aussi quel regret pour celles qui ne seront pas fidèles à ce même exercice du soir ! Oh ! vous êtes assurées, mes sœurs, que vous les verrez déchoir petit à petit et tomber dans un pitoyable état. »

« Vous verrez que si elles avaient de l'humilité avant leur relâchement elles n'en auront plus ; que si elles avaient de l'amour de Dieu et du prochain elles n'en auront plus ; en un mot, que si elles avaient quelque bonne coutume, comme de s'entretenir de bonnes choses, elles la perdront et peut-être pour en prendre une mauvaise. Or, pourquoi cela ? Parce qu'elles n'auront pas gardé la règle qui prescrit de faire son oraison aussi bien le soir que le matin. Si on voit donc un déchet parmi quelques-unes d'entre vous, si on en voit aussi parmi nous, ce n'est que pour n'avoir pas été fidèles à l'oraison, particulièrement à celle du soir, parce qu'à cette heure de l'après-dînée on trouve plus de difficulté [1]. »

ARTICLE TREIZIÈME.

« Après le souper elles s'emploieront, s'il est besoin, » aux choses de leur office, sinon elles travailleront » ensemble, et observeront ce qui est marqué pour la » récréation d'après dîner. »

ARTICLE QUATORZIÈME.

« A huit heures, au son de la cloche, elles s'assemble- » ront pour l'exercice du soir, au même lieu où elles » font ordinairement la lecture de deux heures, et la » supérieure ou la sœur servante ayant dit le *Veni Sancte* » *Spiritus,* chacune reprendra son travail et écoutera

---

[1] Quel enseignement nous donne saint Vincent de Paul ! — Quoi ! toujours l'oraison ! — Voilà ce que nous serions tentés de dire, nous autres, après la lecture de l'article qui prescrit deux oraisons par jour. Et saint Vincent de Paul, lui, s'écrierait : « Oh ! » que c'est beau ! Quoi ! après avoir parlé à Notre-Seigneur le » matin, le faire encore le soir !... » C'est en puisant à cette source divine de la charité suprême que le cœur du grand Vincent de Paul surabondait de charité, et c'est à la même source, toujours inépuisable et toujours aussi vivifiante, que vont puiser leur charité ineffable toutes les dignes filles de saint Vincent qui font notre admiration... Que nous sommes mesquins et misérables auprès de ces grands modèles !

26.

» cependant la lecture des deux premiers points de la
» méditation, que la sœur qui est en semaine fait tout
» haut ; ensuite, en attendant que le quart sonne, la
» supérieure ou la sœur servante fera répéter à quelques-
» unes ce qu'elles ont remarqué, ou bien elle dira un mot
» sur le sujet proposé pour faciliter la méditation aux
» nouvelles ; mais les samedis et les veilles des fêtes, on
» réservera la lecture de la méditation après les prières,
» et l'on fera pour lors la lecture de l'Évangile du jour
» suivant, que toutes entendront à genoux, et puis se
» remettront à leurs places et reprendront leur travail.
» S'il arrive une fête au dimanche, on lira seulement
» l'Évangile de la fête que l'Église célèbre ce jour-là, »

ARTICLE QUINZIÈME.

« A huit heures un quart, elles iront à la chapelle ou
» oratoire faire l'examen général et les prières ordinaires,
» après lesquelles on relira seulement le premier point de
» la méditation si on en a déjà lu deux avant les prières,
» puis elles se retireront en silence et se disposeront au
» coucher ; et, après avoir pris de l'eau bénite et fait
» quelques prières duran deux ou trois *Pater* au plus,
» elles se coucheront modestement, chacune se déshabillant
» hors la vue des autres, et tenant les rideaux du lit
» abaissés durant la nuit ; elles tâcheront de s'endormir
» en quelque bonne pensée, particulièrement sur le sujet

» de l'oraison du lendemain, et feront en sorte qu'elles
» soient couchées et que les lumières soient éteintes à
» neuf heures. »

« Mes filles, ajouta saint Vincent de Paul, je vous
recommande très-particulièrement que, depuis la fin des
prières du soir jusqu'après l'oraison du matin, vous soyez
exactes à garder rigoureusement le silence; c'est un temps
en effet si précieux qu'il y a des monastères où lorsqu'il
y a grande nécessité de parler, on fait signe pour en
demander la permission [1].

[1] Nous joignons ici un article des règles dont saint Vincent de
Paul donna lecture dans la séance d'ouverture des conférences sur
les règles communes. Cet article est relatif à l'observance du silence,
et il se réfère à l'observation ci-dessus.

« Elles feront une attention toute particulière à l'observer exac-
» tement aux temps marqués dans leur emploi de la journée, et,
» entre autres, depuis les prières du soir jusqu'après la messe du
» lendemain, qu'elles entendent vers les sept heures, et depuis deux
» heures après midi jusqu'à trois; en sorte qu'elles se souviennent
» toujours, même allant dans les rues, que c'est là le temps du
» grand silence, et que si elles ont pour lors nécessité de parler
» ensemble, elles le fassent à voix basse et en peu de paroles. Elles
» observeront encore, en tout temps, le même silence dans les
» églises, les sacristies des hôpitaux dont elles ont le soin, les ora-
» toires domestiques et le réfectoire, surtout pendant le repas.
» Elles se souviendront aussi de ne point faire de bruit dans les
» chambres en allant par la maison, en fermant et ouvrant les
» portes, particulièrement pendant la nuit; et dans le temps où il
» leur est permis de converser ensemble, elles prendront garde de
» ne pas trop élever la voix; mais s'étudieront à parler toujours

ARTICLE SEIZIÈME.

« Aux dimanches et aux fêtes, elles garderont le même
» ordre qu'aux autres jours, à la réserve des choses
» suivantes :

» 1° Elles emploieront le temps ci-dessus marqué pour
» le travail manuel en des exercices spirituels, tels que
» sont l'usage des sacrements, l'assistance au service divin,
» au sermon, au catéchisme ou à des entretiens de piété,
» la lecture des livres de dévotion désignés par la supé-
» rieure ou autre députée de sa part, la pratique du
» catéchisme entre elles, pour se rendre capables d'instruire
» les pauvres et les enfants des choses nécessaires à leur
» salut, et autres semblables exercices conformes à leur état.

» 2° Celles qui ont permission d'apprendre à lire ou à
» écrire emploieront pour cela une demi-heure le matin,
» au temps le plus commode, et autant après dîner, pourvu

» d'un ton fort modéré, comme il est convenable à leur état et à
» l'édification qu'elles doivent au prochain. »

« C'est à quoi je vous exhorte, mes filles, afin que vous puissiez
honorer pendant ce temps la vie cachée du Fils de Dieu. — Mais,
diriez-vous, c'est bien difficile, surtout si nous avons à faire alors?
Dans ce cas, souvenez-vous, mes filles, de ce que je vous ai dit touchant l'oraison, que ce n'est pas la manquer que de servir un malade ;
il en est de même du silence. Il faut cependant le garder avec soin
depuis la lecture du soir jusqu'à la messe du matin ; rien ne doit
vous en empêcher, et cette pratique vous coûtera peu, avec un
peu de réflexion, surtout avec le désir sincère de satisfaire à la
règle. »

» que cela ne les détourne point du service des pauvres
» ou de quelque autre emploi d'obligation.

» 3° Elles ne laisseront pas de prendre en ces jours-là
» leur petite récréation ordinaire après le repas, selon le
» temps qu'elles auront de reste, mais elles ne joueront
» jamais à des jeux défendus ou peu séants à leur état. »

Dans la conférence du 8 décembre 1658, saint Vincent insista près de ses filles pour qu'elles pussent consacrer une partie de la journée du dimanche et fêtes à s'instruire et à soigner leurs âmes, qui doivent passer avant leurs corps; il voulait qu'elles pussent s'exercer à faire le catéchisme entre elles, pour être propres à le faire aux enfants et aux malades; et il leur recommanda à cet effet d'avoir une charité bien ordonnée, c'est-à-dire d'inviter les pauvres et les malades à se présenter autant que possible à de certaines heures fixes, de façon à se réserver le temps nécessaire pour s'instruire elles-mêmes, surtout des choses qui regardent le salut.

Saint Vincent rappela aussi à ses filles qu'un certain temps pourrait être consacré à apprendre à lire et à écrire.....

« Cela s'entend, mes sœurs, quand il y a du temps de reste après le service des pauvres; car si les malades ont besoin de vous, il faut laisser votre écriture et dire à Dieu : « Mon Dieu! vous êtes dans le pauvre, il faut que je vous serve le premier. »

ARTICLE DIX-SEPTIÈME.

« Outre les exercices ci-dessus marqués, qui sont com-
» muns à toutes, les sœurs nouvelles observeront les sui-
» vants, qui leur sont propres durant le temps de leur
» épreuve dans la maison de la supérieure :

» 1º Chaque jour, à huit heures du matin, elles enten-
» dront la lecture spirituelle qu'on leur fera durant un
» quart d'heure, et ensuite l'instruction jusqu'à la demie.

» 2º A deux heures, après avoir entendu la lecture,
» elles assisteront soigneusement à l'instruction qu'on leur
» fera jusqu'à trois heures.

» 3º Tous les mercredis, elles auront une conférence
» semblable à celle qu'on fait le vendredi au soir à toute
» la communauté; et même les sœurs nouvelles qui sont
» dans les paroisses de Paris viendront pour cet objet à
» la maison de la supérieure, si leurs obligations envers
» les pauvres le leur permettent. Elles n'y viendront pas
» néanmoins pour les deux autres exercices qu'on y fait
» chaque jour à huit heures et à deux; mais les sœurs
» servantes avec qui elles demeurent tâcheront d'y suppléer
» lorsqu'elles le pourront, leur faisant quelques instructions
» semblables à celles qu'on fait à la maison, à quoi les
» anciennes qui se trouvent au même lieu assisteront si
» leurs occupations le leur permettent, tant pour l'utilité
» spirituelle qu'elles en peuvent retirer, que pour le bon
» exemple qu'elles doivent donner à leurs sœurs. »

Cet article parlant de lui-même, saint Vincent de Paul n'y ajouta aucun commentaire, mais avant de finir la conférence du 8 décembre 1658, il les entretint de l'exercice du chapelet.

« Je pense, mes filles, leur dit-il, que vous connaissez toute l'importance qu'il y a de bien faire cette prière, car de toutes les oraisons la plus sublime, c'est le *Pater* que Notre-Seigneur a enseigné à ses apôtres, et cette prière est une de celles que comporte le chapelet. L'autre partie de la prière qui compose le chapelet est l'*Ave Maria* qui a été fait par le Saint-Esprit. L'Ange le commença en saluant la sainte Vierge; sainte Élisabeth le continua quand elle fut visiter sa cousine, et l'Église a ajouté le reste, de sorte que l'*Ave Maria* a été inspiré du Saint-Esprit, et partant, mes sœurs, le chapelet qu'on vous recommande de dire à diverses reprises dans le courant de la journée, est une prière très-efficace quand elle est bien faite.

» Il y a environ quatre ou cinq cents ans que Dieu inspira à saint Dominique d'établir l'usage de dire le chapelet. Comme ce saint voyait le monde tout rempli de péchés, il pensa que s'il pouvait apprendre ces deux oraisons au peuple, il ferait une chose très-agréable à Dieu. Il commença donc, lui et tous ses enfants, à l'enseigner partout où ils allaient; de sorte que les papes, reconnaissant l'importance de cette prière, établirent cette dévotion parmi les fidèles et notamment parmi le simple peuple, accordant des indulgences à ceux qui réciteraient le chapelet. C'est par ce moyen que nous voyons tant de saintes âmes unies ensemble pour louer Dieu et la très-sainte Vierge, ce qui est si bien réglé qu'à toutes les heures du jour il y en a qui font cette prière. ... On vous recommande d'en dire une dizaine le matin après l'oraison : deux à l'église avant la messe, deux après l'*Angelus* de midi et les deux autres après celui du soir. »

Le chapelet, c'est le bréviaire des filles de la Charité ; elles doivent donc avoir grand soin de le réciter comme les prêtres et les religieux sont tenus de réciter le leur. Les prêtres disent leur bréviaire à l'intention de l'Église, le chapelet doit être récité, par les filles de la Charité, à l'intention d'obtenir de Dieu qu'il les sanctifie, qu'il bénisse leur travail et tout ce qu'elles font pour le service du prochain. Pour l'obtenir, il faut avoir recours à la sainte Vierge sous l'étendard de laquelle la compagnie des filles de la Charité a été fondée. Et immédiatement leur saint fondateur s'adressa à la sainte Vierge qui est leur mère, pour qu'elle leur accordât sa protection, promettant de se donner, à son Fils et à elle, sans réserve, afin qu'elle fût le guide de la compagnie en général et de chacun de ses membres en particulier.

ARTICLE DIX-HUITIÈME.

« Elles feront toutes un grand état de leurs règles, » des saintes pratiques et louables coutumes qu'elles ont

» gardées jusqu'à maintenant, les considérant comme des
» moyens que Dieu leur a donnés pour s'avancer à la
» perfection convenable à leur état, et pour faire plus
» aisément leur salut; c'est pourquoi elles les liront et
» entendront lire avec celles de leurs offices une fois
» chaque mois, autant qu'elles le pourront commodément,
» et demanderont pardon à Dieu des fautes qu'elles
» remarqueront y avoir commises, tâchant de concevoir
» en même temps de nouveaux désirs de les observer
» entièrement jusqu'à la mort. Que s'il s'en trouve quelques-
» unes qui répugnent à leur esprit ou sentiment particulier,
» elles tâcheront de se vaincre et mortifier, en cela se
» représentant que Notre-Seigneur a dit : « Que le royaume
» des cieux souffre violence, et que ce sont ceux qui se
» font force qui le ravissent. »

Dans la conférence du 21 juillet 1658, saint Vincent
fit le commentaire de cet article qui résume toutes les
autres règles, et il dit à ses filles pour premier motif de
l'observer, que comme toute bonne pensée vient de Dieu,
il fallait qu'elles se persuadassent que leurs règles avaient
été inspirées par Dieu même aux supérieurs qui les leur
avaient imposées.

« Quand vous allez lire ou entendre lire vos règles,
il faut dire : « Je m'en vais écouter Dieu parler et recevoir ce que la règle dit, comme si Dieu parlait à mon
cœur. »

En second lieu, d'après la parole du Souverain Pontife Urbain VIII, qui veut canoniser tout religieux ou religieuse qui auront exactement observé leurs règles, saint Vincent dit à ses filles qu'elles doivent tenir fidèlement à cet article, parce qu'il a pour but d'en faire des saintes.

« Quelle puissante raison pour vous faire observer vos règles, car selon cela une fille de Charité qui sera exacte à ses règles, nous pouvons dire qu'elle vivra à la façon des saintes qui sont dans le ciel. Ah! que de belles vertus vous pratiquerez si vous gardez vos règles!

» Ne vous ressouvenez-vous pas de celles qui ont paru dans nos chères sœurs défuntes, mais bienheureuses défuntes : de cet ardent amour envers Dieu, de ce désir de servir le prochain? Ne vous semblait-il pas en entendant le rapport de ce qu'elles avaient fait, que c'étaient les mêmes choses que ce que nous lisons dans la vie des saints et dans celle de Jésus-Christ même?

» C'était ce qu'elles ont pratiqué, de sorte que l'on voyait en elles quelque participation de la Divinité; car, voyez-vous, mes filles, les vertus des chrétiens, et entre les chrétiens de ceux qui ont foulé aux pieds le monde pour l'amour de Dieu, sont une participation des vertus de Notre-Seigneur, au moyen de quoi ces personnes participent à son esprit, qui fait que celles qui aiment le silence participent au silence du Fils de Dieu, que celles qui sont humbles participent à son humilité, ainsi des autres vertus. Aussi, lorsque vous voyez pratiquer quelque vertu à une sœur, et qu'elle fait cela en vue de Notre-Seigneur, dites de cette personne-là qu'elle vit de l'esprit de Jésus-Christ. Or, mes filles, vos règles vous mettront en cet état de perfection si vous en aimez la pratique. Voyez combien vous les devez aimer et estimer pour ne manquer pas à une seule. » Mais lorsqu'une règle paraît en opposition avec une autre, par exemple qu'à l'heure consacrée à l'oraison, la règle de l'assistance des malades veut qu'on aille les visiter, que faire? « En ce cas, dit saint Vincent, la sainte obéissance accorde tout; elle veut que vous laissiez l'oraison pour aller servir vos pauvres, comme il vous a été enseigné tant de fois, et alors c'est quitter Dieu pour Dieu. Or donc, quand il vous semble que vous ne pouvez pas observer une règle sans en laisser une autre, il n'en faut point faire de scrupule, car cela s'appelle quitter Dieu pour Dieu. »

Mais quand il n'y a pas impossibilité d'accomplir à la fois deux règles, il faut obéir ponctuellement.

« Quand la cloche vous appelle à l'oraison, il faut tout quitter, car c'est Dieu qui vous dit : « Venez, venez, mes filles! » Et croyez que quand vous serez venues à la chapelle, il vous regardera et prendra plaisir à vous voir, comme un père prend plaisir à voir ses enfants. Un père se complaît en ses enfants et quitte tout pour eux, et pourquoi cela? C'est qu'il se voit en ses enfants. Or, si les pères prennent plaisir en leurs enfants qui seront peut-être méchants et leurs ennemis, à combien plus forte raison Notre-Seigneur aimera-t-il une âme qui fait ce qu'elle peut pour lui plaire! Oui, il prend plaisir à vous voir surtout dans l'oraison; il voit comme l'une est occupée à considérer sa bonté, sa sagesse et ses autres perfections, comme elle s'élève à lui par des actes d'amour, disant : « C'est de tout mon cœur, mon Sauveur, que je vous aime, et parce que je ne puis vous aimer autant que vous le méritez, je vous offre l'amour que votre père a pour vous. Il voit comme une autre tremble à la vue de ses chutes et cherche les moyens de s'en relever. Ah! il regarde cela avec plaisir; mais si quelqu'une manquait d'y venir, par paresse ou négligence, elle contristerait le cœur de Dieu qui aime à voir parmi ses filles une belle harmonie dans l'oraison, et ce n'est pas seulement dans l'oraison, c'est dans les observances les plus minimes, dans les choses les plus basses que Dieu se complaît à voir observer les règles. Quel sujet de consolation pour vous de savoir que non-seulement l'oraison est agréable à Dieu, mais encore toutes les plus basses occupations quand elles sont selon les règles, comme de laver les pieds à un pauvre, baiser la terre, voir un malade, vider un pot; tout cela est si agréable à Dieu qu'il préfère quelquefois ces moindres choses à de plus grandes, principalement si elles sont faites en la manière qu'il faut. Accomplissez donc vos règles et elles vous rendront saintes, et d'autant plus saintes que vous les accomplirez plus parfaitement.

» D'après cela, mes filles, ne voulez-vous pas bien faire résolution et dire en ce moment : « Oui, monsieur, de tout mon cœur, je me donne à Dieu pour observer nos saintes règles, et je me résous à n'en laisser pas une; **que** s'il arrive qu'il en faille omettre, ce sera dans la rencontre de deux règles opposées et par charité. » Je veux croire que vous le voulez bien et que vous avez toutes cette intention.

» Courage, mes filles, si vous êtes fidèles à cela, Dieu vous fera la grâce de faire de grandes choses à son service; oui, Dieu fera pour la compagnie des choses dont on n'a jamais ouï parler, si vous êtes fidèles à ce qu'il demande de vous; ne le voyez-vous pas déjà? Avait-on jamais entendu dire que des filles allassent servir les pauvres criminels? Avait-on vu des filles se donner au service des pauvres enfants abandonnés de leur père et mère? A-t-on jamais ouï dire jusqu'à maintenant que des filles se soient données à Dieu pour servir les fous que leurs pères chassent de leurs maisons pour les renfermer dans des cachots? Continuez, continuez, mes filles, vous ne voyez pas ce que Dieu veut faire de vous... J'espère qu'il se servira de vous et de celles qu'il appellera après vous à des choses que ni vous ni moi ne comprenons pas, pourvu que vous gardiez les règles qu'il vous a données. »

ARTICLE FINAL.

« Encore que leur vocation requiert qu'elles s'étudient
» toute leur vie à pratiquer toutes sortes des vertus pour
» imiter leur patron Jésus-Christ, elles feront néanmoins
» une attention particulière à celles qui sont représentées
» par les quatre extremités de la croix, savoir : l'humi-
» lité, la charité, l'obéissance et la patience ; c'est pour-
» quoi elles feront en sorte que toutes leurs actions en
» soient animées et se représenteront que c'est en vain
» qu'elles ont toujours sur elles une croix matérielle, si
» elles n'en usent ainsi. »

Cet article des règles n'existe plus dans aucun des
recueils des règles des sœurs de Charité dont l'arrange-
ment définitif a été fait par monsieur Almeras, premier
successeur de saint Vincent de Paul et premier supérieur
général des deux ordres des prêtres de la mission et des
filles de la Charité ; mais comme on finit par le signe de
la croix une bonne et pieuse lecture, priant Dieu d'en
tirer profit, nous avons pensé que cet article qui roule
sur les vertus que représente la croix, pouvait terminer
convenablement la série des articles réglementaires dont
saint Vincent de Paul a fait le commentaire à ses filles
d'adoption.

C'est le 14 juillet que le saint fondateur donna l'instruction qui se rapporte à cet article, il commença par
cette observation générale :

« Voyez-vous, mes filles, c'est une chose certaine par l'exemple des saints qu'on ne peut aller au ciel sans pratiquer toutes les vertus; car ce n'est pas être vertueux, si on ne l'est en tout. Etre donc vicieux en une chose et vertueux en une autre, ce n'est pas être comme Dieu nous veut, car le Saint-Esprit nous dit que qui pèche en une chose pèche contre toutes les autres. Or, on peut dire aussi que vous aurez toutes les vertus quand vous en pratiquerez bien une, parce que les vertus ne sont pas l'une sans l'autre; mais s'il faut avoir une intention générale de s'exercer en toutes, il y en a quatre qui sont marquées dans la présente règle, lesquelles composent l'esprit de votre état et sont représentées par les quatre extrémités de la croix; celles-là vous devez particulièrement les pratiquer toute votre vie et faire en sorte que chacune de vos paroles, chacune de vos actions en soient animées...

Vous avez choisi Jésus-Christ pour votre époux, c'est sur lui que vous devez jeter les yeux pour lui devenir semblables; et comme il a pratiqué toutes sortes de vertus, vous devez avoir soin de les cultiver toutes, d'autant que c'est ce que Dieu demande de vous.

Or, il était conforme à la volonté de son père, et il désire, mes filles, que vous conformiez en tout la vôtre à la sienne; non-seulement aux choses divines, mais même aux choses temporelles. Il demande de vous que toutes ses vertus soient vos vertus... de sorte que qui dit *fille de*

Charité dit une personne de qui toutes les paroles, actions et pensées doivent être comme celles de Notre-Seigneur... Ainsi il faut vous donner à Dieu pour faire ce qu'il demande de vous dans les lieux où vous serez envoyées ; qui à cinquante lieues, qui à cent, qui plus loin encore, et cela pour l'amour de votre époux qui... vous a inspiré de quitter le monde, vos parents et vos amis, aussi bien que toutes les prétentions que vous pouviez y avoir ; car c'est assurément pour son amour que vous avez fait tout cela ; c'est là le motif qui vous a fait venir... Personne ne peut penser qu'aucune de vous soit venue pour tout autre motif, comme légèreté ou curiosité, ce que jamais nous n'oserons croire.

Mes filles, vous avez donc quitté le monde pour vous abandonner à Dieu et vous ne vous en repentez pas. Ah ! ce monde vous l'avez quitté d'affection, et en disant un adieu éternel à ses maximes ; vous avez dit de plus que vous vouliez vivre désormais pour votre Dieu. Telle est la disposition que vous devez avoir eue quand vous êtes venues et celle où vous vous conserverez, j'espère, car la persévérance seule fait les saints, et il faut qu'une fille de la Charité répète : « Je suis venue dans cette maison » sans autre prétention que celle de servir Dieu, pour y » vivre désormais sans aucun plaisir pour le corps, sans » satisfaction pour l'esprit, mais pour me donner tout » entière au service des pauvres. » S'il en est ainsi, une fille de la Charité doit compter sur l'assistance de Dieu auquel elle peut dire : « Quoi, mon Sauveur, aller à trente, » cinquante, à cent lieues chercher les moyens de vous » servir, quitter mon père et ma mère et toutes mes con- » naissances pour cela, et vous me refuseriez votre assis- » tance? Oh! non, j'espère que vous me ferez la grâce » que je vous sois agréable, ainsi que tout ce que je » ferai... Oui, je veux espérer qu'avec la grâce de Dieu » je pratiquerai toutes les vertus dans la perfection qu'il » veut que je les aie. »

» Mais les tentations de la chair et l'esprit malin ne man- queront pas de vous porter au découragement par exem- ple : « Quoi, il faudra que je me lève tous les jours à quatre heures, que j'aille à l'oraison, que je sois prête à aller et venir, à servir les pauvres sans aucun relâche, et cela pendant toute la vie? Si ce n'était qu'à Paris, à la bonne heure ; mais aller à la campagne, être exposée à tant de périls dans les chemins, oh! ce n'est pas là le fait d'une fille, et je n'ai pas assez de force pour y résister. »

« Mes filles, quand ces pensées vous viendront et que le démon vous tentera de la sorte, dites-lui : « Tu as raison, malin esprit, tu as raison, chair corrompue, de me faire douter de mes forces, car de moi-même je ne puis rien, et si je ne regarde que moi, ce que je puis me promettre c'est de ne faire rien qui vaille ; mais quand je pense que Dieu travaillera pour moi ainsi qu'un père pour son enfant, que je me confie à sa bonté et que je pense à tout ce qu'il a fait pour mon bien, j'espère qu'il sera ma force. Ainsi, comme un père travaille pour son petit enfant, parce qu'il sait qu'il ne peut travailler lui-même et que l'enfant ne se met en peine de rien, mais laisse à son père le soin de tout ce qui le concerne, je ferai de même, puisque j'ai un si bon père... Je confesserai que je ne puis rien de moi-même, mais mettant toute ma confiance en Dieu, j'espérerai qu'il me fera la grâce de le faire, et de le faire dans l'esprit qu'il faut comme le veut la sainte écriture : « Dites à l'homme juste que ce n'est pas assez qu'il fasse le bien et qu'il pratique la vertu, mais qu'il est nécessaire qu'il la pratique comme il faut, c'est-à-dire avec perfection. »

» Mais, mes filles, entre toutes les vertus que vous devez pratiquer, en voici quatre que vous devez pratiquer particulièrement, et par lesquelles on connaîtra si vous êtes vraies filles de la Charité... Il faut examiner celles qui pratiquent ces quatre vertus d'humilité, de charité, d'obéissance et de patience. Ainsi, donnez-moi une fille d'entre vous qui pratique l'humilité, qui ne s'estime rien, qui aime que ses supérieurs ou autres la rebutent, qui pense qu'elle ne réussit à rien, qu'elle gâte tout et enfin qu'elle fait fort imparfaitement toutes choses, et je dirai qu'elle est une vraie fille de la Charité....

» Ne voyez-vous pas en effet en quelle estime vous

avez une sœur de la maison qui est dans cette pratique? Oh! la bonne fille, disons-nous en parlant des défuntes, et pourquoi? Parce que vous vous souvenez qu'une de leurs principales vertus était l'humilité…. Quelle vertu que l'humilité! Faisons donc tous nos efforts pour bien pratiquer cette vertu que le Fils de Dieu a tant aimée. Souvenons-nous que c'est pour la pratiquer qu'il a voulu mourir sur une croix, aux yeux de tout le monde, et partant prenons tâche de faire des actes de cette vertu tant intérieurs qu'extérieurs.

La seconde vertu recommandée aux filles de la Charité est cette même vertu de charité. « Or, si vous me demandez ce que c'est que cette charité… je vous répondrai, que c'est premièrement aimer Dieu par-dessus toutes choses, et secondement aimer son prochain pour l'amour de Dieu en commençant par ses sœurs. Oui, cet amour du prochain veut que vous vous appliquiez à vous aimer les unes les autres et à vous supporter dans vos petites infirmités, toutefois encore que vous aurez commencé à vous supporter vous-mêmes. Ensuite, il faut que votre charité s'étende aux pauvres pour les servir avec amour; et cela dans tous les emplois, soit aux enfants, aux hôpitaux, aux forçats, etc., regardant ces charges comme l'œuvre de Dieu et vous tenant bien heureuses d'être employées à des choses que les saints voudraient faire eux-mêmes s'ils étaient sur la terre…. L'humilité conserve et engendre la charité, c'est l'orgueil qui engendre les discordes, les rivalités et les dissensions; aussi saint Vincent dit-il d'une fille de ce genre, ce que Jésus-Christ disait de Judas, qu'il vaudrait mieux qu'il ne fût pas né... O mes filles, s'il y en avait quelqu'une parmi vous, il faut prier pour elle, car elle est digne de compassion, et espérer qu'elle se corrigera avec la grâce de Dieu, pourvu qu'elle y travaille sincèrement.

» Voilà donc deux marques, l'humilité et la charité, qui font connaître les vraies filles de la Charité. Il ne faudrait pas, ce me semble, demander où est placée la charité dont nous venons de parler, car elle doit être représentée par le haut de la croix, comme l'humilité par le bas, quoique dans la vérité elle ne souffre jamais que ceux qui la possèdent demeurent en bas, car au contraire elle les élève bien haut dans la perfection.

La troisième vertu propre aux filles de la Charité est l'obéissance qui est représentée par le bras droit de la croix. « Je vous ai déjà parlé de cette vertu, et vous savez ce que c'est; Dieu veuille que ce soit pratiquement, mais qu'est-ce que l'obéissance? L'obéissance dans une fille fait qu'elle ne veut que la volonté de Dieu en toutes choses et qu'elle se conforme en tout à la volonté des supérieurs, des officières et des sœurs servantes. Eh! quel bonheur! On est quelquefois en peine comment on fera la volonté de Dieu. Mes filles, pour cela vous n'avez qu'à obéir à vos règles. Oui, il est certain qu'une fille qui obéit à ses règles, pour Dieu, fait la volonté de Dieu; comme au contraire, en tout ce qu'elle fait de sa tête, elle ne fait pas la volonté de Dieu. O vertu d'obéissance, que tu es belle! O que tu es belle! puisque tout ce que tu fais faire est agréable à Dieu! »

Saint Vincent insistant sur la nécessité de cette vertu, gourmanda celles qui en manquaient, les invita à la persistance et à s'écrier : « Quoi! vivre sans obéissance? Ah! » mon Dieu, plutôt la mort! Donnez-moi donc, ô mon » Dieu, la grâce de ne rien faire que par obéissance, puis- » que par elle je ferai toujours votre volonté, au lieu que » la désobéissance ne me fait faire que la mienne propre. »

» La quatrième vertu que vous devez particulièrement avoir et qui est représentée par le bras gauche, c'est la patience. Or, il n'y a presque pas de moment dans la vie où nous n'ayons grand besoin de cette vertu. Un malade ne sera pas content, votre sœur vous dira quelques paroles un peu sèches ou fâcheuses; ah! tout aussitôt vous vous sentez le cœur blessé. Quel remède pour guérir cette plaie? Pas d'autre, mes filles, que la patience. Quelle est donc cette vertu? C'est celle qui fait qu'on supporte patiemment tous les fâcheux accidents qui se rencontrent dans la vie sans se fâcher, ou, si on se laisse aller à l'émotion, on rentre tout aussitôt en soi-même pour apaiser le trouble de l'âme. Il faut donc une bonne provision de patience,

car quand même nous n'aurions rien à souffrir du côté
des hommes, hélas! nous sommes si faibles, que nous
trouverons assez de quoi souffrir en nous-mêmes, et nous
sommes si changeants, que nous ne manquerons pas de
misères à supporter, ce qui ne se peut faire sans patience.

» Quoi! monsieur, une personne qui ne se fâche jamais,
quoi qu'il lui arrive, pas même lorsqu'on la reprend et
qu'elle n'est pas coupable, vous appelez cela patience? —
Oui, mes filles, et vous devez bien vous exercer à pratiquer cette vertu toutes les fois qu'il vous vient quelque
chose à supporter, soit du côté des dames, soit du côté
des malades ou enfants, afin de ne rien dire qui témoigne
de l'impatience, lors même que vous penseriez devoir
avertir les pauvres qui feraient quelque plainte ou mur-
mureraient contre vous; ce que vous pouvez faire sans
vous fâcher, et seulement pour remédier aux fautes qu'ils
pourraient faire s'ils continuaient.

» Voilà, mes filles, les quatre vertus que vous devez
souvent demander à Dieu, travaillant tous les jours à les
acquérir...

» Or sus, concluons de tout ce que nous avons dit que
voilà une règle excellente et bien importante à observer,
et que l'esprit des filles de Charité consiste en ces quatre
vertus, humilité, charité, obéissance et patience. Il faut
donc qu'on voie reluire ces vertus dans toutes vos actions
et paroles, en sorte que si vous parlez ce soit avec humi-

lité ; si vous pensez à quelque chose ce soit à vous humilier au-dessous de toutes vos sœurs ; si on vous parle et qu'il faille répondre quelque chose, que ce soit dans un esprit d'humilité. Il doit en être de même de la charité, et vous devez aimer toutes vos sœurs en regardant Dieu en elles. Ainsi des autres vertus.

Très-sainte Vierge, qui dites à tout le monde, dans votre cantique, que c'est l'humilité qui est cause de votre bonheur, obtenez qu'elles soient telles que Dieu le demande. Ornez-les de vos vertus ! Vous êtes Mère et Vierge ensemble, et elles sont aussi vierges et mères des pauvres ; priez donc votre cher Fils qu'il nous donne cette grâce !

Seigneur, c'est ce que je vous supplie d'opérer par les paroles de la bénédiction que je vais prononcer de votre part, afin qu'en même temps vous fassiez descendre du ciel votre Esprit sur nous tous, pour nous animer à la pratique de ces belles vertus et nous y exercer sans cesse jusqu'à ce que nous les ayons acquises.

Benedictio Dei omnipotentis, Patris, et Filii, et Spiritus Sancti, descendat super vos et maneat semper.

ANNEXE.

RÈGLES PARTICULIÈRES
AUX SOEURS DES PAROISSES.

ARTICLE PREMIER.

« Elles se représenteront que, comme leurs emplois les
» obligent d'être la plupart du temps hors de la maison,
» et parmi le monde, et souvent seules, elles ont besoin
» d'une plus grande perfection que celles qui sont em-
» ployées dans les hôpitaux et autres semblables lieux, d'où
» elles ne sortent que rarement; c'est pourquoi elles s'étu-
» dieront d'une manière toute particulière à s'avancer dans
» les vertus qui leur sont recommandées par leurs règles
» communes, mais particulièrement dans une profonde
» humilité, une exacte obéissance, une parfaite union entre
» elles, un grand détachement des créatures et une conti-
» nuelle précaution pour conserver parfaitement la pureté
» du corps et du cœur. »

ARTICLE DEUXIÈME.

« Elles penseront souvent à la fin principale pour laquelle
» Dieu les a envoyées en la paroisse où elles sont, qui est

» de servir les pauvres malades, non-seulement corporel-
» lement en leur administrant la nourriture et les médica-
» ments, mais encore spirituellement en procurant qu'ils
» reçoivent dignement et de bonne heure tous les sacre-
» ments, et entre autres celui de la confession, dès le
» premier ou le deuxième jour de leur réception à la
» Charité, en sorte que ceux qui tendront à la mort par-
» tent de ce monde en bon état, et que ceux qui guériront
» fassent une forte résolution de bien vivre à l'avenir. »

Ces deux articles lus par saint Vincent de Paul dans la
conférence du 24 août 1659, n'ont donné lieu de sa part
à aucune observation spéciale; il recommanda seulement
à ses filles de se rappeler qu'elles n'étaient envoyées dans
les paroisses, ou autres lieux, qu'afin d'aider leurs pauvres
malades à bien vivre et à bien mourir.

ARTICLE TROISIÈME.

« Les secours spirituels qu'elles tâcheront de leur donner,
» selon leur petit pouvoir et la disposition des malades,
» seront principalement de les consoler et encourager et
» de les instruire des choses nécessaires à leur salut, leur
» faisant faire des actes de foi, d'espérance et de charité
» envers Dieu et le prochain, de contrition de leurs
» péchés, de réconciliation avec leurs ennemis, de demande
» de pardon à ceux qu'ils ont offensés, de résignation au
» bon plaisir de Dieu, soit pour souffrir, soit pour guérir,

» soit pour vivre, et autres semblables actes qu'elles doi-
» vent leur suggérer, non pas tous à la fois, mais quelques-
» uns chaque jour, et fort succinctement, de peur de les
» ennuyer. »

Saint Vincent ajouta :

« Voilà donc que d'après cette règle votre principal soin
doit être de consoler les malades, de leur faire faire des
astes succinctement, et de leur enseigner les choses nécessaires au salut. — Cela parle de soi, je ne vous en dirai
pas davantage. »

ARTICLE QUATRIÈME.

« Surtout elles se donneront à Dieu pour les disposer
» à faire une bonne confession générale de toute leur vie,
» particulièrement si la maladie est dangereuse, leur en
» faisant connaître l'importance, et leur enseignant la ma-
» nière de la bien faire, leur disant, entre autres choses,
» qu'ils ne rendront pas seulement compte des péchés
» commis depuis leur dernière confession, mais encore de
» tous les autres qu'ils ont jamais faits, tant confessés
» qu'oubliés. Que s'ils ne sont pas en état de faire cette
» confession de toute leur vie, elles les exciteront au moins
» à concevoir une contrition générale de tous leurs péchés,
» et une forte résolution de plutôt mourir que de les com-
» mettre à l'avenir, moyennant la grâce de Dieu. »

ARTICLE CINQUIÈME.

« Si les malades reviennent en convalescence, et puis
» retombent une ou plusieurs fois dans leur maladie, elles
» les exhorteront à recevoir derechef les sacrements, même
» celui de l'extrême-onction, et auront soin de leur pro-
» curer ce grand bien. Si elles se trouvent à leur dernier
» passage, elles les aideront à bien mourir, en leur faisant
» faire courtement quelques-uns des actes susdits, priant
» pour eux et leur donnant de l'eau bénite avec un asper-
» soir, les avertissant de gagner l'indulgence plénière sur
» quelque médaille s'ils en ont, en prononçant de bouche
» et de cœur le saint nom de Jésus à l'article de la mort,
» et, après leur décès, elles pourront quelquefois, dans la
» nécessité, aider à les ensevelir, si elles le peuvent com-
» modément et si la sœur servante le permet. »

« Ces dernières choses me paraissent assez difficiles,
dit saint Vincent, particulièrement dans les paroisses de
Paris, à cause des grandes occupations qu'on y a ; mais il
me paraît qu'on le peut plus aisément dans les villages.
— Mademoiselle, dites-moi, je vous prie, si cela se pratique ?

» — Oui, mon père, et nos sœurs ont souvent le soin de
demander aux dames de quoi ensevelir les morts, et le
font dans le besoin.

» — Voilà qui est bien, Dieu soit béni ! — Passons à la
règle suivante. »

ARTICLE SIXIÈME.

« Si les malades recouvrent leur santé, elles redouble-
» ront leurs soins pour les exciter à profiter de leur maladie
» et de leur guérison, leur représentant que Dieu a ordonné
» leur maladie du corps pour la guérison de leur âme, et
» qu'il leur a rendu la santé corporelle afin qu'ils l'em-
» ploient désormais à faire pénitence et à mener une bonne
» vie; de quoi ils doivent faire de fortes résolutions et
» renouveler celles qu'ils ont faites au temps de leur ma-
» ladie, leur conseillant quelque petite pratique selon leur
» portée; comme de prier à genoux soir et matin, se con-
» fesser et communier plusieurs fois l'année, fuir les occa-
» sions du péché, et semblables; mais elles leur doivent
» dire ces choses courtement et humblement. »

Pour démontrer l'utilité de cette règle, saint Vincent
rappela à ses filles la vie mortelle de Jésus-Christ :

« Notre-Seigneur lui-même n'a pas eu soin des malades
seulement pour le corps, mais pour leurs âmes. Vous lui
succédez, et partant vous devez l'imiter, ainsi que les
apôtres, et quand vous allez voir vos malades, pensez que
c'est moins pour leurs corps que vous donnez des soins
que pour leurs âmes. Il faut encore que vous leur appre-
niez ce qu'ils doivent faire pour vivre en bons chrétiens,
s'ils recouvrent la santé; comme à bien mourir, si vous
connaissez qu'ils y tendent; les excitant à avoir un grand
soin de désirer de voir Dieu; mais tout cela courtement,

avec une parole ardente qui parte du cœur, comme dit saint Paul, en sorte que vous tâchiez que ceux qui partiront de ce monde soient en bon état, et que ceux qui guériront fassent de fortes résolutions de bien vivre. Oh! qu'une fille de Charité sera heureuse si elle le pratique ainsi! Voilà, mes filles, ce que Dieu demande de vous. »

ARTICLE SEPTIÈME.

« De peur que ces services spirituels ne préjudicient » aux corporels qu'elles doivent rendre aux malades, comme » il arriverait si, pour s'amuser trop à parler à quelqu'un » d'eux, elles faisaient souffrir les autres, faute de leur » apporter de bonne heure leur nourriture ou les médica- » ments, elles tâcheront de bien prendre en cela leurs » mesures, réglant leur temps et leurs exercices selon que » le nombre ou le besoin des malades sera grand ou petit. » Et parce que leurs emplois d'après-midi ne sont pas si » pressants que ceux du matin, elles prendront ordinaire- » ment ce temps-là pour les instruire et les exhorter, en » la façon marquée ci-dessus, particulièrement lorsqu'elles » leur rendront les autres services nécessaires. »

Après la lecture de cet article, saint Vincent de Paul ajouta :

« Prenez donc bien garde, mes filles, à ne pas faire souffrir les malades, faute de leur apporter de bonne heure leur nourriture. Il faut une grande prudence, car une fille de Charité qui voudrait demeurer longtemps à instruire un malade au préjudice des autres, ferait mal. Vous devez donc mesurer votre temps de manière que vous ne le donniez jamais à la prière quand il est nécessaire aux malades [1]... Prévoyez donc les besoins de vos pauvres malades, en telle sorte que vous ne manquiez jamais au nécessaire ni à l'égard des uns ni à l'égard des autres. »

ARTICLE HUITIÈME.

« Si l'instruction qu'elles donnent à un malade se peut
» étendre aux autres qui sont dans la chambre où il est,
» elles tâcheront de le faire avec la discrétion requise, ce
» qui se peut aisément lorsqu'il y a des enfants, parce que
» les interrogeant sur les principaux mystères de notre
» sainte foi, ou leur recommandant leurs devoirs, les pères
» et mères qui seront là présents en pourront profiter, sans
» qu'ils se puissent apercevoir que c'est en partie pour eux
» qu'on parle. »

Saint Vincent ajouta qu'il connaissait des dames de la Charité qui pratiquaient cette méthode, et la pratiquaient excellemment pour les pauvres gens visités par elles.

ARTICLE NEUVIÈME.

« Elles se feront conscience de manquer au moin
» service qu'elles doivent rendre aux malades, particul

[1] C'est en de tels exercices de charité qu'il est vrai de dire *Travailler, c'est prier.*

» rement pour ce qui est des remèdes qu'elles doivent
» leur donner, en la manière et à l'heure où le médecin a
» ordonné, si quelque grande nécessité n'oblige d'en user
» autrement : comme si leur maladie était trop empirée,
» ou s'ils étaient dans le frisson, ou en sueur, ou autre
» semblable empêchement. »

« C'est ainsi (ajouta saint Vincent) que vous devez être
exactes à faire tout ce que messieurs les médecins ordonnent, parce que s'il arrivait quelque accident à un malade
vous en seriez responsables... Vous devez donc, mes sœurs,
leur obéir en tout ce qui regarde le service des malades,
et estimer que vous faites la volonté de Dieu en faisant la
leur. C'est ce que Dieu demande de vous, et c'est le seul
moyen de conserver la Compagnie... Si vous désobéissiez
aux médecins, ne voulant pas suivre leurs ordres, ils vous
décrieraient partout. Si vous désobéissiez aux dames, elles
feraient tout de même, et les uns et les autres diraient à
coup sûr : « Ces filles-là ne sont bonnes à rien, elles ne
» veulent faire que ce qui leur plaît ; il vaudra donc mieux
» prendre des filles de la paroisse, du moins elles feront ce
» que nous voudrons. »

ARTICLE DIXIÈME.

« En servant les malades elles ne doivent regarder que
» Dieu, et ne doivent non plus prendre garde aux louanges
» qu'ils leur donnent qu'aux injures qu'ils leur disent, si

» ce n'est pour en faire un bon usage, en rejetant inté-
» rieurement les louanges, dans la vue de leur néant, et
» agréant les injures, pour honorer les mépris que le Fils
» de Dieu a reçus en la croix par ceux-là mêmes qu'il
» avait comblés de ses bienfaits. »

Cette règle, d'une humilité si sublime, fut encore commentée par quelques mots partis du cœur de saint Vincent,
si humble lui-même, que sa vertu confond notre orgueil :

« Voilà, mes sœurs, ce que dit cette règle, qu'en servant les malades vous ne regardiez que Dieu. Oh! que
c'est une grande chose de ne regarder que Dieu dans tout
ce que nous faisons! Que les uns nous louent ou que les
autres nous méprisent, il ne faut regarder les louanges ni
les mépris, mais Dieu; et s'humilier lorsqu'on nous donne
quelque louange, disant à Dieu : Mon Dieu, ce n'est pas
moi qui fais cela, c'est vous; et agréer les mépris lorsqu'ils se présentent, en vue des opprobres du Fils de Dieu,
et voir de quelle manière il s'est comporté lui-même, pour
lui demander la grâce de l'imiter. »

ARTICLE ONZIÈME.

« Quoiqu'elles ne doivent pas être trop faciles ni trop
» condescendantes quand ils refusent de prendre les re-
» mèdes ou se rendent trop insolents, néanmoins elles se
» garderont bien de les rudoyer ou mépriser; au contraire,
» elles les traiteront avec respect et humilité, se ressouve-

29

» nant que la rudesse et le mépris qu'on fait d'eux, aussi
» bien que le service et l'honneur qu'on leur rend, s'adres-
» sent à Notre-Seigneur lui-même. »

Dans la conférence du 19 octobre 1659, saint Vincent
ajouta à cet article :

« Vous devez, mes filles, vous souvenir de traiter les
pauvres avec grande douceur et respect, pensant que ce
sont eux qui doivent vous ouvrir le ciel... Il faut donc les
traiter avec douceur et respect, vous souvenant que c'est
à Notre-Seigneur que vous rendez ce service, puisque tous
ceux que vous rendez à ses membres vivants, il les tient faits
à lui-même : *Cum ipso sum in tribulatione.* Si votre prochain, vous dit-il, est malade, je le suis ; s'il est en prison,
j'y suis avec lui ; s'il a des fers aux pieds, je les ai aussi ;
bref, vous ne devez regarder que lui dans les pauvres, et
vous souvenir qu'ils sont vos seigneurs et vos maîtres. »

ARTICLE DOUZIÈME.

« Elles ne recevront aucun présent, tant peu soit-il, des
» pauvres qu'elles assistent, et se donneront bien de garde
» de penser qu'ils leur soient obligés, pour le service
» qu'elles leur rendent ; mais, au contraire, elles doivent
» se persuader qu'elles leur sont fort redevables, puisque
» par une petite aumône qu'elles leur font, non pas de leur
» bien propre, mais seulement d'un peu de leurs soins,
» elles se font des amis qui ont droit de leur donner, un

» jour, l'entrée dans le ciel ; et même dès cette vie elles
» reçoivent à leur sujet plus d'honneur et de vrai conten-
» tement qu'elles n'eussent jamais dû oser espérer dans
» le monde ; de quoi elles ne doivent pas abuser, mais
» entrer en confusion dans la vue de leur indignité. »

. Cette règle appelle par un nouveau motif la charité des
sœurs :

« C'est là, dit saint Vincent de Paul, la promesse qu'a
faite Notre-Seigneur de donner à ceux qui le suivront cent
fois autant en cette vie, et enfin la vie éternelle. N'est-il
pas vrai, mes filles, que toutes tant que vous êtes vous
avez votre vie assurée? Dieu a mis un fonds pour pourvoir à vos nécessités et vous retirer des soins d'un ménage.
— Ordinairement les gens mariés ont mille soucis. Ils
calculent comment ils passeront l'année et comment ils
pourront subvenir à leurs nécessités ; mais les filles de la
Charité sont à l'abri de tous ces soins... Vous n'êtes pas
en peine comme les gens du monde, ni comme eux, vous
ne pensez pas comment vous passerez toute l'année, puisque
Dieu a pourvu à tous vos besoins.

» Voilà, mes filles, comment vous avez cette récompense
cent fois au double, même dès cette vie ; voyez donc le
plaisir qu'il y a à servir Dieu en servant les pauvres !

» Je m'assure, pouvez-vous dire, que toute ma vie je
serai vêtue et nourrie sans aucune inquiétude à cet égard.

» Quant au plaisir de servir Dieu en servant les pauvres,

il est plus grand que celui que toutes les personnes mariées peuvent avoir... Une femme crie et se fâche contre son mari fâcheux ou débauché ; les uns et les autres sont pleins de soucis et de mécontentement. Le plaisir qu'ils peuvent prendre n'est donc pas comparable au plaisir et moins encore à la consolation que goûte une fille de la Charité au service des pauvres.

» Pour moi, mes filles, je vous avoue que jamais je n'ai eu plus de consolation que quand j'ai eu le bonheur de servir les pauvres, et c'est aussi ce qui fait le plaisir et la consolation des filles de la Charité, puisque, comme dit le prophète : « Heureux est l'homme qui exerce la charité [1]... »

---

[1] Ce que dit saint Vincent est vrai non-seulement pour celles des filles de la Charité qui, incertaines du pain de chaque jour, trouvent sécurité et bonheur à servir les pauvres, mais pour celles qui quittent une position sociale élevée il en est encore ainsi. Le monde fait payer souvent bien cher les jouissances extérieures qu'on croit qu'il donne. Une fois qu'on s'attache aux choses de la terre, est-on assuré de ne pas tomber dans le péché d'envie ? et pour ceux qui malheureusement ont ouvert la porte à ce vice hideux, les biens et les honneurs qu'ils possèdent sont empoisonnés par la vue de ceux qui n'en ont pas. A-t-on pu se préserver d'un tel vice, si l'on est fier de sa beauté, on craint la maladie, qui demain soufflera sur la beauté et la flétrira. Place-t-on son bonheur dans les richesses ? On tremble sur les événements qui peuvent ruiner la fortune qui est devenue indispensable à la satisfaction de jouissances factices surexcitées. Qu'il est bien plus sûr de suivre la parole du divin Maître, qui a promis, à ceux qui cherchent son royaume, de

ARTICLE TREIZIÈME.

« Pour éviter les grands inconvénients qui pourraient
» arriver, elles n'entreprendront point de veiller les ma-
» lades, ni les femmes qui sont en travail d'enfant, non
» plus que d'assister les femmes de mauvaise vie ; et si elles
» en sont requises, soit par les dames de la Charité, soit
» par les pauvres, soit par les voisins ou autres, elles s'en
» excuseront humblement, disant que cela leur est défendu
» par leurs règles ; et quoique certain cas de nécessité
» extraordinaire semble les obliger à servir quelqu'une de
» ces trois sortes de personnes, elles ne l'entreprendront
» pas néanmoins sans une permission générale ou particu-
» lière de leurs supérieurs, et sans un ordre exprès de la
» supérieure de la Charité ; et avec tout cela elles ne leur
» rendront service, autant qu'elles pourront, que par l'en-
» tremise de quelque autre personne, et n'en donneront
» connaissance qu'à leurs supérieurs. »

Voilà trois choses qui sont bonnes en soi, mais qui sont in-
terdites en raison des inconvénients divers qui s'y attachent [1].

leur donner, par surcroît, les choses de cette vie ! Car à ceux-là
il faut peu de chose, et le royaume de Dieu, qui ne peut leur
échapper, leur offre une telle sécurité, qu'ils ne tremblent plus
pour les choses de la terre.

[1] Cela nous prouve, à nous, qu'en toute chose il faut de la
circonspection et de la réserve, et qu'il est certains vices qui
inspirent tant d'horreur, que l'éloignement et la fuite sont les premiers devoirs.

29.

ARTICLE QUATORZIÈME.

« S'il se trouvait des malades si abandonnés qu'il n'y
» eût personne pour faire leur lit ou pour leur rendre
» quelque autre service encore plus abject, elles le pour-
» ront faire selon le loisir qu'elles en auront, si la sœur
» servante le trouve à propos ; elles tâcheront néanmoins
» de procurer, s'il se peut, que quelque autre personne
» leur continue la même charité, de peur que cela ne
» retarde l'assistance des autres pauvres. »

ARTICLE QUINZIÈME.

« Quand quelque sœur sera malade et alitée, elle en
» donnera avis à la supérieure dès le lendemain, ou au
» plus tard le troisième jour de sa maladie, afin qu'elle
» l'envoie visiter et puisse faire ce qui sera nécessaire pour
» son soulagement. Celles qui demeurent en des lieux
» éloignés de la supérieure, le lui feront savoir par la pre-
» mière commodité. »

La crainte d'être séparée d'une sœur qu'on affectionne
fait qu'on retarde le plus possible la nouvelle de sa maladie ;
mais c'est là un grand mal, et la règle a parlé impérative-
ment, afin qu'à moins de devenir coupable au premier chef
on ne pût y manquer [1].

---

[1] Dans une famille, combien de fois la santé des enfants n'est-
elle pas gravement compromise, parce qu'on néglige d'avertir le
père de famille d'accidents survenus ! C'est à l'instant même qu'on
doit faire connaître ce qui est arrivé.

ARTICLE SEIZIÈME.

« Elles seront soigneuses de bien conserver et ménager
» l'argent qu'elles ont en maniement ; à cet effet, la sœur
» servante gardera séparément sous la clef celui qui est
» pour les pauvres et celui qui est pour les sœurs, et elles
» prendront bien garde de ne point employer pour leur
» usage aucune des choses destinées pour les pauvres, soit
» vivres, soit linge ou argent, se représentant qu'elles
» commettraient en cela un larcin dont elles seraient cou-
» pables et responsables devant Dieu. Il leur est seulement
» permis de se servir en tout temps des ustensiles et du
» gros linge, comme draps, nappes, serviettes, etc., etc. ;
» et durant leur maladie, on leur donne la portion ordi-
» naire des malades et tous les remèdes nécessaires, même
» ceux dont elles peuvent avoir besoin par précaution,
» après l'avoir proposé à quelqu'une des dames officières
» de la Charité, si elles leur en faisaient l'offre. »

« Mes filles, dit saint Vincent de Paul, tout cela est
prudemment examiné, et c'est fort bien que la sœur servante ait la clef de l'argent des pauvres et de celui de ses
sœurs, ou son assistante. C'est comme cela qu'il faut faire ;
et s'il arrivait que, comme vous avez une confiance mu-
tuelle les unes pour les autres, vous laissassiez les clefs
au coffre, ne vous mettant pas en peine de le fermer, il
faut vous souvenir que ce ne serait pas bien : il peut, en
effet, en résulter de grands inconvénients, comme que

quelqu'un entre dans vos chambres ou qu'un voleur se glisse adroitement dans la maison [1]... »

ARTICLE DIX-SEPTIÈME.

« Quant à l'argent qu'on leur donne pour l'entretien de
» leur personne, la sœur servante en pourra laisser quelque
» peu entre les mains d'une sœur compagne, qui aura soin
» de leur petite dépense ; celle-ci toutefois n'achètera rien
» sans le consentement de la sœur servante, si ce n'est
» dans une nécessité pressante et des choses ordinaires ;
» mais aucune ne disposera de l'argent qui pourra rester,
» après leur nourriture prise, qu'avec la permission et
» selon l'intention de leur supérieure. »

ARTICLE DIX-HUITIÈME.

« Elles feront une attention toute particulière aux autres
» articles de leurs règles communes qui les regardent,
» particulièrement et spécialement aux suivantes :
» 1° Préférer le service des pauvres malades à tout
» autre exercice, soit corporel, soit spirituel, et ne se faire
» point scrupule d'avancer ou différer tout pour cela,
» pourvu que ce soit la nécessité pressante des malades,
» et non pas la paresse ou la dissipation extérieure qui les
» porte à en user de la sorte ; et qu'elles soient exactes à
» se coucher toujours à neuf heures et se lever à quatre.

[1] Dans toute maison bien ordonnée il en doit être à peu près de même ; le contraire a mille inconvénients.

» 2° Porter un grand respect aux dames de la Charité,
» aux médecins, et surtout à messieurs les confesseurs des
» pauvres et autres ecclésiastiques. »

Ces articles, clairs et simples en eux-mêmes, n'ont
donné lieu à aucun commentaire de la part du saint fondateur des filles de la Charité.

FIN.

TABLE.

Épître a ma pupille, qui veut se faire Sœur de charité. . . . 1

Avis au lecteur. 3

Première partie. — *Fondation des Sœurs de charité.* 9

    I. Entrée en matière, coup d'œil sur le sujet.

    II. Première confrérie des Dames de charité.

    III. Difficultés de l'œuvre à Paris.

    IV. La première Sœur de charité.

    V. Fondation des Filles de la Charité par Louise de Marillac, madame veuve Le Gras.

Deuxième partie. — *OEuvres des Sœurs de charité, l'éducation des enfants.* 19

    I. Les enfants trouvés.

    II. La crèche.

    III. L'asile.

    IV. L'école.

    V. La première communion chez les Sœurs.

    VI. La première communion d'une future Sœur de charité.

    VII. Le patronage.

    VIII. Conclusion de cette deuxième partie.

Troisième partie. — *OEuvres des Sœurs de charité, les hôpitaux, l'hospice de la vieillesse.* 33

    I. L'hôpital des Enfants malades.

    II. L'infirmerie des Invalides.

    III. Un hôpital.

    IV. L'hospice de la vieillesse.

    V. La conversion d'un Turc.

Quatrième partie. — *OEuvres diverses des Sœurs de charité.* . 41

    I. La visite des ouvriers.

    II. La quête.

    III. La peste de Barcelone.

    IV. Le choléra et les émeutes; sœur Rosalie.

    V. Les combats de juin, la même.

    VI. Le bagne.

348 TABLE.

CINQUIÈME PARTIE. — *OEuvres des Sœurs de charité à l'étran-*
ger : l'Algérie, l'Orient, la guerre 51

   I. L'Algérie.
   II. Les Sœurs dans les missions et en Palestine.
   III. La bataille de l'Alma.
   IV. Miss Nightingale, l'arc de triomphe de la place
      Napoléon III.

SIXIÈME PARTIE. — *Conclusion.* 59

   I. Résumé.
   II. Noviciat et vœux.
   III. Apothéose.

POST-SCRIPTUM. — *Remercîments aux Sœurs qui ont élevé ma*
pupille. 63

ANALYSE DES CONFÉRENCES SPIRITUELLES tenues pour les filles de
la Charité, par saint Vincent de Paul, sur leurs règles
communes. 67

INTRODUCTION AUX CONFÉRENCES SPIRITUELLES. 69

   I. Confréries de la Charité. 69
   II. Confrérie des filles de la Charité servantes des pauvres
      malades. — Mademoiselle Le Gras leur institutrice. 72
   III. Conférences spirituelles tenues par saint Vincent de
      Paul pour les filles de la Charité. 76
   IV. État de la nation et du clergé français au moment où
      saint Vincent de Paul a institué les filles de la
      Charité et arrêté les règles qu'elles devaient suivre. 79
   V. Érection de la confrérie des filles de la Charité. . . 81

CONFÉRENCES SPIRITUELLES 85

CONFÉRENCE DU 30 MAI 1655. 85

APPROBATION DES STATUTS. — LEUR PROMULGATION. 85

RÈGLES COMMUNES DES FILLES DE LA CHARITÉ. 107

RÈGLES SUR L'EMPLOI DE LA JOURNÉE 280

CHAPITRE PREMIER.

Art. 1. Fin principale des filles de la Charité. 110
Art. 2. Une fille de la Charité doit être aussi et plus parfaite
      qu'une religieuse 114

Art. 3 et 4. Obligation de s'unir à Notre-Seigneur Jésus-
    Christ 121

Art. 5. Horreur des maximes du monde, fidélité à suivre
    celles de Jésus-Christ 123

Art. 6. Détachement du monde et même des confesseurs. . . 131

Art. 7. Tout souffrir pour l'amour de Dieu 140

Art. 8. Confiance absolue en la Providence. 145

CHAPITRE DEUXIÈME.

Art. 1. Nécessité d'honorer la pauvreté de Notre-Seigneur. . 153

Art. 2. Obligation de ne rien demander ni refuser. 158

Art. 3. Conséquences du vœu de pauvreté. 162

Art. 4. Uniformité de vêtement. — Économie. 168

Art. 5. Suivre l'exemple de la maison mère 175

Art. 6. Supporter patiemment la façon dont on est traité. . 181

Art. 7. Une sœur ne doit donner ni repas ni logement aux
    visiteurs. 185

CHAPITRE TROISIÈME.

Art. 1. Pratique de l'humilité. 188

Art. 2. Pratique de la modestie. 191

Art. 3. Jeûnes, mortifications. 195

Art. 4. Règles sur les sorties. 202

Art. 5. Règles sur les visites à faire ; s'en abstenir lors-
    qu'elles ne sont pas d'une absolue nécessité. . . . 204

Art. 6 et 7. Règles sur celles à recevoir. 206

Art. 8. Règles sur les conversations avec les étrangers. . . . 211

Art. 9. Règles pour les rencontres dans les rues et dans les
    maisons des malades. 214

Art. 10. Sobriété des repas. — Défense de manger hors de
    la maison ni entre les repas. 215

CHAPITRE QUATRIÈME.

Art. 1. Honneur et obéissance à rendre aux supérieurs
    ecclésiastiques et autres. 217

Art. 2. Obéissance très-ponctuelle, avec soumission de juge-
    ment et volonté. 217

Art. 3. En arrivant dans une paroisse, aller prendre la bénédiction du curé ; règle de conduite envers lui et
envers les prêtres de la paroisse. 218

Art. 4. Honneurs et obéissance à rendre aux administrateurs
des hôpitaux, aux dames de charité et aux médecins. 219

Art. 5 et 6. Ne pas écrire ou recevoir de lettres sans permission des supérieurs. 225

CHAPITRE CINQUIÈME.

Art. 1. Se montrer en tout dignes du nom de filles de la
Charité. 227

Art. 2. Condescendance et support que les sœurs se doivent
entre elles 233

Art. 3. Quand elles ont pu offenser leur sœur, obligation de
lui demander pardon. — Manière de l'accorder. . 240

Art. 4. Ne consulter les médecins et n'user de médicaments
qu'avec permission des supérieurs ; les avertir des
maladies qui surviennent. 243

CHAPITRE SIXIÈME.

Art. 1. Prohibition absolue des amitiés particulières. 247

Art. 2. Prohibition des murmures ou critiques de la conduite
des supérieurs ; en cas de dangers reconnus,
simple avertissement direct aux supérieurs. . . . 248

Art. 3. Pas de médisance ni du prochain, ni encore moins
de ses sœurs. — Règles pour les faire cesser. . . 252

CHAPITRE SEPTIÈME.

Art. 1. Règles sur les soins corporels à donner aux malades. 258

Art. 2. Soins spirituels. — Brefs enseignements. — Faire
administrer les sacrements. — Conseils aux con-
valescents. 260

Art. 3. Ne soigner que les malades auxquels on leur a permis
de donner des soins. — Conduite à tenir envers
les autres. 261

Art. 4. Soins particuliers, soit corporels, soit spirituels, des
sœurs malades 263

CHAPITRE HUITIÈME.

Art. 1, 2, 3 et 4, manquants.

Art. 5. Obligation de dire sa coulpe à la conférence du vendredi soir. — Demande d'avertissement public de
ses fautes. 265

Art. 6. Confier ses peines, ses tentations, au supérieur ou
directeur seul. 267

Art. 7. Règles du secret à garder sur ce qui se dit dans les
conférences et au confessionnal. 271

Art. 8. Avertissement aux supérieurs sur les fautes des sœurs,
— Recevoir de bon cœur ces avertissements. . . 274

CHAPITRE NEUVIÈME.

Du bon emploi de la journée en général. 280

Art. 1. Le lever, première prière, offrande à Dieu de toutes
les actions de la journée. 282

Art. 2. Prière en commun, méditation, manière de faire
l'oraison 286

Art. 3. Devoirs à remplir de six à sept heures. 296

Art. 4. A sept heures, assistance à la messe. 296

Art. 5. Déjeuner au réfectoire. — Frugalité, silence. . . . 297

Art. 6. Après le déjeuner, travail en commun. 298

Art. 7. A onze heures et demie, examen de conscience avant
le dîner. 298

Art. 8. Durant une heure, travail en commun, mêlé de
conversations édifiantes. 300

Art. 9. A deux heures, un quart d'heure de lecture spirituelle, travail jusqu'à trois heures. 301

Art. 10. A trois heures, en commémoration de la mort de
Notre-Seigneur Jésus-Christ, brève adoration. . . 302

Art. 11. Reprise immédiate du travail. 303

Art. 12. De cinq heures et demie à six heures, oraison, examen de conscience, souper. 303

Art. 13. Après souper, travail avec récréation 305

Art. 14. A huit heures, exercice du soir, lecture spirituelle et
travail. 305

Art. 15. A huit heures un quart, examen général, obligation absolue du silence. — Prière en commun à la chapelle. — Coucher. 306

Art. 16. Règles du dimanche. — Substitution des exercices spirituels au travail manuel. — Permission de s'instruire. — Récréation après les repas. — Jeux modérés. 308

Art. 17. Règles spéciales aux novices. 310

ARTICLE FINAL.

Les quatre extrémités de la croix représentent l'humilité, la charité, l'obéissance et la patience. 318

ANNEXE.

Règles particulières aux sœurs des paroisses 329

FIN DE LA TABLE.